탈
북
자——

일러두기

1. 이 책은 글쓴이가 1997년부터 10년이 넘는 기간 동안 중국을 오가며 탈북자들을 만나고 취재한 기록이다.
   당시 〈월간 말〉〈월간 북한〉 같은 매체에 기고했던 글들을 모아 엮었다.
2. 이 책에 나오는 모든 탈북자들의 이름은 가명이다.
3. 인명, 지명 및 외국어 표기는 당사자들이 실제로 쓰는 말에 따랐다.

탈북자

조천현 글

보리

《탈북자》는 우리 안에 억눌린
정치적 역사적 무의식과 대면하게 한다

박현옥(캐나다 요크대학교 사회학과 교수)

1

압록강가에서 강 건너편에 살고 있는 사람들과 아이들을 카메라로 담아 온 조천현 피디가 이번에 《탈북자》를 펴냈다. 1990년대 말부터 중국 연변 지역 도시, 산골 마을, 중국인 지역, 또 심양, 산동 바닷가 공단 지역 같은 곳에서 지내며 '탈북자'들과 함께한 세월을 담은 책이다.

탈북자와 관련한 인권단체나 종교단체들이 돈을 받고 탈북자 인터뷰를 주선해 주는 시절에 조천현 피디는 길거리에서, 그들의 일터와 집에서 밤새 같이 술잔을 기울이며 그들을 만났다. 그들은 북에서 가지고 온 오징어 꾸러미를 멋쩍어하며 선물한다. 그런 탈북자들에게 조천현 피디는 한국 담배 한 보루를 건넨다. 헤어질 때면 언제 다시 볼지 모르는데도 입고 있던 잠바를 벗어 주고 지갑을 털어 준다. 구두 닦는 탈북자들과 밤새 이야기 나누고 와서는 다시는 못 보겠지 하며 아쉬워하다가, 여느 날처럼 호호 입김을 불면서 구두에 광을 내고 있는 그들을 발견하곤 안도한다. 연길에 취재 갈 때면, 옛 친구들이 그러하듯, 따로 연락하지 않아도 조천현 피디가 묵는 호텔로 스스럼없이 탈북자들이 찾아오곤 한다.

탈북자들의 실상을 담은 이 책《탈북자》는 1990년대 말과 2000년대, 그리고 지금까지도 유효한 영향력을 행사하는 '탈북 문제'와 '북한 인권의 정치학'을 강하게 견제한다. 이 책은 탈북자 문제를 인권이라는 보편적 문제로 위장해 정치적으로 접근하는 기존 이데올로기 논리를 실사구시로 해체시키는 거의 유일무이한 책이다.

탈냉전 시기에 신자유주의가 서구에서 한국으로, 동아시아로, 또 세계로 퍼져나갈 때, 그 동력이 되었던 것이 '북한'과 '북한 인권'이라는 담론이었다. 그 시기 탈북 문제는 시대의 논리로, 강력한 윤리로 자리매김하는 듯했다. 이는 인권이라는 가치 아래 민족의 애환과 휴머니즘을 결합시켜 한국을 넘어 미국과 유럽, 서로 다른 정치 세력과 인권운동가들이 공동으로 만들어 낸, 글로벌 민주주의의 파행적 갈래라고도 할 수 있다. 거기에 종교적 선이라는 확신이 더해져 여러 파장을 불러일으키고 있는 것이다.

그럼에도 이에 대한 비판은 인권이라는 윤리에 묻혀 있었다. 그런 상황에서 조천현 피디가 쓴《탈북자》는 탈냉전 이데올로기와의 힘겨루기에서 우리를 가까스로 버틸 수 있게 해 준다.

2

《탈북자》는 '북으로 돌아가려는 이들' '중국에서 돈 벌고 살면서 북에 있는 가족을 도우려는 이들', 또 '한국에 가려고 가진 돈을 모두 브로커에 쏟아붓는 이들' 이 세 그룹의 탈북자를 모두 짚고 있다. 탈북자들의 도강, 이주노동, 보따리장사, 외화벌이, 그리고 초국경적 결혼과 자녀 문제 같은 일상도 담았다.

네온사인이 번쩍이는 연길시 뒤편의 노래방, 익명성에서 안전함을 느낄 수 있는 익숙한 찜질방, 아파트 건설 붐에서 소외된 땅집 동네와, 불빛 하나 없는 산골 동네, 조선족이 드문 한족 마을 구석에서 조천현 피디는 우리를 탈북자들의 일상으로 안내한다. 그 속에서 우리는 조천현 피디가 본 대로 들은 대로 느낀 대로 그들의 두려움, 고뇌, 그리고 희망과 중첩된 욕망들을 함께 마주하게 된다. 민족, 국적, 인류, 호구 같은, 결코 가볍지 않은 역사와 삶의 문제들이 자본주의 시대에서 '상품'으로 전락하는 순간들을 함께 목격하게 된다.

국경을 넘나드는 인신매매범과 브로커들, 가족이란 테두리 안에 존재하는 극과 극의 관계들, 국적은 달라도 도와주고 있는 친척들에 대한 미안함과 고마움, 또 서운함……

《탈북자》가 밀착해서 보여 주고 있는 탈북자의 일상에서 우리는 존재의 밑바닥과 하늘 꼭대기를 본다. 탈북자들이 우리와 다르지 않음에 안도하고, 동시에 쓸쓸한 절망을 공유한다. 마음을 울리는 휴먼 다큐멘터리 영화를 보듯, 감동과 분노로, 또 소소한 일상이 주는 울림으로, 이 책을 읽기 시작하면 다 읽을 때까지 손에서 놓기 힘들다.

탈북과 북한 인권을 탈냉전 신자유주의 시대의 서블라임 현상(Sublimity, 숭고한 이데올로기 현상)으로 이해하기 위해서 우리는, 우리 사회 한켠에서 벌어지는 지옥과 천당을 방에 편히 앉아 영상으로 구경하는 듯한 태도에서 벗어나야 한다. 그래야만 위험한 보편주의에 숨겨져 보이지 않던, 혹은 보지 않으려고 했던 시대의 진상을 마주할 수 있다.

조천현 피디는 10년이 훌쩍 넘는 시간 동안, 그 안전한 스크린 뒤에 숨지 않고 탈북자들이 있는 현장으로 달려가 중국 공안의 단속 위협을 함께 느끼고, 공안에 붙잡혀 고초를 감당하기도 했다. 두 달에 한 번씩 연변으로, 압록강변으로 오가고, 명절을 탈북자를 만나러 가는 길에서 보내며, 쉬지 않고 취재하고 글을 써 냈다. 도대체 그런 힘은 어디에서 나오는 것일까? 밤새 그들 옆에서 머물고 계속해서 그들을 찾아 나선 까닭은 무엇이었을까?

한국에서 북한 인권 문제는 으레 남북경제협력(아래부터 남북경협)과는 상치되는 정치 담론으로 다뤄 왔다. 그러다 아이엠에프(IMF) 경제 위기 이후 들어선 '국민의 정부'와 '참여정부'는 남북경협을 통해 북한 내에 평화적이며 점진적인 체제 변화를 이끌어 내고, 이런 과정에서 식량난과 탈북 문제를 종식시키려 했다.

그러나 북한 인권 문제는 동시에 한국 내에서 새로운 보수주의 세력들을 결집시키는 명분으로 쓰이기도 했다. 전향한 과거 급진주의자와 주사파 일부, 복음주의 교회, 그리고 다른 보수 세력들이 연합해 북한 문제를 소위 진보 세력에 대항하는 도구로 내세운 것이다. 물론 1980년대 학생

운동, 민주화운동의 이념편향을 극복하려 실사구시 원칙을 가지고 민족 문제를 고민하며 탈북자를 대하는 단체도 있다. 하지만 대부분은 미국 보수 NGO와 손잡고 북한에서의 인권침해 문제를 부각시키는 데 급급했다. 인권침해를 논의하는 국제 학술회의를 열고, 북한의 정치범수용소와 강제노동수용소 같은 곳을 소련의 강제수용소인 '굴라크'와 유사한 이미지로 부각시키고, 중국과 러시아에서 북한 난민들이 처한 위태로운 상황이나, 중국에서 추방된 난민들에 대한 정치적 세뇌와 잔혹한 처벌 같은 것들만 공론화한 것이다.

잘 알려져 있듯이, 2001년 '9·11' 이후로 미국은 테러와의 전쟁을 선포하며 북한을 세계 평화를 위협하는 '악의 축'으로 규정했다. 2003년 '북한자유법'과 2004년 '북한인권법'을 제정하는 데 탈북자들이 미국 의회에서 한 증언이 중요한 역할을 했다.

조천현 피디는 이 책에서 남북경협과 북한 인권의 이분법 논쟁에 가속도를 붙였던 기독교단체와 브로커와의 모종의 관계들도 속 시원하게 밝힌다. 또한 '북한 인권'이라는 담론과 정치 이데올로기가 한국뿐만 아니라 국제적으로 반공주의가 후퇴하며 만든 권력 이데올로기의 공백을 채워 가고 있을 때, 이들에 의해 외면되고 왜곡된 북한 사람들의 '국가와 민족에 대한 생각' 그리고 '변화하는 북한 체제와 실상'을 생생하게 전해 준다. 탈북자들의 일상을 통해서 말이다.

그리고 보면 조천현 피디는, 그가 빈민운동을 하면서 쌓아 온 문제의식에 대해 진보냐 보수냐 하는 이분법이 아닌 자기만의 답을 찾기 위해 만주, 중국 동북3성을 그토록 발로 뛰며 헤매고 다닌 것이 아닐까?

3

2008년 베이징 올림픽을 기점으로 중국에서는 탈북자들이 많이 사라졌다. 그 까닭은 첫째, 2007년 남북정상회담을 계기로 '북한과의 교류 때문에' 한국 정부에서 탈북자들을 대거 받아들였기 때문이다. 둘째, 중국 내에서 기획탈북으로 국제적인 파장이 커지자 중국이 탈북자들에 대한 단속을 강화하고 북으로 강제송환하는 조치를 적극 시행하였기 때문이다. 이 조치에 따라 탈북자들에게 셋집을 내주거나 고용한 사업주도 벌금을 물리고, 탈북자 신고 시 포상금을 주는 정책들이 뒤따랐다. 탈북자들은 더 이상 중국에서 안전하게 머물거나 돈벌이를 할 수 없게 된 것이다. 따라서 북한으로 돌아가거나 한국으로 입국하거나를 선택할 수밖에 없는 상황에 내몰렸고, 이로 인해 중국 내에서 탈북자들이 줄어들게 되었다.

그러나 이렇게 중국 내에 탈북자가 줄었음에도 탈북자 문제는 2008년 이후로 전혀 나아지지 않았다. 2000년대 북미 지역 대학에서 정치 문제와 국제사회 민주화에 관심이 있는 학생들 사이에서 큰 관심의 대상이었던 탈북자 문제도 어느덧 상아탑과 멀어졌다.

그럼에도 탈북과 관계된 주체들이 누구인지 모호하게 만들며 이루어지는, 현실과 동떨어진 북한 인권 문제와 탈북 담론은 여전히 유효하다. 왜일까? 미국 의회나 정권교체를 주장하는 정치단체들 사이에서는 여전히 뜨거운 논쟁거리이기 때문이다. 며칠 전에도 워싱턴에 있는 한 전략문제연구소에서 탈북자 출신으로 한국에서 국회의원이 된 이가 온라인에서 발표를 한다는 소식이 내가 있는 캐나다에까지 전해져 왔다.

4

2000년대 초중반에 보수 인권단체, 선교단체, 그리고 한국인, 중국 조선족, 북한 브로커가 국제 인권단체들과 또 미국 보수 NGO들과 합작하여 탈북 이슈와 북한 인권으로 세계 미디어를 흔들 수 있었던 것은 '국경 이동의 탈규제' 덕분이다. 이때 관계 당국들은 제3국을 통한 탈북 경로를 이슈화하며 탈북자들의 삶이나 대안은 뒷전이고 인권을 정치화시켰다. 이는 한국, 북한, 중국, 그리고 중국 주변국이 국경을 적당히 열어 놓았던 시기였기에 가능했던 것이다.

북한 주민의 '탈북'은 그렇게 20세기 사회주의가 몰락하고 '자본주의 시장경제가 역사의 유일한 진리이자 미래'라는 이데올로기 생산에 큰 몫을 담당했다.

'국경의 탈규제'는 세계가 신자유주의로 재편되고, 냉전 이후 미국이 아시아를 재구성하는 과정에서 동전의 양면처럼 드러나는 현상이었다. 그러나 최근에는 어려운 일이 되었다. 미국이나 유럽에서는 이주노동자와 난민의 이동이 규제되고, 코로나19 바이러스의 위기로 국경이 봉쇄되고 있기 때문이다.

그럼에도 '탈북 문제'와 '탈북 문제의 정치학'은 여전히 우리의 현재이다. 왜냐하면 이렇게 만들어진 탈북과 북한의 형상은 우리 안에 내재된 무의식의 발로이기 때문이다. 자본주의 진영에 있는 나라들은 한국 사회(혹은 미국 사회) 내부 문제를 직시하는 대신, 북한에 투영해 타자화시킨다. 기다렸던 민주화가 신자유주의 자본주의와 결합되어 여러 모순을 낳고 현재 체제에 대한 회의를 불러일으킬 때, 북한 인권 이데올로기는 이를 무마시키는 장치로 쓰여 온 것이다.

이 점에서 남북경협도 크게 다르지 않다. 시장 확장을 북한 민주화의 동력으로 바라보기 때문에 냉전기의 '정치-군사적 전쟁'이 탈냉전 시기에 와서 '경제적 열전'으로 대체된 것뿐이다. 중국, 미국 등 경제 강대국들은 자유무역 정책과 경제적 지역주의로 무장하고 있다고 하고, 북한과의 경제적 협력은 남한의 전 지구적 경제력 추구를 위해 절대적으로 필요하다고 하는 것도 이 때문이다. 곧 남북의 통일은 '단순히 실현 가능하다'는 차원이 아니라, '한국이 경제적 열전에서 살아남는 데 꼭 필요하다'라는 논리다.

'북한이 남한 자본을 위한 자본주의의 미개척지'라는 관념은 경제학자들과 통일 운동가들뿐만 아니라 자본가들에게도 많은 공감을 얻었다. 심지어 한국 정부가 북한 핵무기 개발에 대한 대응으로 경제 교류를 지연시키려 할 때조차, 북한 투자에 대한 남한 자본의 열성을 제어할 수 없었다.

남북경협과 북한 인권(혹은 탈북 문제)이라는 이분법의 정치학은 자본주의 통치의 증상을 소비하고 누리게 만들었다. 그러니 탈북과 탈북 문제, 남북경협은 북한의 일이 아니라 우리 자신의 이야기이다. 이런 의미에서 이 책《탈북자》는 우리로 하여금 우리 안에 여러 모습으로 눌려 있는 정치적 역사적 무의식을 대면하게 한다.

머리말

    내가 처음 탈북자들을 만난 것은 1997년 5월 중국 연길이었다. 이 무렵 북조선 식량 문제가 외부에 노출되었다. KBS 일요스페셜 '북한은 지금 무슨 일이 벌어지고 있나'를 두 달간 취재하면서 알게 되었다.

    그 당시 중국 내 탈북자들은 한국에 갈 생각을 하지 못했다. 한국 정부에서는 탈북자들을 받아 주지 않았다. 북조선에 돌아갈 수 없는 탈북자 중 일부만 한국에 가려고 했다. 대부분의 탈북자들은 북조선으로 다시 돌아가려고 했다.

    탈북자는 대부분 함경도 출신들이었다. 연변조선족자치주 조선족들 또한 대부분 함경도 출신으로 탈북자들과 친인척이 많다. 중국 조선족들의 인심도 좋았다. 한국의 선교단체나, NGO도 이념과 관계없이 인도적인 지원을 하며 탈북자들을 도와주었다.

    탈북자들은 고향에서 삶을 박탈당하거나 추방된 사람들이 아니었다. 식량을 구하거나 돈을 벌어 고향으로 다시 돌아가려고 했다.

    그 무렵 중국에서는 '한국 바람'이 불었다. 중국 조선족들은 돈을 벌기 위해 위장결혼, 밀항, 여권 위조 같은 불법적인 방법으로 한국으로 들어왔다. 이 '한국 바람'과 맞물려 탈북자들 가운데서도 한국으로 가려는 사람들이 나타났다. '선불금'을 받는 중국 브로커들은 똑같은 방법으로 일부 탈북자들을 한국으로 보냈다.

1998년 2월 새로 들어선 김대중 정부는 '햇볕정책'으로 북한과 교류를 시작했다. 그 뒤 동남아시아 등 제3국에 선교사들을 통해 임시보호소를 설치해 탈북자들을 관리하게 했다. 중국에 있는 탈북자들이 한국으로 올 수 있는 길이 열린 것이다.

그러자 '후불금'으로 탈북자들을 한국에 보내는 브로커 조직들이 늘어나면서 크고 작은 사건들이 벌어졌다. 중국 공안의 단속이 강화되자 탈북자들의 입장이 여러 갈래로 나뉘었다.

내가 만난 탈북자들은 똑같은 주제로 인터뷰를 하더라도 증언 내용이나 중국 내 생활, 고민, 대응, 바람이 저마다 달랐다. 탈북자 남성들은 한곳에 정착하기보다 유랑하는 경우가 많았다. 반면 여성 탈북자들은 어떤 형태로든 한곳에 정착해 북조선에 남은 가족들의 생계를 책임지려는 경향이 강했다.

나는 탈북여성들을 중심으로 2년여에 걸쳐 100명에게 설문조사를 했다. 한 사람 당 최소 세 번 이상 만나 설문을 했다. 나는 탈북자가 크게 세 부류의 서로 다른 입장이 있다는 것을 알게 되었다. 한국으로 가려는 이들, 중국에 정착하려는 이들, 그리고 북조선으로 돌아가려는 이들이다. 그들의 바람은 서로 확연하게 달랐다. 그 가운데 중국에 살고자 하는 탈북자들과 북조선으로 가고자 하는 탈북자들에게 관심을 갖게 되었다.

한편 미국은 2001년 9·11 테러 이후 북한을 '악의 축'으로 규정하면서 탈북자들을 이용해 북한을 적대시하고 고립시키는 정책을 강화했다.

탈북자들 중에는 제3자에게 들은 말을 자신이 직접 겪은 것처럼 증언하는 이들이 있었다. 탈북자들이 겪었다고 하는 증언은 북한이 '인권유린'을 자행한다는 증거로 받아들여졌다. '북한 인권'이라는 개념은 정치적 이슈화가 되어 한국에 가려는 탈북자들에게 기회가 되었다. 탈북자들이 한국에 가기 위해 거짓 증언을 해도 모든 것이 '인권'이라는 우산에 가리어졌다.

반북 선교단체, NGO들은 한국에 가려는 탈북자들을 집중적으로 부각시켰다. 한국에 가려는 탈북자들 역시 자신들에게 요구되는 역할이 무엇인지 알았다. 고향에서의 삶과 북조선 체제를 부정해야만 자신의 존재감을 알릴 수 있었다.

국내 반북 선교단체나 NGO는 미국, 일본 NGO나 미디어와 합세해 탈북자들의 가짜 증언을 그대로 보도했고 결국 유엔의 '북한인권법'을 만들어 내는 데 역할을 했다.

선교단체나 NGO, 브로커의 도움으로 중국 내에서 '재외 공관'을 통한 '기획망명'이 이어졌다. 그러자 중국 당국은 대대적인 단속을 했다. 2008년 베이징 올림픽을 치르기 위해서다. 그 결과 중국 내 탈북자들 숫자는 급격히 줄어들었다. 단속으로 북조선으로 가거나 한국으로 왔기 때문이다. 지금은 중국에 남은 탈북자 수를 추측만 할 뿐 아무도 알 수 없다.

2000년대 중반부터 탈북자들이 북조선에서 나오는 이유도 달라졌다. 더 나은 삶을 살기 위해 나오는 사람, 밀수나 장사를 하다 적발되어 처벌이 두려워 나오는 사람, 재(再)탈북자, 한국에 온 탈북자의 도움으로 중국 생활을 하지 않고 한국으로 직접 오려는 사람들이 늘어났다. 하지만 아직도 반북 선교단체나 NGO, 미디어들은 10~20여 년 전 일을 요즘 현실인 양 이야기하고 있다.

1960년대 초 중국에서 '3년 재해'가 일어나자 중국 인민들은 북조선으로 15만여 명이 들어갔다. 1980년대까지 북조선과 중국 사람들은 압록, 두만강을 건너 양국을 불법적으로 오고 갔다. 양국의 민초들이 먹고살기 위해 강을 건넜지만 정치가 개입하지는 않았다.

지금은 북조선도 변했다. 중국 내 탈북자들 처지나 생각 또한 변했다. 한국으로 가려는 탈북자들만 있는 것이 아니다. 중국에서 살아가거나 북조선에 돌아가 살고자 하는 탈북자들도 많다. 한국에 오고자 하는 탈북자들 문제로 사건이 터지거나 이슈화가 되면, 다른 탈북자들은 큰 피해를 입는다. 중국 공안의 단속이 강화되기 때문이다. 그들은 조용히 살기를 바란다.

이 책《탈북자》에 실린 글은 '고난의 행군' 시기를 겪으며 중국으로 나온 탈북자들 이야기다. 현재 중국에 있는 탈북자들과는 상황이 다르다. 시간이 흐르면서 탈북자들 삶의 모습도 많이 달라졌다. 우리가 탈북자를 제대로 이해하기 위해서는 한국에 입국한 연도와 탈북한 연도를 함께 보는 것이 필요하다. 그래야 탈북자들을 이해하는 데 혼선이 없으리라 본다.

탈북자 문제는 남과 북이 하나 되지 않는 한 결코 사라지지 않을 것이다. 이념의 문제로 바라보면 결코 해결할 수 없다. 북한 경제가 개선되면 자연스럽게 해결될 수 있으리라 본다. 한국이나 국제사회가 개입하면 할수록 오히려 분단을 더 고착화하는 작용을 하지 않을까.

오랫동안 그들을 만나 왔지만 한 부분을 가지고 전체를 재단하는 건 어리석은 일이라는 것을 알았다. 내가 할 수 있는 일은 보고 들은 것을 있는 그대로 기록하여 보여 주는 것뿐이다. 그때 당시 현장의 기록으로 봐 주기를 바란다.

이 책이 탈북자 문제를 이해하는 데 작은 도움이 되었으면 하는 바람이다.

2021년 1월

조천현

2부 탈북자를 둘러싼 이야기

탈북의 메커니즘

탈북자를 울리는 사람들

1부

탈북자,

그들의 이야기

북조선으로
가고자 하는
탈북자

우리는 돈 벌면 조국으로 돌아갈,
이주노동자일 뿐

내 인생 망가뜨리는 놈 받아 주는 한국에는 안 가겠다!

"탈북자들이 중국땅에서 속절없이 숨어 사는 것은 다 미국 놈들 때문이라고 봐요. 경제봉쇄만 하지 않았어도 탈북자들이 중국땅에서 헤맬 일도 없고 탈북자들이 생길 일도 없다고 봐요. 탈북자들이 제 나라가 싫어서 나온 게 아니라, 방법이 없으니까 나오는 거지. 나는 근본적으로 미국 사람이 나쁘다고 생각하고, 숱한 사람들이 중국땅에 나와 헤매고 몽땅 불법체류자로 만들어 놓은 게 미국 놈들 때문이라고요."

1999년도에 탈북한 김영선(가명, 28세, 함북 청진) 씨는 말끝마다 '미국'을 비난했다. 김 씨가 탈북하게 된 동기는 배고픔 때문이 아니었다. 굶어 본 일이 한 번도 없다는 김 씨는 탈북자들이 말하는 배고픈 고생에 대해서 믿기지 않는다고 했다. 국가 간부 집안에서 태어난 김 씨는 부모 몰래 장사를 시작했다. 금을 사 화교(한족)들에게 파는 일과 달러를 바꾸는 일을 했다. 하루는 청진역에서 대학교 동창생을 만나 금을 싸게 구해 준다는 말을 믿고 친구를 따라 함북 무산으로 나섰다.

무산역에 도착하자 기다리고 있던 청년들은 금이 있는 곳으로 가자며 김 씨를 어떤 집으로 데려갔다. 거기서 준 음식을 먹고 김 씨는 정신을 잃었다. 다음 날 정신을 차리고 눈을 떠 보니 이번에는 조용한 시골 마을 한 노부부가 살고 있는 농가였다. 밖에서 물소리가 들렸다. 두만강 물소리였다. 그 집 할머니가 밥상을 차려 주었지만 먹지 않았다. 할머니는 "여기는 중국"이라고 하면서 "단념하라"고 말했다.

자신이 말로만 듣던 중국땅에 와 있다는 것을 깨닫고 깜짝 놀라 소리쳤다. 그러자 밖에서 감시하고 있던 북한 사람들이 들어와 김 씨를 때렸다. 집에 보내 달라고 애원했지만 소용이 없었다. 지니고 있던 현금은 두만강을 건너오기 전 다 털린 상태였다. 북한 청년은 "북조선으로 보내면 자신들이 다친다"고 하면서 "이곳에서 죽을 건지 중국 안쪽으로 가 살 건지 선택하라"고 강요했다. 김 씨는 북으로 가겠다고 하며 밥도 먹지 않고 버텼다. 기운이 빠지고 지쳐 도망갈 수도 없었다. 그러자 무산에서 김 씨를 납치했던 북한 사람이 방으로 들어왔다. 고집이 세다며 때리고 강간을 하는 바람에 김 씨는 순결을 잃고 말았다.

김 씨는 나와 처음 만났을 때 당당하던 모습과는 달리 눈물을 떨구며 말을 이었다.

"대학을 졸업할 때까지도 저는 여자는 순결해야 한다고 배웠어요. 제가 그 나쁜 놈들한테 당하는 순간 모든 게 끝났다고 생각했어요. 내 몸이 더럽혀졌다고 생각하는 순간 앞뒤가 보이지 않고 자포자기 상태에 빠지고 말았어요. 그놈들을 죽여야 한다는 생각밖에는……."

이틀 뒤 조선족 두 명과 한족이 택시를 타고 찾아왔다. 중국 군인 복장을 하고 있었다. 그 조선족이 안심하고 따라오라고 해 지프차에 올라탔다. 그렇게 차를 타고 연길까지 나와 결국 팔려 가게 되었다. 그들은 중국 군인으로 위장한 인신매매꾼들이었다. 북한인 인신매매꾼들과 연결되어 북에서 건네준 처녀들을 데려간 것이다. 그렇게 김 씨는 인민폐 5,000위안에 팔려 가게 되었다.

중국에서 생활하게 된 김 씨는 그사이 한 번도 북으로 되돌아갈 엄두를 내지 못했다고 한다. 북조선에서 당 간부인 아버지에게 피해를 줄지도 모른다는 생각에 결단을 내리지 못한 것이다. 그러다 결국 오늘에 이르렀다. 김 씨는 "그때 북에 돌아가지 못한 게 아직도 후회스럽다"고 흐느꼈다.

김 씨는 팔려 간 곳에서 여섯 달 만에 탈출했다. 그 뒤로 공장일과 식당일 등 닥치는 대로 일을 하기 시작했다. 하지만 현재 생활에 대해서는 절대 "말할 수 없다"고 했다. 북으로 가려고 준비하고는 있지만 처벌에 대한 두려움 때문에 들어갈 수 없다는 것이다.

그런데 2003년 6월, 김 씨는 심양 서탑가에서 자기를 성폭행한 사람을 길에서 우연히 마주친 적이 있었다. 그는 김 씨를 알아보고는 어디론가 사라져 버렸다. "그가 한국인 선교사들과 함께 있었다"는 게 김 씨가 기억하는 전부였다.

"내 인생 망가뜨린 놈들 받아 주는 한국에 뭐 하러 가요. 그 더러운 곳에 가서 또 당하느니 차라리 부모님이 있는 고향에 되돌아갈랍니다."

김 씨는 헤어지면서 나에게 한 가지 부탁을 했다. 뼈아픈 이야기였다.

"뉴스거리 만들려고 탈북자를 시켜 대사관에 뛰어드는 것을 기사거리로 삼지 말아요. 중국에 남아 있는 탈북자들이 어디다 하소연하겠어요. 탈북자들을 웃음거리로 삼는다면 이는 탈북자들을 두 번 죽이는 겁니다."

내가 조사한 인신매매범들은 대부분 북한인들이었다. 그들은 탈북여성들에게 접근해 중국에 가면 일자리를 구해 주겠다거나 시집을 보내 주겠다고 꾀어내 중국인들에게 팔아넘기거나, 김 씨처럼 폭행한 뒤 강제로 끌고 오는 경우도 상당수 있었다.

북한이나 중국에서는 인신매매범에게 내리는 형량이 매우 무겁다. 북한 인신매매범 같은 경우, 대부분 처벌이 두려워 한국행을 선택하는 경우가 많다. 한국에 올 경우, 피해를 입은 탈북여성들이 신고해도 처벌받지 않기 때문이다.

서울에 거주하는 탈북여성 이순자(가명, 24세) 씨는 자신을 여섯 번이나 팔아넘긴 인신매매범에게 한국에 와서도 괴롭힘을 당해 통일부에 신고를 했다. 그러나 통일부로부터 되돌아온 답변은 "제3국에서 일어난 일은 한국에서 처벌 대상이 될 수 없다"는 것이었다. 한국은 이들 탈북여성 피해자들에게 또 한 번 고통을 안겨 주고 있는 셈이다.

도강한 것도 죄인데 조국을 배신할 수 없습네다

2004년 말, 탈북생활 4년째인 장경철(가명, 32세, 함남 함흥) 씨를 만나기 위해 연길에서 장춘으로 이동했다. 장 씨는 1년 전에 만난 적이 있었다.

어렵사리 다시 연락이 닿은 것이다. 장 씨는 "카메라를 가져오면 만나지 않겠다"며 "빈몸으로 와 달라"고 요구했다.

연길 기차역 풍경이 전과 달라졌다. 오후 5시가 되자 연길 기차역은 사람들로 붐비기 시작했다. 얼마 전 북경 주재 재외공관 기획망명 사건으로 브로커들을 검거한 뒤, 탈북자들에 대한 검문도 심해졌다. 탈북자들이 연길에서 빠져나가는 길목을 차단하기 위한 것이었다. 공안 서너 명이 대합실 출구로 들어오는 사람들을 매섭게 쳐다보다가 수상하게 느껴지는 사람을 불러 신분증 검사를 했다. 나도 검문을 받았다. 여권을 보여 주자 여권 사진과 내 얼굴을 대조하며 함께 가는 일행이 있는가 물었다. 혼자라고 대답하자 미심쩍어 하며 여권을 돌려주었다. 기차에 올라 장춘으로 출발했다. 장춘까지 가는 아홉 시간 동안 서너 번 더 검문이 있었다.

그렇게 장춘역에 도착했다. 장 씨가 마중 나오기로 약속했지만 20분이 지나도 보이지 않았다. 장 씨가 일하는 식당으로 전화를 했지만 전화도 받지 않았다. 한참 뒤 내 휴대폰으로 전화가 걸려 왔다. 장춘역 앞 춘이호텔 앞으로 걸어오라고 했다. 역에서 호텔까지 100여 미터를 걸어가는데 누군가 뒤에서 나를 불렀다. 장 씨였다.

"빈몸으로 오라고 했는데 가방을 메고 왔다"며 투덜거렸다. "카메라로 찍지 않겠다"고 말하자 웃었다. 장 씨는 내가 나오는 것을 처음부터 지켜보고 있었다고 했다. 이상한 사람들과 함께 오거나 누군가 내 뒤를 따라오는 것 같으면 만나지 않을 작정으로 일부러 한 행동이라며 이해해 달라고 했다.

꼭두새벽부터 갈 곳이 마땅치 않아 우리는 사우나(찜질방)로 향했다. 중국 사우나는 한국에 있는 웬만큼 좋은 찜질방 못지않게 시설이 좋다. 장 씨와 사우나에서 목욕을 하고 식사를 하면서 많은 이야기를 나누었다. 장 씨가 일하는 식당 로반(사장)은 한국 사람인데 장 씨가 중국말을 잘해서 북조선 사람인지는 모른다고 했다. 함께 일하는 조선족 종업원들도 눈치 채지 못했다고 한다.

장 씨는 식당에서 주방일을 한 지 1년이나 됐다. "명절에 다른 종업원들이 고향집에 가거나 친구를 만나러 가고 나면 혼자 남아 식당을 지키게 되는데, 그때가 가장 외롭다"며 명절 때 자신을 한번 찾아오라고 했다. 우리는 아침부터 술잔을 기울였다. 그런데 술기운이 오르기도 전에 장 씨 눈가에는 눈물이 흘렀다. 식당에서 날마다 한국 위성 티브이를 보면서 많은 갈등을 느낀다고 털어놓았다. 식당에 찾아오는 한국 손님들을 볼 때마다 북에 있는 가족들이 더 생각난다고도 했다.

"기자 선생, 솔직히 나도 한국 가자고 생각한 적 있었습다. 내가 알고 있는 탈북자도 6개월 전에 한국 갔습다. 그런데 그 사람 부럽지 않습다. 우리 아버지가 굶어 죽고 어머니가 병으로 누워 계셔서 내가 맏이라 살려 보겠다고 중국땅에까지 나왔습다. 어머니와 동생들을 버리고 한국 가서 나 혼자 잘 살 수 있겠습니까? 도강(탈북)한 것도 죄인데 조국까지 배신하고 두 번 죄를 지을 수 없잖습니까?"

나는 더 이상 묻지 않았다. 장 씨에게 술만 따라 줄 뿐. 장 씨는 내가 카메라를 들이대고 있지 않아 편하다고 했다. "카메라 없이 이렇게 만나는 게 얼마나 좋냐"며 자기 같은 처지에 있는 사람들을 만날 때는 카메라를 버리라고 했다. 그러면서 그날 밤, 한 탈북여성을 소개시켜 주겠다고 말했다. 그녀는 노래방에서 일한다고 했다. 장 씨처럼 북으로 가고자 하는 고향 사람이었다.

나는 '북으로 가고자 하는 사람'이라는 말에 귀가 솔깃해졌다. 북으로 가려는 탈북자들이 실제로는 많이 있지만, 그들을 만나기는 그리 쉬운 일이 아니었기 때문이다. 한국으로 들어갈 마음도 없는 데다 은둔하고 있다는 특성상, 한국 사람을 만나지 않는 것이 그들이 취하는 생존전략일지도 모를 일이었다.

북조선, 생계형 탈북자는 관대하게 처벌

장 씨는 시계를 보면서 "식당에 나갈 시간이 가까워졌다"면서, 오후 5시까지만 일하고 오겠다고 했다. 사우나 앞에서 다시 만나기로 약속하고 우리는 자리에서 일어났다.

오후 5시 정각, 장 씨가 사우나 앞에 다시 나타났다. 택시를 타고 10여 분가량 갔을까. 한글로 된 네온사인 간판들이 요란하게 번쩍이고 있는 곳에 도착했다. 우리는 노래방으로 들어갔다. 한국 손님들이 많이 오는 제법 큰 노래방이었다. 여기저기서 한국 노래가 흘러나와 여기가 한국인지 중국인지 분간하기 어려울 정도였다.

우리는 종업원이 안내해 준 방으로 들어가 앉았다. 한참 뒤 30대 중반으로 보이는 여성 두 명이 들어왔다. 그 가운데 한 명이 장 씨 고향 사람이라는 탈북여성이었다. 생김새나 옷차림이 깔끔했다. 그 탈북여성은 자기 이름이 강은주(가명, 34세, 평양)라고 당당하게 이야기했다. 함께 온 친구는 북조선에서 한마을에 살았던 화교 친구라고 했다. 화교들은 중국에 나오면 중국인 신분증을 받고 북조선에 들락거릴 수 있다. 강 씨는 화교 친구와 함께 셋집을 얻어 생활하기 때문에 불편함이 없다고 말했다.

탈북생활 5년째인 강 씨는 북조선에서 예술학교를 졸업하고 예술단 단원으로 활동한 경험이 있었다. 1998년, 경제적 도움을 받기 위해 통행증을 받아 중국에 있는 친척집으로 왔다. 하지만 시골 마을에 있는 친척집 형편이 어려워 북에 들어가지 못하고 눌러앉게 되었다. 마을 아저씨 소개로 연길에 있는 노래방 주방에서 청소일을 했는데, 강 씨가 노래 부르는 것을 보고 주인이 노래방 도우미 일을 하게 했다. 강 씨는 중국 친척을 통해 해마다 인민폐 1만 위안씩을 북조선에 있는 가족에게 보낸다고 했다.

2003년 8월에는 연길 셋집에서 중국 공안에게 붙잡혀 강제송환된 뒤 한 달 만에 풀려나왔다. 강 씨는 대학생인 남편이 학업을 마치고 직장을 구할 때까지만 중국에 나와 돈을 벌기로 했다. 강 씨는 "북으로 강제송환 당해도 생계를 위해 단순 탈북했다는 사실만 증명하면 처벌이 관대하다"고 말했다.

"한국 사람을 만난 적은 없고 시골에 가서 밥해 주고 식모살이했다고 거짓말했습니다. 청진 도 집결소에서 거주 확인하고 다시는 중국에 가지 않겠다는 손도장을 찍고 거주지 분주소(파출소)를 거쳐 집으로 보내 주었습니다. 많이 변했습디다. 위에서 도강쟁이(탈북자)들 돈 빼앗지 말라는 문건이 내려와서 나도 하나도 안 뺏겼습니다. 그래도 집결소에서 안전원(경찰)들이 이리저리 흔들어 댑디다. 어떤 사람들은 간수들한테 돈 주고 몰래 도망친 사람도 있고, 병보석 형식으로 나보다 빨리 나간 사람들도 있어요. 북에도 돈이 통해요. 나는 남편이 대학 졸업하고 직장 배치 받을 때까지만 고생할 겁니다. 우리 딸 떼어 두고 어딜 갑니까. 한국 안 가요. 올겨울에 두만강 얼면 조선으로 건너갈 거예요.”

강 씨가 버는 한 달 수입은 인민폐 5,000위안이라고 했다. 강 씨가 일하는 노래방에는 한국 손님들이 많이 온다. 손님에게 받는 팁은 테이블당 100위안에서 200위안이라고 했다.

탈북여성들이 유흥업소에 많은 이유는 돈 벌기가 쉬운 면도 있지만, 다른 직업을 구하자면 호구(신분증)를 요구하고 선불금(예치금)을 받기 때문에, 어쩔 수 없이 그런 게 필요 없는 유흥업소로 흘러들어 온다고 했다. 유흥업소에서 전화가 오면 그때마다 도우미로 손님들과 놀아 주면 되기 때문에 일하기도 편하고 단속에 걸릴 일도 없다고 했다. 또 한국 손님들에게 인기가 많아 노래방 주인도 강 씨에게 잘 대우해 준다고 옆에 앉은 화교 친구가 말했다.

노래 한 곡 부르고 이야기하자며 장 씨가 먼저 노래를 불렀다. 탈북자들이 가장 많이 부르는 연변 노래 ‘타향의 밤’을 시작으로 우리는 한참 동안 한국 노래와 북조선 노래를 섞어 가며 춤을 추고 노래를 불렀다.

두 시간 뒤 노래방에서 나온 장 씨와 나는 다시 사우나로 갔다. 중국 사우나는 모든 시설이 갖추어져 있다. 짐이 없는 여행객이 하룻밤 묵는 데는 호텔보다 오히려 편하다. 공안 단속도 없다. 나는 잠깐 눈을 붙였다. 장 씨도 침대에 눕자마자 코를 골며 잤다. 나는 그날 밤 연길로 가기로 되어 있었다. 그래서 장 씨가 잠든 사이 조용히 나오려고 했다. 그런데 떠날 채비를 하는 나를 장 씨가 침대에 누운 채로 지그시 쳐다보고 있었다.

장 씨는 장춘역까지 나를 바래다주어야 마음이 편할 것 같다며 따라 나오려 했다. 나는 사우나에서 나오면 다시 표를 끊어야 하니 그럴 것 없다고 한참 말렸다. 역까지 바래다주는 건 포기한 장 씨가 "형님, 가면서 배고플 텐데 기차간에서 먹어요" 하면서 내 손에 삶은 달걀 두 개를 쥐어 주었다. 나는 뒤돌아 나오면서 눈물이 핑 돌았다.

밤 10시, 연길행 마지막 기차를 탔다.

탈북자 허 씨, 두만강 건너 북조선으로 가던 날

그 뒤, 나는 한 조선족으로부터 중국생활을 하다 북으로 들어가려는 가까운 친척이 있다는 연락을 받았다. 부인과 함께 탈북해 3년째 생활하는 허병철(가명, 57세, 함북 회령) 씨는 중국에서 돈을 벌면 친척을 통해 북조선에 있는 가족에게 보내거나, 부인이 직접 두만강을 건너 돈을 갖다주고 다시 중국으로 나온다고 했다. 중국에서 모은 돈 3만 위안을 가지고 들어가 장사 밑천으로 쓸 거라며, 중국생활을 청산하려니 마음이 홀가분하다고 했다.

허 씨는 중국 룡정이 고향이지만 1966년 허 씨가 열일곱 살 때, 중국 문화대혁명이 일어나 아버지가 반우파인 민족주의자로 찍히자 한밤중에 두만강을 건너 북으로 갔다. 중국에는 친누나가 생존해 있다. 당시 북한에서는 북으로 들어온 조선족들을 다 받아 주었다. 집과 직장을 주고, 허 씨 같은 젊은이들이 학교에 다닐 수 있게 해 주었다. 때문에 허 씨는 "지금까지 김일성 수령의 은덕에 살 수 있었다"는 말도 덧붙였다. 친누나가 북으로 가지 말고 중국에서 살자고 해도 허 씨는 "북조선에 있는 자식 때문에라도 꼭 돌아가야 한다"고 했다. 이처럼 북으로 돌아가고자 하는 탈북자들은 북한 체제나 김일성 부자를 쉽게 비판하지 않았다. 공통적으로 가족에 대한 애정이 남달랐다.

허 씨는 저쪽 선(북조선)과 전화로 약속했다며 연락을 기다리고 있었다. 북조선 경비병과 연락이 닿으면 경비병들이 허 씨를 강에서 붙잡은 척 앞장을 세워 집 앞까지 바래다준다고 했다. 허 씨는 짐을 꾸리고 가전제품도 사 두었다. 방 안 가득 가져갈 물건들이 쌓여 있었다. 허 씨는 자신이 먼저 들어간 뒤 짐은 조선족 친척을 통해 북조선으로 가져가기로 하고 만약을 위해 부인은 나중에 안전하게 자리를 잡은 뒤 부르겠다는 계획을 세우고 있었다.

나는 허 씨에게 두만강을 건너는 날 강가에 함께 따라가도 괜찮겠냐고 부탁했다. 허 씨가 흔쾌히 승낙했다. 단 "북조선에서 사람이 나오면 아무 말 하지 말라"는 단서를 달았다. 한국 사람인 줄 알면 큰일 난다며 조선족 친척 행세를 하면서 아무 말도 하지 말라고 당부했다.

허 씨가 떠나기로 한 날, 허 씨 친척에게 전화가 왔다. 허 씨는 오전에 룽정시 개산툰에서 바래다줄 사람과 접선하기로 했다며 먼저 떠났다. 나도 곧 뒤따라갔다. 개산툰진은 연길에서 택시로 한 시간 거리에 있었다. 두만강을 사이에 두고 함북 온성군 하삼봉과 마주하고 있다. 도착하니 허 씨가 보였다. 함께 건너갈 길 안내자도 있었다. 북조선 여자였다. 그녀는 고개를 숙이며 내 눈을 외면했다.

허 씨는 허름한 옷으로 갈아입고 친척이 건네준 가방을 받아 돈을 꺼내 비닐봉지에 말았다. 두만강 물에 젖지 않기 위해서였다. 허 씨는 담배를 연거푸 몰아 피웠다. 가방에 든 중국술을 꺼내 들이키며, 가슴이 떨린다고 했다. 안내인은 일없다면서 걱정하지 말라고 했다.

새벽 1시가 되자 자리에서 일어섰다. 두만강으로 나가 동정을 살피고 온 조선족 집주인 신호에 우리는 두만강변으로 나섰다. 12월 초 두만강 강바람은 매우 세차게 불고 있었다. 강가에 쌓인 눈은 녹지 않았고 강물은 시리도록 차가웠다. 모두들 강둑 밑에 엎드린 채로 건너편에서 올 불빛신호를 기다렸다.

북조선 경비병이 안내인과 약속한 대로 라이터 불을 두 번 깜빡거리자 허 씨와 안내인은 손을 잡고 두만강 물속으로 들어섰다. 허 씨는 나에게 악수를 청하면서도 아무런 말을 하지 않았다. 친척에게는 귓속말로 두만강을 무사히 건너면 라이터불로 세 번 깜빡거리겠다고 약속했다. 허 씨가 작대기를 짚고 두만강을 휘청거리며 건너기 시작했다.

10여 분 뒤, 허 씨는 안전하게 건넜다는 신호로 라이터 불을 깜빡인 뒤 사라졌다. 두만강 물은 그렇게 말없이 흐르고 있었다.

우리를 탈북자라 부르지 말라

자주성은 민족의 생명이다

"중국에 살면서 스스로 서지 못하고 흔들린다고 해서 조국을 탓하거나 욕하고 싶지 않단 말입니다. 자기 운명을 자주적으로 개척해 내는 게 중요하단 말입니다. 내 뱃심으로 일어서서 언젠가는 조국으로 돌아가 당당히 사는 게 나의 희망입니다."

2002년 봄에 두만강을 건너 중국으로 나온 장경수(가명, 47세, 함북 청진) 씨는 자신이 돌아가야 할 곳은 북조선이라고 했다. 작달막한 키에 왜소한 체구였지만 말할 때 눈빛은 빛났다. 자동차 수리 공장에서 일한다는 그의 손에는 기름때가 묻어 있었다.

장 씨는 연변조선족자치주에서만 머물러 있어 다른 지역에 대해서는 잘 알지 못했다. 이곳에도 탈북자들이 많다는 것은 알지만 서너 명밖에 만나 보지 못했다고 한다. 그것도 공장에서 일하다 우연히 알게 된 사람들이었다. 중국에 사는 동안 조선 사람들은 만나지 않겠다며 조국에 돌아갈 때까지 기술만 배우겠다고 말했다.

"왜 탈북자들을 만나지 않으려 하는가?"

"조국을 떠나 이국땅에서 힘들게 사는 것은 마찬가지겠지만, 만나면 서로가 힘들단 말입니다. 그렇다고 뜻이 같거나 생각이 맞는다면 모를까 어렵게 사는 사람들 서로 모르게 사는 게 낫지 않겠습니까?"

"같은 탈북자이지만 다른 탈북자들과 생각이 다른 점이 있다면?"

"기자 선생, 탈북자라는 말 듣기 싫습니다. 탈북자에 대해 말하고 싶지 않습니다. 나는 이곳에 살면서 눈, 코, 귀 다 막고 살기로 했단 말입니다."

장 씨는 인상을 찌푸렸다. 한국 사람들이 말하는 탈북자는 어떤 사람들을 가리키는가 되물으며 자신은 탈북자가 아니라고 언성을 높였다. 나는 말을 바꾸어 물었다.

"왜 세상을 외면하고 살려는가?"

"외면하려는 게 아닙니다. 보지 말아야 할 것을 보았단 말입니다. 조국을 떠나 살다 보니까 생각되는 게 많습니다. 연변에 우리와 같은 조선 민족들이 많이 살잖습니까. 말과 글은 통하지만 중국 한족들에게 다 동화되어 버렸습니다. 그렇다고 중국인이 되는 것도 아니고 조선 사람이 되는 것도 아니고 북조선이나 남조선으로 왔다 갔다, 한곳에 안착하지 못하고 사는 것 보면 생각되는 게 많단 말입니다."

"무슨 생각?"

"자기 운명은 스스로 개척해 내야 한다는 것. 자주성은 민족의 생명이라고 조선에서 학습했단 말입니다. 남조선에서는 청년들이 군대 가기 싫어서 국적을 포기한다고 들었단 말입니다. 그러면 한국 인민들 시끄럽게 떠들면 누가 욕먹습니까? 자기를 낳고 길러 준 부모가 욕먹잖습니까. 중국에 머물다 한국으로 가는 북조선 도피자(탈북자)들도 한가지라고 봅니다. 제 나라 버리고 통일되지 않은 자본주의 땅으로 간다는 것은 무엇을 의미하는지 아세요?"

"무슨 의미?"

"한국 사람들은 말은 하지 않겠지만 제가 살던 나라 버리고 지 애비가 자식들 굶겨 죽였다, 조선으로 가면 가혹한 처벌을 받는다, 나는 자유를 찾아왔다고 하면 지 애비 욕한 사람 말을 곧이곧대로 믿어 주겠냐 말입니다. 그럼 조선에 있는 인민들은 다 인간 생지옥에 살고 있단 말입니까? 자기 운명은 자기가 지켜야지 남보고 지켜 달라고 쥐새끼처럼 눈치만 보면서 구멍만 찾아다니며 사는 게 사람이 할 짓입니까?"

"자본주의 맛을 경험한 사람이 다시 돌아간다고 해서 그 체제에 적응이 될까요?"

장 씨는 한참을 머뭇거렸다. 그리고 말문을 열었다.

"사람 저울질하지 말란 말입니다. 자본주의가 사회주의보다 더 우월하다고 생각하는 것 같은데, 나를 돌이킬 수 없는 강을 건너온 사람으로 보지 말란 말입니다. 사회주의 체제가 싫어서 두만강을 건너온 것은 절대 아니란 말입니다."

"그럼 왜 나오셨습니까?"

"말하기 싫습니다."

장 씨는 버럭 화를 내며 자리에서 일어섰다. 함께 온 조선족 김 씨는 장 씨 눈치를 보면서 북조선을 비난하고자 하는 게 아니라고 자리에 앉기를 권했다. 장 씨는 나가겠다며, 나와 말하기를 원치 않는다고 했다. 내가 미안하다고 사과하자 한참 뒤 자리에 앉은 장 씨는 한숨을 내쉬었다.

북조선으로 가고자 하는 탈북자들을 만날 때 종종 있는 일이다. 한국행을 바라는 탈북자들은 대체로 질문을 많이 하고 정보를 얻으려고 하는 반면, 북조선으로 가고자 하는 사람들은 대화를 하다가 자신과 의견이 맞지 않으면 상대방이 하는 말을 정치적인 것으로 받아들여 곧바로 반대 표현을 하고 이야기를 끝내는 경향이 있다. 자존심이 강한 편이다.

살다 보면 오르막길도 있고 내리막길도 있다

장 씨는 내가 자신을 한국으로 가고 싶어 하는 사람으로 보고 있진 않은지 의심을 늦추지 않았다. 그는 한국으로 간 탈북자들에 대해 '도피자'라는 표현을 쓰면서 그들과 똑같이 취급하지 말라고 힘주어 말했다.

"그 도피자들은 분단을 원할 겁니다. 통일되면 빵짱(탈로)나니까. 나도 조선에서, 남조선에서 온 사람들 강연 많이 들었단 말입니다. 그들이 남조선 비난하는 거나 한국에 간 도피자들이 말하는 거나 뭐가 다르다고 봅니까? 1960년대, 1970년대에 북으로 넘어온 남조선 어부들, 조선에서 교육시켜 주고 직장 안배해 주었습니다. 그때는 조선이 더 잘살았단 말입니다. 나는 한국에 간 사람들이나 그때 조선에 온 사람들이나 한가지라고 봅니다. 사람이 살다 보면 오르막길도 있고 내리막길도 있단 말입니다."

장 씨는 "험난한 길이 있어도 극복하는 게 인간"이라고 했다. "북조선에서 나와 남조선으로 가려는 사람들은 긍정적인 면보다 부정적인 면을 더 말할 수밖에 없을 것"이라고도 했다. "한국에서 말하는 탈북자들 말이 맞는 부분도 있겠지만 왜곡된 부분이 더 많을 것"이라고 평가했다.

장 씨는 "한국에서 국적을 포기하고 미국으로 가는 거나 도피자들이 한국으로 가는 거나 똑같다. 차이가 있다면 자본주의식 빈부 차이"라고 했다. 옆에 있던 김 씨가 끼어들었다. "한쪽에서는 돈이 많아서 국적 버리고, 한쪽에서는 돈이 없어서 국적 버리고. 우리 조선족들은 이것도 저것도 아니다"라며 웃었다.

장 씨는 "조선이 발전은 더디지만 빈부 차이가 작은 것이 장점"이라고 강조했다. "사회주의 중국도 빈부 차이가 크다면서 남조선은 더할 것"이라고 지적했다.

"조선이 개혁되면 조선식 사회주의는 중국식 사회주의와 다를 것"이라고 단언했다. "인민대중이 잘 살 수 있는 곳은 빈부격차가 작은 나라"라며 그런 사회가 꼭 온다고 믿고 있었다. 1990년대 중반 '고난의 행군' 때 구호를 항상 가슴에 새기며 산다는 장 씨는 "가는 길 험난해도 웃으면서 가자"고 빙긋 웃었다.

고향에는 언제쯤 갈 것인가 묻자 장 씨 표정이 달라졌다. 고향에 부인과 딸이 있다는 말을 하면서 눈에 눈물이 맺혔다. 장 씨는 애써 외면하며 말했다. "내가 태어나서 자란 고향에 가면 오랫동안 헤어져 있던 가족들과 동무들을 만날 겁니다"라며 애틋한 심정을 밝혔다. 중국에 나오게 된 동기도 풀어놓았다.

　장 씨는 북조선에서 중국을 상대로 하는 외화벌이 무역소에서 일했다. 함께 중국을 오가던 친한 동료가 대금을 받아 물건으로 가져오겠다고 중국에 나가 들어오지 않았다. 장 씨가 계약한 물건 대금이었다. 그는 동료를 찾기 위해 두만강을 건너 중국에 나왔다. 물건을 계약했던 조선족 사장을 만났지만 돈은 지불했다며 증빙서류를 보여 주었다. 두 달가량 동료를 찾아다녔지만 소식을 알 수 없었다. 석 달이 지나서야 조선족 사장은 북조선으로 들어가라는 말을 했다. 동료가 북경에 있는 한국 영사관을 통해 한국으로 도망갔다는 것이다.

　동료와 조선족 사장에게 배신을 당한 장 씨는 조선으로 돌아가고 싶었지만 결국 들어가지 못했다. 그는 동료가 가지고 달아난 돈 절반이라도 마련해 북으로 들어가 자수해 처벌을 받겠다며 고개를 숙였다.

돈 벌어서 조선에 돌아가겠다

　룡정시 개산툰진에 사는 조선족 김일중(가명, 37세) 씨가 "북에서 나온 탈북자가 있는데 만나 보지 않겠냐"고 했다. 김 씨와는 평소 안면이 있었다. 김 씨가 말한 탈북자는 북에서 가져온 물건들이 많다고 했다. 물건을 아직 처분하지 못해 북으로 들어가지 못하고 있다는 것이다. 다른 한국인들 소개라도 해 주고 북쪽 상황을 알아보라고 귀띔해 주었다.

　아무런 준비 없이 김 씨를 따라나섰다. 김 씨 집에 들어서자, 방 안에 앉아 있던 북조선인 이승환(가명, 42세, 함북 회령) 씨는 나를 위아래로 훑어보며 인상을 썼다. 내 손에 든 카메라를 의식해서였을까. 나는 카메라를 가방에 넣고 이 씨에게 언제 나왔는지 물었다.

이 씨는 연변땅에 발을 딛고 사는 사람들은 한국 사람들을 곱게 생각지 않는다며 나를 못마땅해했다. 동정을 받기 위해 만나자고 한 게 아니라 함께 '장사'를 할 수 있는지 알아보기 위해 만나자 한 거라 했다.

"내래 거래할 게 있는가 해서 만나자 했지, 정치 문제 논하자고 만나자는 게 아닙네다. 기자 선생은 나를 통해 정보를 수집해 돈을 벌지 모르겠지만 나는 정치와 관계없이 물건을 팔아서 함께 돈을 벌 수 있으면 벌자는 목적밖에 없습네다."

이 씨는 언제 탈북했는지 묻는 말에 민감한 반응을 계속 보였다. "정치적인 문제는 논하고 싶지 않다"며 고개를 흔들었다. 나를 안내한 김 씨는 '도움을 받자고 데려온 사람'이라며 조심스럽게 말문을 열었다.

"노실(솔직)하게 말해서 내가 기자 선생 얘기 다 했어요. 채방(취재)하다 보면 한국 분들 많이 알 것 같아서 여기에 있는 물건(도자기) 처분할까 해서요. 너무 언짢게 생각지 말고 한국 분들 좀 연결해 주십시오. 우리가 알아서 물건을 판 다음에 칭크(대접)할게요. 이 선생도 여기에 가끔씩 도강해 나오지만 한국 사람 만나지 않으려고 합니다. 정치적인 발언을 하기 싫다고 해서……. 이번에는 하두 바빠서(어려워서) 만나는 거라 이해해 주세요."

김 씨와 이 씨는 동업자였다. 이 씨가 북에서 물건을 가져오면 김 씨는 중국에서 판로를 개척해 주는 일을 하고 있었다. 담배를 필터까지 빨아

대던 이 씨가 말을 이었다.

"나는 탈북자라는 말 듣기 싫습네다. 북조선 정치가 싫어서 반대하자고 나온 게 아니란 말입네다. 비법(불법)이지만 돈 벌자고 나온 거고 돈 벌어서 들어가는 사람입네다."

나는 이 씨가 하는 말에 고개를 끄덕였다. 그들 삶 속으로 한 발 다가가 보고 싶었다. 국경을 넘나들면서 '장사'를 한다는 게 믿기지 않았지만 변방에 사는 사람들 일상이라고 했다.

밀수를 통해 거래되는 물건들은 다양하다. 이 씨는 두만강을 10여 차례나 도강한 경력이 있었다. 조선과 중국 양국 국경선 경비가 심하다고는 하지만 이웃집 드나들듯 아직도 국경선을 넘나드는 게 현실이었다.

나는 이 씨가 가져온 물건들을 보고 싶다고 넌지시 말을 건넸다. 이 씨는 자리에서 일어나 장롱 깊숙이 숨겨 놓은 도자기 세 개를 꺼내 설명해 주었다. 도자기 보는 안목이 전혀 없는 나는 고개를 끄덕이면서 이 씨가 하는 말을 들었다. 개성에서 출토된 고려청자라며 빛깔이 고운 것은 3,000달러라고 했다.

사 보면 안다면서 이 씨는 100달러에 작은 도자기를 먼저 사 보고 거래를 하자고 했다. 이번 기회에 물꼬를 트면 앞으로 계속 거래를 할 수 있다고 했다. 한국에서 비싼 가격에만 팔 수 있다면 조선족 김 씨가 한국에 직접 가지고 갈 수도 있다면서 좋은 사람 연결만 시켜 달라고 부탁했다.

진솔하게 말하는 이 씨를 외면하기가 어려웠다. 내 표정을 읽었을까. 한참 뒤, 김 씨와 이 씨는 부담 갖지 말고 도자기를 사겠다는 한국 사람이 있으면 연결시켜 주고 없으면 괜찮다고 말해 주었다. 그들이 고마웠다. 나에게 기대하지 않는 것이 한편으로는 마음이 편했다. 연길에 나가면 골동품을 사려는 한국인들이 있는지 알아보긴 하겠다며 기대는 하지 말라고 했다. 그들은 고개를 끄덕였다.

김 씨는 이 씨의 부인과 친척관계라 했다. 이 씨의 부인은 2년 전까지 탈북자였다. 이산가족 찾기 심부름을 하다 북조선에 들어가지 않았다. 김 씨가 일자리를 구해 줘 식당일과 보모일을 했다. 많은 돈을 벌지 못했지만 장사할 수 있는 밑천은 모았다. 그때까지만 해도 이 씨는 중국에 드나들며 장사할 엄두도 못 냈다. 그런데 부인한테서 "타국땅에서 남 밑에 일하면서 욕먹기 싫다"며 "조선으로 돌아가겠다"는 연락이 왔다. 며칠 뒤 부인은 두만강을 건너가다 북조선 경비병에게 붙잡혔다.

이 씨의 부인은 사흘 동안 조사를 받았다. 한국 사람을 만났거나 기독교회에 다닌 일이 있는가 물었다. "그런 일이 있으면 왜 조국에 돌아오겠는가?"하고 되물어 관대한 용서를 받았다며 이 씨는 자기 부인이 총명하다고 말했다. 부인은 지금 장마당(시장)에 나가 장사를 하고 있다. 이 씨가 중국에서 가져간 물건을 팔 때도 있다. 작고 가볍고 비싼 것이 돈이 된다고 자랑했다. 내가 "그게 뭐냐?"고 묻자 "함께 장사를 하면 알려 주겠다"며 웃기만 하고 끝내 가르쳐 주지 않았다.

집을 나서려고 자리에서 일어섰다. 이 씨는 차 안에서 먹으라며 조선에서 가져온 오징어 한 묶음을 주었다. 나는 가방에 있던 한국 담배 한 보루를 꺼내 주었다. 이 씨 잠바가 낡아 보여 내 잠바를 벗어 주었다. 이 씨는 받지 않으려고 했지만, 받아도 된다는 김 씨 등쌀에 못 이겨 잠바를 받아 주었다. 잠바를 훑어보던 이 씨는 한국 상표를 뜯어냈다.

우리는 언제 만나자는 약속도 하지 않은 채 "다음에 또 만납시다"라고 어설픈 웃음을 지으며 악수를 했다. 나는 개산툰진 남산 거리를 나와 두만강 강둑길을 한참 동안 걸었다.

두만강 너머로 함북 삼봉 세관이 보였다. 높은 깃대가 눈에 들어와 발걸음을 멈추었다. 그것은 조선 민주주의 인민 공화국 인공기였다. 유난히 바람에 펄럭거렸다. 조국을 버리지 않고 돈 벌어서 잘사는 게 소망이라는 이 씨 말이 다시 떠올랐다. 그날은 언제쯤 올까. 그의 꿈이 하루빨리 이루어졌으면 좋겠다는 것은 나만의 바람일까.

차라리 전쟁 확 터져 통일돼 버렸으면

이국땅 생일잔치, 북에 있는 가족이 더 생각나

2005년 10월 17일 이른 아침, 내가 묵고 있는 연길시 체신호텔(유댠빈
관) 603호실로 탈북자 두 명이 찾아왔다. 평소 안면은 있었지만 약속을 한
적이 없었다. 호실을 알려 주지 않았기에 깜짝 놀랐다.

"아니, 내가 중국에 온 걸 어떻게 알았습니까?"

"기자 선생 연길 오면 이 호텔에 투숙하잖아요."

"그래도……."

"연길은 우리 손바닥이에요."

하루 전날 내가 호텔로 들어가는 모습을 보고 1층 카운터에 문의해 알
았다며 웃었다. 한 사람이 사흘 뒤가 자기 생일이라고 했다. 그들은 생일
잔치에 꼭 참석해 달라는 부탁을 남기고 떠났다.

10월 20일, 케이크와 샴페인을 사 들고 탈북자 김지영(가명, 37세, 함북 무
산) 씨 집으로 향했다. 연길 시내 변두리 마을이었다. 시내와는 15분 정도

밖에 떨어져 있지 않았지만 도로는 흙길이었다. 울퉁불퉁하게 팬 땅길(흙길)에 비가 내려 차가 지날 때마다 흙탕물이 튀었다. 거리를 걷는 사람들은 차를 보며 멈춰 서 있었다. 땅집(1층집)들이 즐비하게 늘어서 있었다. 집집마다 굴뚝에서 석탄을 때는 연기가 피어올라 하늘을 시커멓게 물들였다.

집에 들어서기 전에 김 씨에게 전화를 했다. 김 씨가 집 앞으로 마중을 나왔다. 1차로 시댁 식구들이 생일잔치를 하고 떠난 뒤, 2차로 '두만강 사람들(탈북자)'과 생일잔치를 한다고 했다. 문을 열고 들어서자 김 씨 남편이 손을 내밀며 반갑게 맞아 주었다. 생일상을 차리기 위해 여성들 세 명이 부엌에서 음식을 만들고 있었다. 모두 나와 2, 3년 전부터 알고 지낸 탈북여성들이었다.

세 여성은 북에 자식과 남편이 있지만 어쩔 수 없는 처지에서 조선족을 만나 동거하고 있다. 그들은 모두 북으로 되돌아가고자 한다는 공통점이 있었다. 방 안에는 처음 본 얼굴도 있었다. 나와 얼굴을 마주치자 고개를 숙이고 부엌으로 가 버렸다. 남자 두 명이 더 앉아 있었다. 그들은 탈북여성들과 동거생활을 하면서 함께 노무시장에 나가 일을 한다. 중국 조선족이다. 과거 아픔이 있는 이혼남들이다. 연길 노무시장에서 일하면서 알게 돼 가깝게 지낸다고 말했다. 나를 초대한 김 씨처럼 인력시장에서 만난, 같은 처지에 놓인 부부다.

상을 차렸다. 모두들 둥그렇게 앉았다. 김 씨 남편이 선창하자 모두들 어설프게 생일축하 노래를 따라 불렀다.

"생일 축하합니다. 생일 축하합니다. 사랑하는 우리 지영이. 생일 축하

합니다."

혼자 온 탈북여성 유 씨가 옆에서 "촛불을 불어 끄라"고 했다. 중국에 나와 생일상을 처음 맞이한 탓일까. 김 씨는 한참이나 기도하듯 두 손을 입에 대고 머뭇거렸다. 한참 뒤에야 여전히 입에 손을 댄 채 촛불을 불어 껐다.

김 씨는 눈물을 글썽거렸다. "이국땅에 와서 푸짐하게 생일잔치를 처음 해 봅니다. 조선에서 여자들 생일은 별로 신경 쓰지 않습니다. 북에 있는 가족들이 오늘 따라 쌔게(많이) 생각납니다"면서 말을 맺었다. 조선족 남편 박 모(42세) 씨가 샴페인을 터뜨렸다. "우리 안까이(아내), 건강하게 잘 삽시다"며 술잔을 돌렸다.

나는 카메라를 들고 서너 번 정도 셔터를 눌렀다. 한쪽에서 고개를 숙이며 쪼그리고 앉아 있던 한 여성이 나를 흘끗 쳐다보며 부엌으로 가 버렸다. 그녀를 보고 모두들 웃었다. 조선에서 나온 지 사흘밖에 되지 않았다고 했다. "한국 사람을 처음 대해서 무서워서 그런다"면서 탈북여성들 세 명이 "우리도 처음 한국 사람을 볼 때마다 그랬다"면서 한마디씩 했다. 김 씨 남편이 그녀에게 "일없다(괜찮다)"고 들어오라고 해도 창문 틈으로 내다볼 뿐 들어오지 않았다. 사진기를 가방에 넣어야 들어오겠다고 했다.

나는 사진기를 가방에 넣고 한쪽으로 치웠다. 그녀는 내 행동을 유심히 살핀 뒤에야 방으로 들어와 내 등 뒤에 앉았다. 북조선 사람들이 한국 사람들을 처음 볼 때 흔히 보이는 반응이었다. 조선에서는 "중국에 나와 있는 한국 사람은 간첩 임무를 맡고 온 사람들"이라고 알려져 있기 때문에 그녀가 하는 행동을 이해할 수 있었다. 옆에 앉아 있던 세 탈북여성 모두

"우리도 처음에 중국에 나왔을 때 똑같았다"면서 "한국 사람들을 보면 피하고, 도와주겠다는 말을 들을 때는 '악의 구렁텅이에 빠트리기 위해' 그런 줄 알았지만 그런 것은 아니었다"고 했다.

탈북여성들은 사흘 전에 왔다는 조선 여성에게 관심이 많았다. 다들 북에서 나온 지 오래되었기에 최근 북조선 소식이 궁금했던 것이다. 김 씨 친구인 이 여성은 '통행증'을 발급받아 합법적으로 나왔다. 조선 함북 무산에서 장사를 하다 나왔다고 했다. 중국에 친척이 있기에 가능한 일이었다. 요즈음에는 통행증을 떼기도 힘들다고 한다. 한국으로 달아난 사람들이 있기 때문이다. "간부들에게 고이고(돈을 주고) 어렵게 통행증을 받았다"고 김 씨가 귀띔해 주었다.

그녀는 수산물 한 보따리를 북에서 가지고 나왔다. 세관에 세금 내고 중국에 나와 팔았지만 남는 게 없다고 했다. "북과 차이가 없는 것 같다"며 의아해했다. 이면수로 되거리(물물교환)해 물건을 사 가지고 들어가려 했지만 그렇게 안 돼 두 달가량 노무시장에 나가 일을 해 돈을 벌어 들어갈 작정이다. 김 씨에게는 일자리를 부탁하기 위해 찾아온 것이었다. 김 씨 남편은 "통행증 받고 나온 거니 다른 탈북자들처럼 중국 공안에 붙잡히거나 불안해할 필요는 없다"면서 일자리를 알아봐 주겠다고 했다.

그녀는 "이제 북조선 인민들도 굶어 죽는 경우는 없다"고 했다. 모두들 자력갱생해 1996년이나 1997년 당시처럼 굶어 죽지는 않는다고 했다. 하지만 경제가 조금 풀리는 듯하다가 멈추는 것에 대해서는 "미제 놈들이 한 경제봉쇄 조치 때문"이라며 "전쟁이라도 콱 터져 남북이 통일되면 잘살 수 있다"고 했다. "남조선은 미친개(미국)의 하수인"이라는 말을 할 때는 나를 매섭게 쳐다보았다.

탈북자 이 씨가 "북조선 핵무기 문제로 미국에서 공격하면 아이들이 피해를 본다"면서 "전쟁은 일어나지 않았으면 좋겠다"고 말하자, 그녀는 "조선에는 산간지대가 많기 때문에 폭격을 한다고 해서 모든 산이 부서질 수 없다"면서 조선 사람들 뱃심으로 이길 수 있다고 했다. 조국해방전쟁 때 미국 놈들과 연합군도 이겼다면서 "조선은 무너지지 않는다"고 힘주어 말했다.

꿈속에서도 빈손으로 찾아간 게 마음 아파

남편과 자식 남매를 두고 온 탈북자 이옥화(가명, 37세, 함북 청진) 씨는 수첩에서 사진을 꺼내어 만지작거렸다. 북에 두고 온 딸과 아들 사진이었다. 늘 수첩에 끼워 놓고 안주머니에 보관했다. 힘든 일이 있을 때나 기쁜 일이 있을 때 꺼내 본다고 했다. 12월에 아들 생일이 있다고 했다. 북에서 어떻게 살고 있는지, 학교에 잘 다니고 있는지 걱정했다.

"올해 양력설날에 결심했었습니다. 눈물을 보이지 말자는 게……. 눈물을 안 흘리려고 해도 저절로 내려오는 걸 어쩌겠습니까. 그건 막지도 못하는 눈물이니까."

아이들 사진을 보면 눈물이 난다며 빛바랜 사진을 보여 주었다.

"아버지야 뭐 제 새끼라지만 자기가 낳았습니까. 여자가 아이를 낳아서 키우지. 엄마 정이 더 깊지. 남자들은 모른단 말입니다."

어머니라는 무게 때문일까. 세 탈북여성들 눈이 벌게졌다. 김 씨가 눈물을 닦으며 울지 말라고 하자, 이 씨는 "눈물을 막을 힘이 없습니다. 난 그건 정말 못 막겠습디다"라며 타국땅에 살면서 마음고생하는 게 제일 힘들다고 털어놓았다. "하루라도 시원한 생각이 들 때가 없습니다. 조선에도 신경을 써야 하고 중국에도 신경을 써야 하기 때문입니다"는 이야기를 했다.

이 씨는 어젯밤 별난 꿈을 꾸었다고 했다. 조선으로 들어가는 꿈이었다. "그런데 중국에서 빈손으로 갔단 말입니다. 언니한테 정말 미안해서 '야, 언니. 이번에 내 한번에 가서 또 가져다줄게' 이런 꿈을 꿨습니다."

꿈속에서 조선에 있는 언니한테 빈손으로 간 게 꿈을 깬 뒤에도 지워지지 않아 가슴속이 내려가지 않고 답답하다고 가슴을 두드렸다. 그러고는 화가 난 듯 남편을 보고 말했다.

"저 사람 만나서 어느 하루라도 편한 날이 없습디. 이럴 때 가장 고통스러운 거지요. 눈만 뜨면 이런 생각을 안 할 때가 없습디."

이 씨 남편은 장기를 두면서 하고 싶은 얘기가 있으면 다 하라며 신경을 쓰지 않았다. 옆에 앉아 말을 듣던 김 씨는 싸울까 두려워 이 씨 옆구리를 쿡쿡 찔렀다. 이 씨는 날마다 노무시장에 나간다. 요즘에 일거리가 줄어 인민폐 20위안만 준다 해도 닥치는 대로 일한다. 가끔 인민폐 50위안을 받을 때도 있다. 중국 남편이 놀기 좋아하고 술을 좋아해 저축하기는 힘들다. 집안 세간이나 채소를 사는 것도 그녀 몫이다.

이 씨는 탈북생활을 후회하고 있었다.

"남의 나라 땅에서 이악스럽게 사는 만큼 제 나라 땅에서 그 정도만 해도 못살겠습니까.”

1998년 북에 있을 때, 생활 형편이 어려워지자 이 씨는 남편과 갈등이 심했다. 그래서 집을 나왔다. 그때, 평소 알고 지낸 직장동료 친척을 소개 받았다. 중국에 가면 돈을 벌 수 있다는 말을 들었다.

“돈 벌러 가자고 해서 ‘좋다, 내 땅이든 니 땅이든 돈 벌어서 내 땅에 와서 장사하면 되지’ 난 그런 생각을 먹고 왔습니다. 그 사람이 그렇게 (인신매매) 돈 버는 사람인지 몰랐습니다. 중국에 자기 친척이 있다고 해서 따라왔단 말입니다. 얼려서(속아서) 갔는데(시집) 그런 줄은 몰랐 단 말입니다.”

그 뒤 이 씨 인생길은 험난했다. 천진, 길림, 연길까지 세 번에 걸쳐 팔려 다녔다. 그 기간이 2년이었다. 세 번째로 팔려 와 한족 집에서 살 때 도망 나와 조선말이 통한다는 연길에 오게 되었다. 하루하루 생활하기 위해 연 길 노무시장에 나와 일했고 그러다 같은 처지에 있는 탈북여성들을 알게 되었다. 혼자 살기에도 벅차 셋집을 얻을 돈이 없었는데 탈북해 혼자 산 다는 것을 안 김 씨 남편이 남자를 소개해 주었다. 이혼남이었다. 그렇게 만나 함께 살고 있다. 이 씨는 탈북생활이 오래되어서인지 지쳐 보였다. 세월만 기다릴 수 없다며 조국에 꼭 돌아가겠다고 했다.

“타국에서 이밥(쌀밥)에 돼지고기 국을 먹어도 편하지 않아요. 제 집에 서 강냉이밥에 소금국 먹어도 살 것 같슴다. 이곳에서 고생하고 모욕당 하다 보니까 이러한 생활이 우리에게는 기회가 되지 않는단 말입니다.”

남의 땅에서 감시를 받지 않으며 주인 되게 살고자 하는 것이 이 씨의 소망이었다.

"생활이 아무리 좋다 해도 후회됩니다. 그래도 제 조국이 조국이지. 젊은 나이에 죽고 싶은 생각은 없지만 아무 때나 어쨌든 내 돈 벌어서 노력해서 꼭 나간다! 그 생각입니다."

이 씨는 말을 마친 뒤 입을 굳게 다물었다.

돈을 버는 기술을 배우겠다

혼자 온 탈북여성 유승희(가명, 39세, 함북 청진) 씨는 두 달 전까지 식당에서 주방일을 했다. 동거했던 남자를 떼어 버리고 혼자 사는데, 둘레 사람들에게는 "조선족과 함께 산다"고 말한다. 그래야만 함께 살자고 남자들이 치근거리지 않는다고 했다. 두 달 동안 쉬면서 많은 생각을 했다. 산다는 게 허무한 생각이 들었다.

"내가 여태까지 해 놓은 게 하나도 없잖아요. 머리하는 기술(미용)을 3년 전부터 배우고 싶었는데 못 배운 게 후회돼요."

유 씨는 미용기술을 배우면 아무 데서나 써먹을 수 있겠다는 생각을 했다. 빈손으로 조선에 들어가면 아이들한테 죄인이 될 것 같은 자책감이 들었다. 나이를 먹더라도 남의 밑에서 일하기는 싫고, 기술을 배우면 늙어 죽을 때까지 벌어먹고 살 수 있겠다는 생각이 들었다. 급하게 돈을 벌지 말고 기술을 배우겠다고 다짐했다.

"첫째고 둘째고 먼저 기술을 배워서 아이들한테 돈을 보내 주자는 결정을 내렸어요. 중국에 있는 날까지 기술을 먼저 배우자. 돈은 빼앗길 수도 있고, 있다가도 없을 수도 있지만, 기술은 영원히 가지고 갈 수 있잖아요."

유 씨는 중국에서 생활하는 동안 '한국 바람'이 든 적도 있었지만 고민 끝에 고향으로 돌아가기로 결심했다.

"통일이 되자고 소리쳐서 되는 거 아니고, 돈을 많이 벌어서 돈을 지원했다고 나라가 잘 사는 것도 아니잖아요. 그런 목적보다는 내 부모가 있는 그곳이 그립고 그래서 가고 싶어요."

그날 밤, 나는 두 부부와 함께 노래방으로 갔다. 연길시 유흥가 네온사인이 오색불빛으로 휘황찬란했다. 맥주를 한 잔씩 돌려 마셨다. 생일 주인공인 김 씨가 먼저 마이크를 잡았다. 모두 합창을 했다.

"봄이 왔다고 제비들도 고향에 갔으련만 / 고향으로 가고파도 갈 수 없는 이 사연을 / 그 누가 알아 주랴. 안타까운 이내 심정을 / 구름 너머 나는 새야. 이내 마음 전해 다오."

연변 조선족들이 즐겨 부르는 '타향의 봄' 노래다. 이국땅에서 살면서 고향을 그리워하는 애틋한 가사다. 중국에 사는 탈북자들이 가장 먼저 배우는 조선족 노래라고 한다. 탈북자들 가슴에 닿는 것일까. 내가 만난 탈북자들 모두 이 노래를 알고 있었다.

조국에 돌아가겠다고 울던 이 씨도 남편과 손을 잡고 춤을 추며 환한 웃음을 지었다. 조선 노래 '내 나라 제일 좋아'를 부른 뒤, 나에게 한국 노래를 부르라고 마이크를 건네주었다. 조용필 노래 '간양록'을 불렀다. 중국에서만 자유롭게 부를 수 있는 특권일까. 그날 밤 그렇게 주거니 받거니 남북의 노래를 목 놓아 불렀다.

죽어도 조선에 나가 죽어야지요

돈 벌어서 조선에 나가 살지

2014년 9월 연길시 의란진 연집촌. 시내 변두리에 살고 있는 박경화(가명, 68세, 함북 온성) 할머니집을 찾아갔다. 박 할머니를 만난 지는 4년째였다.

"지금 중국에 있는 조선 사람들 만나면 다 돈 벌어서 조선에 나가 산다는 거지. 근데 죄짓고 나온 사람, 가면 처벌받을 사람은 가자는 소리 못해도 우리네처럼 이렇게 들어온 사람은 돈만 빨리 벌어 가지고 간다는 거요."

이 집에는 할머니 한 분이 더 있었다. 김윤숙(가명, 67세, 함북 새별) 할머니는 시내에서 셋집을 맡아 살다 피신해 와 있었다. "탈북자 단속 때문에 심장이 벌렁거린다"며 불안하다고 했다. 연변 변방대에서는 탈북자를 신고하면 포상금을 준다는 안내문을 길거리에다 뿌리기도 했다.

"처음 나오는 탈북자들은 진짜 먹고살기 바빠서 나왔지. 지금 나오는 사람 중에는 못된 짓 하다 조선에 살 수 없으니까 나온단 말이. 중국에서 조용히 살다가 한국으로 튀면 될걸, 농촌에 가서 도둑질하고 강도짓 하지. 사람까지 다친단 말이. 중국에서 단속하면 조용히 살고 있는 우리들만 힘들어.”

옆집에 사는 탈북자 부부도 공안에 붙잡혀 갔다. 김 할머니는 젊은 사람들은 다른 곳으로 달아날 수 있지만 늙은이들은 안쪽으로 가기 바쁘다고 했다.

박 할머니도 말을 거들었다. 박 할머니와 잘 알고 지내는 탈북여성이 있었다. 농촌에서 한족과 결혼해 아이까지 낳고 잘 살고 있었다. 그런데 어느 날 한국 사람이 집에 찾아온 뒤 사라졌다. 나중에 알았지만 그 사람은 한국에서 온 탈북자 브로커였다.

한국에 간 탈북여성은 소식을 끊었다. 전화도 오지 않았다. 하나원에서 만난 탈북자와 산다는 소식을 들은 한족 남편이 화가 나 박 할머니를 파출소에 신고했다. 파출소 소장은 박 할머니와 안면이 있었다. 박 할머니가 조선족인 줄 알고 있었다. 박 할머니는 울면서 통사정을 했다. 파출소장은 박 할머니에게 “화장실에 가지 않겠는가” 물었다. 박 할머니는 고개를 끄덕였다. 파출소장이 화장실에 다녀오라고 한 덕에 겨우 파출소에서 빠져나올 수 있었다.

이런 일을 겪은 박 할머니는 한국에 들어간 탈북자들이 중국에 오지 않았으면 했다. 한국에서 온 탈북자들이 농촌 마을을 돌며 중국에서 잘 살고 있는 탈북자들을 모집해 간다고 했다.

“데려가려면 조용히 데려가지. 여기저기 쑤셔 놓고 가다가 붙잡히지, 한국 댄스(방송)에 공개하지. 여기서도 한국 댄스 다 본다고. 저 오봉에 갔는데 그 마을에 탈북자 다섯 명 살았지. 그런데 브로커들이 한번 뜨더니 한날에 싹 쓸어 갔어. 시장 간다고 나가서 다 달아난 거지. 그러니 같이 살던 한족들이 밸(화)이 나서 탈북자 보면 꼬장질(신고)하지."

김 할머니가 잘 아는 탈북자도 있다고 했다. 그 탈북자는 중국 조선족과 함께 인신매매를 했다. 같이 인신매매하던 중국 사람들이 연길 공안국에 붙잡혀 구속되자 그는 한국으로 달아났다.

"중국 사람들과 짜고 처녀 아이들 산동성에 숱하게 팔아먹었어. 그 여자 김○○이는 우리 인민반에 살았지. 중국에 잘사는 친척 집 있다고 돈 빌려서는 밀수를 했어. 장마당에서 처녀 아이들 꾀었단 말이. 중국에 가면 일자리 구해 준다고 데리고 나와서 안쪽에 팔아먹은 거지."

그 탈북자는 한국에 들어간 지 2년 만에 연길에 다시 들어왔다. 김 할머니에게 전화가 와서 다시 만난 일도 있다. 그 사람이 예전에 중국에 있을 때는 중국 사람을 따라 다녔는데, 이제는 중국 사람을 데리고 다녔다.

"지금은 한국으로 데려가는 일한다"면서 김 할머니한테도 "힘들면 도와주겠다"고 했다. 그리고 "탈북자들 아는 사람 있으면 알려 달라"고 했다. 김 할머니는 알려 주지 않았다.

"내 말했지. '너 그렇게 살지 말아라. 조선서도 위신 없이 살고, 중국서도 그렇고, 한국에 가서도 그러냐!' 그랬더니 힘들면 미국 가면 된다고 그러더라고. 자기가 탈북자 구출 사업을 잘해서 미국에서도 알아준다고 하면서."

말이 끝나기도 전에 박 할머니가 말했다.

"그 버릇 못 고친다고, 그것도 사람 장사나 한가지지. 그 간나가 탈북자들 그냥 데려가는 것도 아니고 돈 받고 데려가는 협잡꾼이지. 가다가 붙들리면 사람 죽이는 거지."

두 할머니들은 탈북자들이 한국 가려면 조용히 가고, 한국에 살 거면 탈북자들은 조용히 살았으면 하고 바랐다. 한국에서 탈북자들이 정치적으로 행동하면 중국에 사는 탈북자들이 힘들어진다고 했다. 김 할머니는 탈북자도 줄었는데 왜 단속은 계속하는지 모르겠다며 답답하다고 했다.

"지금 연변에 탈북자들 많이 없어졌시오. 한국 갈 것들은 가고 조선으로 들어가는 게 많아요. 여기서 붙잡혀 가지, 불안해서 들어가지. 우리도 두만강 얼음이 얼면 동삼(겨울)에 들어가자고 이야기했지."

중국에서 지내는 동안 박 할머니는 세 번, 김 할머니는 두 번 북한에 다녀왔다. 중국에서 모은 돈을 전해 주고 다시 나왔다.

박 할머니는 지난여름 두만강을 건너 집에 다녀왔다. 온성군 하삼봉 마을로 강을 건넜다. 친분이 있는 철로원의 도움으로 온성역까지 기차를 타고 들어갔다. 집에 들어가 자식들을 만났다. 중국에서 모은 돈 6,000위안을 주고 10일 만에 다시 나왔다. 딸이 이제는 중국에 가지 말라며 울면서 말렸다. 박 할머니는 중국에 두고 온 짐이 많다고 가져오겠다고 했다.

"한 번만 가서 돈 벌어서 오자고 했지. 그때 나오지 말았어야 했다."

박 할머니는 후회했다. 중국 사람들 인심도 예전 같지 않다고 했다.

"처음에는 불쌍하다고 옷도 주고 식량도 주고 도움을 많이 줬다. 그런데 이제는 중국 친척들이 우리를 멀리하려 한다. 한때 도와주던 교회에서도 더는 도와주지 않는다."

탈북자들이 한국으로 가는 길이 열리고 사고가 자주 발생하자 중국 공안은 단속을 심화했다. 두만강 국경에서도 중국 군대가 검문검색을 강화했다. 더는 살기에 바쁘다고 한숨을 쉬었다.

인터뷰가 끝났다. 박 할머니는 사과를 깎아 주었다. 할머니는 인근에 조선에 들어가려는 아이 엄마가 있다며 알려 줬다. 직접 전화해 소개를 해 주었다. 아이 엄마는 자기가 살고 있는 집 위치를 자세히 설명해 주었다.

두 할머니는 집을 나서는 나를 배웅을 해 주겠다며 같이 나섰다. 말려도 소용없었다. 바람도 쐬러 나갈 겸 '연집하'까지 바래다주겠다고 했다. 연집하는 연길 시내로 이어지는 작은 강이다.

강까지 나왔다. 굴뚝 연기가 모이는 강이라서 '연집하'라 부른다는데, 둘러봐도 굴뚝 연기는 보이지 않았다. 김 할머니는 강을 보면 두만강이 생각난다고 했다. 자식들이 어떻게 살고 있는지 속이 탄다고 했다. 박 할머니도 자신보다 고향에 있는 자식들을 더 걱정했다.

"죽어도 조선에 나가 죽어야지요. 자식들이 있고 우리 영감 뼈가 묻혀 있는데. 그래야 마음이라도 편하게 살지. 이곳에서 불안하게 살다가 이 늙은이들이 언제 죽을지 누가 알겠습니까."

지나가는 사람들이 자꾸 쳐다보는 것 같아 나는 이제 집으로 들어가시라고 했다. 두 할머니는 조심성 있게 다니라고 안전을 당부했다.

강둑을 따라 내려가다 보니, 바깥 동정을 살피는 연길 감옥의 망루가 눈에 들어왔다. 뒤를 돌아보았다. 박 할머니가 여태 거기 서 있다가 손을 흔들었다. 나도 손을 흔들고는 뒤돌아 다시 걸었다. 내 모습이 사라질 때까지 지켜보고 있을 것 같아 빠른 걸음으로 돌아왔다.

고향에 가서 마음이라도 편히 살고 싶어

　다음 날 오전 10시, 시내버스를 타고 가다 마을 입구에 내렸다. 연길시 의란진 흥안촌이다. 벽돌집들이 빽빽하게 늘어서 있었다. 재건축을 위해 부숴 놓은 빈집들이 군데군데 있었다. 흥안촌은 다른 지역에 비해 월세 비용이 저렴해 탈북자들이 많이 살았던 곳이다.

　박 할머니가 소개해 준 아이 엄마 집은 도로변 골목길 첫 집이라서 찾기 쉬웠다. 아이 소리가 밖으로 들렸다. 문을 두드렸다. 아이 엄마가 문을 열고 밝게 웃으며 맞아 주었다. 아이는 소리 지르며 방안을 빙빙 돌았다.

　이명화(가명, 35세, 함북 온성) 씨는 탈북생활 7년째다. 중국에 나온 것은 다섯 번째, 마지막에 나오고 나서 여섯 달이 지났다. 지금은 두 살 된 아들과 함께 살고 있다. 이 씨는 아이를 맡겨 두고 일할 수 없어서 조선으로 돌아가려 한다고 했다.

　"이 땅에서 방향이 없을 바에는 제 집에 가서 사는 게 낫지. 여기 올 땐 돈 벌자 하는 생각으로 왔는데 맘대로 안 되지. 돈 벌자니 아이를 어떻게 합니까. 어디다 맡기겠습니까."

　"그런데 왜 탈북을 했나요."

　"그 땅에서는 밥을 먹고살아야 하는데 그런 조건이 구비되어 있지 않아서 있고 싶은 생각이 없었습니다. 지금 같은 경우는 아이도 있으니깐 다르단 말입니다. 조선에서나 여기서나 먹고사는 조건이 구비되어 있지 않은 상황은 한가지란 말입니다."

　혼자서 살 때를 생각하고 아이를 데리고 나왔다. 그런데 일하고 살아갈 형편이 되지 않는다고 했다. 아이를 데리고 중국에서 불안하게 살 수 없다는 것도 알았다. 힘들게 사는 건 고향에 가도 다를 게 없지만 조선에 나가 마음이라도 편하게 살고 싶다고 했다.

다른 집 아이들이 '아버지' 소릴 듣게 되면 이 씨 아이는 "애비 없는 자식이다 소리를 듣겠구나 하는 불쌍한 생각이 든다"고 했다. 아이가 아빠 얼굴을 모른다고 마음 아파했다. 이 씨는 인터뷰하는 사이에 잠이 들어버린 아이 손을 잡고 만지작거렸다.

한참 지나서 이 씨는 아이 아버지를 만난 사연을 이야기했다. 탈북 5년째, 이 씨는 중국말을 할 줄 몰랐다. 그래서 한족들만 사는 농촌 마을에서 살았다. 뒷집에 살던 탈북자 남자를 우연히 알게 되었는데 말이 통해 눈이 맞았다. 마을에서 함께 달아나 연길에서 동거를 했다. 교회 도움으로 일자리도 구하고 생활도 할 수 있었다.

교회에서 만난 탈북자 여섯 명과 함께 중국 국경을 넘어가려다 몽골에서 붙잡혀 강제송환되었다. 남편은 구속되고 이 씨는 풀려났다. 당시 이 씨는 임신한 지 여섯 달째였다.

이 씨는 탈북한 게 다섯 번째라 했다. 두 번은 한국 가려다 잡혔다. 한국 가려다 잡힐 때와 단속에 걸려 잡힐 때는 처벌이 다르다고 했다.

이 씨는 자기 경험을 설명해 주었다.

"집에서 잡혀 온 사람들은 크게 조사 아니 받습니다. 실제 중국에서 살았는가, 아니면 한국 가려고 했는가 이런 것만 확인하죠. '난 한국에 아니 가자 그랬다. 일자리 구하다 붙잡혔다' 하면 비판서만 쓰고 용서해 주는데, 한국 가려다 잡혀 오면 문제가 복잡합니다."

"한국에 가려다 붙잡혔을 땐 어떻게 나오셨어요?"

"돈을 먹여서 나왔습니다. 첫 번째는 시골에 팔려 가 도망 나왔다고 거짓말을 했습니다. 두 번째는 몽골에서 잡혀 나갈 때 몸에다 돈을 숨겨 들어갔습니다. 경험이 있어서 200달러를 감춰 갔단 말입니다. 비판서 쓸 때 돈을 내놓고 나는 절대로 한국 가려고 하지 않았다고 용서해 달라고 고였습니다(돈을 주었습니다). 나머지 사람들은 자기 입으로 시인했단 말입니다. '한국 가는 길인 줄 알고 갔다. 친척이 한국에 있다'고 말해서 풀려나지 못했습니다."

"조선에서도 돈을 주면 통합니까?"

"돈만 내면 풀려나옵니다. 예전에는 돈이 안 통했는데 지금은 죄를 지어도 단독으로 심문하기 때문에 그 사람만 딱 돈을 찔러주면 끝납니다."

이 씨는 고향에 있는 가족들과는 가끔 전화 통화를 한다고 했다. 가족에게 돌아가겠다고 알렸다. 나는 어떤 방법으로 조선에 들어갈 것인가 물었다. 이 씨는 나올 때 돈을 주고 나왔다고 했다. 들어갈 때도 돈을 주고 안전하게 들어가겠다고 했다. "중국 돈 300위안만 주면 책임감 있게 집에까지 데려다준다"는 것이다. 들어갈 때 빈손으로 들어가면 안 된다고 근심했다.

잠을 자던 아이가 깨어났다. 이 씨가 아이를 안았다. 아이는 울며 엄마 젖가슴을 만졌다. 엄마는 아이에게 젖을 먹였다. 엄마 품에서 다시 잠든 아이를 토닥이면서 이 씨가 말했다.

"조선에 들어가서 끝까지 아이를 데리고 살겠습니다. 죽어도 같이 죽고 살아도 같이 살아야 한단 말입니다."

중국에
정착하고자
하는 **탈북자**

시린 가슴 뚫고 올해도 설이 왔어

폭죽 터지는 밤, 탈북자들의 가슴앓이

중국 내 탈북자들에게 가장 외로울 때가 언제냐고 물으면 "항상 외롭지만 유독 명절 때가 더하다"고 한다. 중국 명절 연휴는 보통 2주일이다. 음력설날부터 정월대보름까지 15일간은 축제 분위기로 보내는 것이 중국인들 풍습이다.

북조선에서도 명절만은 가족들이 함께 모여서 지낸다. "먹을 것이 부족해도 명절 만큼은 이 집 저 집 옮겨 다니면서 놀았다"고 탈북자들은 말한다. 2005년 설을 하루 앞둔 2월 8일, 중국 연변조선족자치주 연길 시내는 하루 종일 야단법석이었다. 다음 날 오후 5시, 나는 룡정시 미식거리에 위치한 2층 아파트에 들어섰다. 집 안은 따뜻했다.

"우리 아들에게 입힐 스웨터를 다 뜨지 못했어요. 설에 보내려고 했는데, 올겨울을 넘기면 어떡하나……."

무료한 시간을 보내기 위해 손뜨개질을 한다는 탈북자 최옥자(가명, 42세,

함북 무산) 씨는 뜨개질에 바쁜 손놀림을 멈추고 싱긋 웃었다. 집은 28평 정도 크기로 깔끔했다. 한국 위성 텔레비전도 설치되어 있었다. 텔레비전 위에는 아들과 함께 찍은 사진이 놓여 있고 거실 한구석에는 북조선으로 보낼 짐들이 쌓여 있었다.

부엌에서는 설음식을 지지고 볶는 소리와 냄새가 진동했다. 북조선에서 합법적으로 통행증을 발급받고 중국으로 나온 이선영(가명, 43세) 씨는 "2003년부터 김정일 장군님께서 설 명절을 지내라고 교시해 공휴일로 지정해 주셨다"며 "조선에서는 먹을 것이 부족해도 아는 사람들끼리 모여 앉아 나누어 먹는 인심이 남아 있다"고 자랑하듯 말했다.

탈북자 최 씨와, 합법적인 통행증을 발급받고 나온 이 씨는 같이 장사를 하는 동업자인 셈이다. 최 씨는 중국으로 밀수를 했다. 심부름을 해 주던 중국인이 돈을 떼먹고 달아나는 바람에 빚을 지게 됐고, 이 때문에 다시 북으로 돌아가지 못했다. 최 씨는 빚을 갚기 위해 무슨 일이든 닥치는 대로 했다. 결국 2년 정도 돈을 모아 빚을 모두 갚았다.

최 씨는 1년 전 두만강을 건너 집에 다녀왔다. 북조선은 최근 개인이 장사하는 것에 대한 규제를 풀었다. 그래서 최 씨는 "지난해 8월부터 중국에서 보낸 물건들이 잘 팔린다"고 했다. 중국에서 헌 옷이나 중고 텔레비전을 사서 북조선으로 보내면 곱절 장사가 된다. 새해 최 씨가 바라는 소망은 장사를 해서 돈을 많이 벌어 북조선에 들어가서 통행증을 얻는 것이다. 통행증만 가지면 합법적으로 중국과 북조선을 오가며 걱정 없이 장사를 할 수 있기 때문이다.

저녁 7시, 최 씨 휴대폰이 울렸다. 그 휴대폰은 동영상 촬영 기능까지

되는, 한국에서도 최신 기종에 속하는 제품이었다. 전화를 받은 최 씨가 텔레비전 소리를 줄이고 무언가 손짓했다. 북조선에서 걸려 온 전화였다. 모녀가 대화하는 소리가 그대로 들렸다.

"어머니, 물건 보낸 걸 잘 받았음까?"

"응, 그런데 아직 다 팔지 못했다."

"정수(아들, 가명)는?"

"지 애비한테 갔다. 밤늦게 온다더라. 거기서 설은 잘 지내, 어째?"

"춘식(가명)이 엄마랑 같이 설 보내고, 내일 옆집 아지매 집에 놀러 가기로 했소. 엄마는 지금 뭐 합니까?"

"텔레비전 보면서 누워서 전화 받는다."

"그럼 엄마 설 잘 쇠오야. 설날 정수 세뱃돈 많이 주고. 끊는다."

"그래, 앓지 말라."

통화를 마치자 최 씨가 말했다.

"한국 텔레비전 보면 탈북자들은 중국 조선족들에게 당한 얘기만 합니다. 하지만 좋은 사람도 많아요. 자기만 똑바로 살면 도와주는 게 사람이라고. 나 집 구할 때도 조선족들이 도와줬고 무역일도 도와주고 있단 말입니다."

최 씨는 탈북자들을 헐벗고 쫓겨 다니는 사람들로만 묘사하는 한국 언론을 못마땅하게 생각했다. "탈북자가 생겨나기 시작한 지 10년도 더 되었다"고 하면서 탈북자도 노력하기에 따라 처지가 다를 수 있다고 했다. 자신처럼 열심히 사는 사람들도 있다며 편견을 버리는 게 좋겠다고 덧붙였다.

밤 11시, 연길로 다시 돌아왔다. 자정이 되자 밖에서 폭죽 터지는 소리가 요란했다. 정월 초하루를 알리는 신호였다. 새해 첫날이 되면 중국인들은 너 나 할 것 없이 폭죽을 터뜨린다. 불꽃놀이가 정월대보름까지 이어진다. 길거리에 나와 폭죽을 터뜨리거나 아파트 곳곳에서 창문을 열고 폭죽을 터뜨리기도 한다. 조선족들은 폭죽은 터트리지 않지만 가족끼리 모여 앉아 만두를 먹으면서 폭죽 터지는 광경을 지켜본다. 이날 연길 시내의 밤하늘은 불꽃으로 가득 찼다.

내 휴대폰 벨이 울렸다.

"새해 앓지 마십시오. 하시는 사업도 잘되십시오."

탈북자 가족으로부터 새해 첫인사를 받았다. 연길 청년호텔 옆 청년호수공원으로 구경 나온 탈북자 가족이 전화를 걸어 온 것이다. 만나자는 말을 남기고 전화를 끊었다.

내가 묵고 있는 호텔에서 그곳까지는 걸어서 10분 거리밖에 되지 않았다. 호수공원에 들어서자 몇몇 젊은 남녀들이 사진을 찍느라 분주했다. 폭죽이 터질 때마다 사진기에서 터지는 플래시 불빛이 반짝였다.

조선에 있는 동무들이 보고파요

멀리서 철수(가명)와 은주(가명)가 달려와 "삼촌!" 하며 팔에 매달렸다. 설을 쇠면 한 살씩 불어 열네 살, 열두 살 되는 남매였다. 남자아이가 나에게 물었다.

"서울에서 언제 왔음까? 기차 타고 왔음까? 비행기 타고 왔음까? 한국에서 여기까지 몇 시간 걸림까?"

녀석은 이것저것 꼬치꼬치 캐물었다.

"비행기로 두 시간 걸린단다."

"우리 고향에서 오는 것보다 더 빠르네."

신기한 듯 고개를 들어 하늘을 바라봤다.

"철수는 조선에서 무엇을 타고 왔지?"

나의 물음에 철수는 빵긋 웃었다.

"11호 차 타고(걸어서) 왔슴다."

아이들 부모가 다가왔다. 부부는 둘 다 40대 중반이다. 옷차림이 깨끗해 탈북자라는 인상을 주지 않았다. 겉으로 보아서는 중국인보다 더 세련된 모습이었다. 아이들이 지난해에 폭죽놀이를 구경했던 기억에 자꾸 나가자고 졸라서 나왔다고 했다.

아이들 어머니인 박순희(가명, 43세) 씨는 불안하지만 아이들을 북조선에 두고 나와 돈 버는 것보다 함께 생활하는 게 낫다고 했다. 아버지 김인수(가명, 45세) 씨는 한참 뛰어놀 아이들을 밖에 나가지 못하게 집에만 가둬 놓아서 아이들이 어둡게 자랄까 걱정이 많았다. 아이들이 날마다 집에만 있다 보면 둘레 사람들한테 의심을 살까 봐 자주 이사를 다닌다면서 교육 문제 때문에 아이들을 북조선으로 보낼까 고민하고 있다고 했다.

또 한편 아이들 장래를 위해 한국으로 가고도 싶다고 했다. 자신들은 한국으로 갈 생각이 그렇게 간절한 것은 아니지만, 한국 가면 탈북 아이들에게 대학까지 무료로 교육을 시켜 준다는 데 마음이 끌리기도 하는 것이다.

얼음판 위에서 뛰어놀던 아이들은 사진을 찍어 달라고 소리쳤다. 나는 사진기를 꺼내 아이들에게 다가갔다. 아이들은 해맑은 웃음을 지으며 포즈를 취했다. 사진 찍는 것을 좋아했다. 사진을 서너 장 찍어 주면서 철수한테 말을 걸었다.

"새해 소망이 뭐니?"

"조선도 중국처럼 개방하면 조선에 들어가 보고픈 동무들도 만나고 뛰놀고파요."

"은주는?"

"학교에 다니고파요."

철수와 은주는 폭죽 터지는 소리에 귀를 막으며 하늘만 쳐다볼 뿐 내말에는 더 이상 대꾸하지 않았다. 쌀쌀한 바람이 불었다. 아이들 코에서 콧물이 흘렀다. 어머니가 콧물을 닦아 주며 "감기 걸리겠다. 집으로 가자"고 아이들 손목을 붙잡았다.

그들이 혼자 거리를 헤매는 이유

2005년 2월 9일 오후 1시. 정월 초하루 연길 거리는 조용했다. 모든 상점들이 문을 닫았다. 거리에 차도 다니지 않는 썰렁한 분위기다. 가끔 보이는 택시를 잡으면 평상시보다 요금을 두 배나 더 받았다. 시내 광장에도 사람들이 눈에 띄지 않았다. 중국인들은 정월 초하루에는 남의 집에 가거나 다른 사람을 만나지 않고 가족끼리 집에 모여 앉아 명절을 보낸다. 정초부터 남의 집을 방문하면 불행이 찾아온다고 믿기 때문이다.

탈북자 김현옥(가명, 32세, 함북 청진) 씨는 탈북한 지 두 달째라고 했다. 김 씨는 피부가 희고 미인이었다. 한국 선교사가 소개해 줘서 김 씨를 처음 만났는데, 적극적으로 취재에 응해 주었다. 김 씨는 지난해 가을, 제3국을 거쳐 한국으로 가려다 중국 공안에 붙잡혀 북으로 강제송환된 뒤, 6개월 형을 받고 청진 구류소에 감금되었다가 병보석으로 두 달 만에 풀려났다.

그런데 김 씨는 말하는 동안 시종일관 옆구리를 만지작거리며 땀을 흘렸다. 병보석으로 나오기 위해 구류소에서 쇳조각을 집어삼켰다는 것이다. 몸에서 열이 나고 통증이 심해 수술을 받아야 할 형편이었다.

김 씨는 중국 공안의 단속을 피하기 위해 중국인이 살고 있는 집 방 한 칸에 세 들어 살고 있다. 주인집에서는 부모가 한국에 돈 벌러 가 혼자서 생활하면서 한국 수속을 준비하고 있는 줄로만 알고 있다. 김 씨가 중국 말을 잘하기 때문이다.

하지만 정월 초하루만큼은 주인을 속이기에는 힘들었다. 주인집에서 이상하게 생각할까 봐 아침 일찍 시골 친척 집에 갔다 오겠다는 말을 남기고 집을 나와 공원에서 일없이 걷기만 했다며 끝내 울음을 터뜨렸다.

김 씨가 처음 탈북한 때는 4년 전이었다. 탈북자 인신매매범들에 의해 중국인들만 사는 한족 농촌 마을에 팔려 가 3년간 살았는데 탈출해서 산동성 웨이하이시에서 식당일을 했다. 그러다 한국행을 시도했는데 붙잡혀 북으로 강제송환 되는 바람에 연길시에는 아는 사람이 아무도 없다.

비정기적으로 지원해 주던 한국인 선교사도 연길에 거주하지 않는다. 김 씨는 더욱 외로울 수밖에 없다. 연길에서 몸을 추스른 뒤 건강이 회복되는 대로 다시 웨이하이에 가서 식당일을 하겠다고 한다. "시간을 마련해 만나 주어 고맙습니다"라는 말을 남기고 쓸쓸히 뒤돌아서는 김 씨 모습을 나는 묵묵히 지켜볼 수밖에 없었다.

2005년 2월 10일 오전 11시 30분. 연길시 국자가 해방로에 위치한 한 아파트 2층이다. 썰렁한 방 안에서 잠을 자던 한 탈북소년이 깨어났다. 올해 나이 열여섯 살. 5년 전 외화벌이 사업소에서 근무한 어머니가 중국에 와 무역일을 하다가 과오를 범해 북조선으로 들어가지 않고 아이를 탈북시켰다.

어머니가 아이를 한국으로 데려가기 위해 중학교에 입학시키지 않고 연길로 데려오는 바람에 친구들이 없다. 아이는 또래 친구들과 반대인 일상 속에 살고 있다. 해가 지면 피시방으로 가 밤새 게임을 하고 날이 밝아오면 집으로 돌아와 잠을 자는 것이다. 아이가 찾아낸 가장 안전하고 재미있게 사는 방법이다.

아이는 탈북생활을 하면서 어머니와 함께 설날을 보냈던 기억들을 떠올리며 눈물을 흘렸다. 이번 설날은 함께 보낼 사람이 아무도 없었다. 어머니는 지난해 말 북경 주재 재외공관을 통해 한국으로 간 뒤로 소식이 없다. 화룡시에서 소학교(초등학교) 3년을 다니면서 사귄 친구들은 아이가 탈북자인 줄 모른다. 연길에서 중학교를 다니는 줄로만 알고 있다. 친구들을 만나고 싶지만 신분이 밝혀질까 두려워 만날 수 없다. 친구들과 가끔 이메일을 주고받을 뿐이다.

아이는 축구선수가 꿈이었다. 북조선에서는 형편이 넉넉한 편이었다. 중국에 와서 키가 18센티미터나 컸다. 중국 소학교 때 축구부에서 공격수로 활동했지만, 이제는 꿈을 접기로 했다.

"다른 꿈은 없어?"

아이는 깊게 생각해 보지도 않고 이내 "모르겠다"고 대답했다.

"한국 축구선수를 본 적 있어?"

"한국 축구 국가대표선수는 다 알아요."

아이는 나와 이야기하면서 처음으로 웃었다.

"이영표 선수를 제일 좋아해요. 날렵하고 기술이 좋지요."

신이 난 듯, 축구 얘기를 계속했다. 나는 더 이상 질문을 하지 않고 아이가 하는 말을 듣기만 했다.

'한 가족' '세 명'이 '세 나라'에 사는 법

2005년 2월 14일 오전 10시. 나는 두만강을 사이에 두고 고향 마을을 보러 간다는 탈북자 김정순(가명, 57세, 함북 회령) 씨와 함께 룡정시 삼합진으로 떠났다. 김 씨는 탈북하기 전부터 알고 지낸 친구가 삼합진 학서촌에 산다고 했다. 연길에서 한 시간 거리, 삼합진에 들어가기 전 승적촌 앞에 검문소가 있다. 총을 든 군인 둘이 차를 세우고 차창 너머로 살펴보고 나서 그냥 가라고 손짓했다. 김 씨는 "형식적으로 도강쟁이들을 겁주는 것"이라며 담담하게 말했다.

김 씨 작은아들은 한국에 가 있고 큰아들은 북조선 회령에 살고 있다. 김 씨는 중국에 거주하면서 한국에 있는 작은아들과 북조선에 있는 큰아들을 연결해 준다. 양쪽에 사는 자식들이 그저 잘 사는 게 김 씨 소망이지만, 온 가족이 함께할 설날은 언제일지 모른다며 아쉬워했다. 양쪽 자식을 만나기 위해서 한쪽을 선택하기 힘들다며, 자신은 중국 귀신이 될 수밖에 없다고 했다.

이 가족은 이번 설 또한 세 나라에 갈라져 보냈다. 북조선에 살 때는 큰아들 집에 온 가족이 모여 설을 지냈다. 가난해도 온 가족이 함께 모여 사는 게 낫다며 김 씨는 자신이 작은아들을 데리고 탈북했던 게 후회스럽다고 했다.

"배고파도 가족이 같이 사는 게 낫지요. 중국에 살아 봐야 정신적으로 힘들단 말이. 조선에서는 다 못사니까 그런갑다 하는데. 나는 조선에도 못 가고 한국에도 못 가고, 이렇게 살아야 할 팔자인가 베."

오래전부터 알고 지낸다는 조선족 친구는 김 씨 손을 잡으며 반갑게 맞아 주었다. 며칠 전 김 씨 큰아들이 다녀갔다면서 사진과 쪽지를 건네주었다. 한국에 가 있는 탈북자 친척들 연락처였다.

김 씨도 가져온 보따리 짐을 풀었다. 아들에게 줄 겨울 잠바와 손자에게 줄 운동화였다. 잠바 주머니에는 휴대폰 두 개와 쪽지가 들어 있었다. 북조선에 건네줄 휴대폰이었다. 한국에서 작은아들이 다른 탈북자 가족들에게 부탁받은 휴대폰을 건네주는 것이다. 쪽지에는 휴대폰을 건네받을 사람 집 주소와 이름이 적혀 있었다. 김 씨 큰아들은 두만강을 넘나들며 이 집을 통해 한국과 북조선 소식을 서로 주고받는 역할을 하고 있었다.

김 씨와 함께 두만강으로 나갔다. 강 건너 흰 눈이 덮인 회령 백청산에는 "21세기의 태양 김정일 장군 만세!"라는 구호가 희미하게 보였다. 강둑 아래 강안동 살림집 굴뚝에서는 연기가 피어올랐다. 삽을 들고 행진하는 군인들이 부르는 노랫소리도 들려왔다.

두만강 가까이에 다가갔다. 꽁꽁 얼어붙은 두만강은 조선과 중국 국경선을 이어 주는 길이 되어 있었다. 밤새 오고 간 사람들 발자국이 선명하게 찍혀 있다. 김 씨는 발자국을 가리키면서 아들이 다닌 길이라며 혼잣말로 그리움을 삭이고 있었다.

그때 눈이 내리기 시작했다. 10여 일 만에 내리는 눈이다. 국경선을 넘나드는 사람들이 남긴 발자국을 지우려는 듯 하얀 눈이 차곡차곡 쌓여만 갔다.

한국서 북조선 비난하는 탈북자들,
이해 안 돼

내 생활이 자본주의로 바뀌었어요

"응답하라! 응답하라! 응답하라!"

한국에서 사용하는 내 휴대폰 벨소리다. 벨소리를 듣는 둘레 사람들은 휴대폰을 꺼내 받는 내 모습을 보고 웃는다. 하루는 중국에서 걸려 온 듯한 전화번호가 휴대폰에 찍혔다.

"기자 선생, 나 신동환(가명)입니다."

"한 달 전에 북조선으로 붙잡혀 들어갔다고 들었는데."

"풀려난 지 일주일쯤 되었슴다."

신 씨는 중국 연길에서 만나자면서 일본 요리책을 구입해 달라고 했다. 이 전화를 받고 나는 한참 동안 어리둥절했다. 중국에서 취재하고 있을 때 탈북자들이 북에서 걸어 온 전화를 받아 본 적은 서너 번 있었지만, 이렇게 한국에서 바로 통화를 해 본 건 처음이었기 때문이다.

2005년 2월 8일, 또다시 나는 인천공항에서 연길행 비행기에 몸을 실었다. 1시간 40여 분쯤 뒤에 내 눈앞에는 연길시 모습이 들어왔다. 비행기에서 내려다본 광활한 만주 벌판은 새하얀 눈에 덮여 있었다. 햇빛에 반사된 대지는 눈이 부셨다.

시내 곳곳은 음력설을 준비하는 사람들 행렬로 무척 붐볐다. 연길 공항에서 호텔까지는 택시로 10여 분 거리다. 호텔에 짐을 풀고 신 씨 연락처로 전화를 했더니 신 씨는 다음 날 새벽에야 연길에 도착한다고 했다. 그런데 열흘 뒤에야 그를 만날 수 있었다. 여섯 달 만이었다.

2005년 2월 18일 오후 5시. 연길시 광장 전광판 앞에서 신 씨를 만났다. 연길의 밤은 어두웠다. 광장 전광판에서 네온 불빛이 반짝이고 있었다.

신 씨는 1월 초 양력설 연휴 기간에 그동안 모은 인민폐 2만 위안을 가족에게 주려고 연길에 왔다. 그러고는 두만강 회령 인근인 중국 삼합진까지 가서 북조선에 살고 있는 가족들을 불러내 돈을 전달했다. 2년 만에 어머니 얼굴도 보았다. 어머니는 "고생 그만하고 조선으로 돌아와 함께 살자"고 했다. 하지만 신 씨는 북조선으로 돌아가 살 엄두가 나지 않았다. 중국에서 오래 생활한 탓에 자본주의 생활 습관이 몸에 배어 버려 북조선에서 살기 힘들 것이라는 생각이 들었기 때문이다.

신 씨는 삼합진에서 다시 연길로 되돌아가다 중국 공안의 불심검문에 걸려 북조선으로 송환되었다. 그런데 북에서 조사를 받을 때, '중국에서 살기 힘들어 조국에 돌아오는 길에 붙잡혔다'고 말해 10여 일 만에 풀려났다고 했다. 북조선에 있는 어머니는 신 씨가 붙잡혔다는 소식을 듣고 신 씨로부터 받은 돈 일부를 안전원에게 고여서(주어서) 쉽게 풀려난 거라며 애써 웃더라고 했다.

풀려난 신 씨에게 어머니는 중국에 가지 말라고 말렸지만, 신 씨는 5년 이라는 짧지 않은 기간 동안 떠나 있었던 고향에서 다시 새로 기반을 잡기는 힘들다고 생각했다. 마땅히 일할 곳도 없을 뿐 아니라 먹는 습관도 많이 변했기 때문이다.

"중국에서 날마다 이밥 먹다가 조선에서 강냉이밥을 고기도 없이 먹으려니까 목구멍에 걸리더라고요. 음식도 내 입맛에 맞질 않지, 내 생활도 자본주의로 바뀌었어요. 먹는 것부터 생활 습성까지 맞지 않아요. 답답해서 못 살겠더라고요. 중국에서 살던 생각이 자꾸 나요. 내가 이렇게까지 변했구나 하고 그때 실감이 나더라구요."

신 씨가 본 북조선 상황도 많이 달라졌다. 처음 신 씨가 탈북했던 1998년, '고난의 행군' 시기로 불렸던 당시엔 장마당이나 역 앞에서 배회하던 꽃제비(거지) 소년들을 쉽게 볼 수 있었는데 이젠 더 이상 찾아볼 수 없었다고 했다. 또 중국에서 만났던 탈북자들 상당수가 북조선에서 직장에 나가 일하거나 장마당에서 장사를 하고 있었다. 집도 사고팔 수 있는 상황이었다.

그러나 신 씨는 "많은 것이 변했다고는 해도 내가 안착해 살기에는 힘들어 보였다"는 입장이다. 중국에서 '돈맛'을 본 신 씨에겐 북조선보다 임금이 높고 돈의 가치가 높은 중국이 더 큰돈을 벌 수 있는 장소로 여겨졌던 것이다.

"돈은 생명이에요. 돈이 있으면 뭐든지 해결할 수 있다는 사실을 배웠습다. 돈 때문에 중국에 나왔지요. 그렇다고 한국에 갈 생각은 전혀 없습니다. 한국에 간 동무들도 있지만 한국에 가서 최하층 밑바닥 생활을 하는 것보다 이곳에서 돈을 많이 모으고 싶어요. '개혁개방'되면 그때 북조선에 들어가 사업을 해서 큰돈을 벌고 싶습니다."

신 씨가 한국에 가지 않겠다는 까닭 가운데 하나는 '가족사의 비극'이 있었다. 신 씨 아버지는 본래 중국 룡정에 살았지만, 1960년 초, 중국에서 '3년 재해'가 이어지자 결혼한 누나 가족과 함께 북조선으로 이주했다. 그 뒤 북조선에서 신 씨 어머니를 만나 결혼까지 하게 됐다. 신 씨 할아버지와 할머니는 자식을 멀리 보내고 돌아가시는 날까지 평생을 통곡했다 한다.

처음 북조선으로 들어갔을 때에는 경제 상황이 비교적 괜찮아서, 중국에 있는 친척들이 한 해에 한두 번씩 북조선에 있는 아버지를 찾아오기도 했다. 아버지는 북조선으로 장사를 하러 온 친척들을 도와주었다. 그러다 북조선이 '고난의 행군' 시기로 접어들며 경제 상황이 안 좋아지자 친척들이 발길을 끊었다.

"중국에 맏아버지(큰아버지), 고모, 친척들이 있지만 한쪽이 못사니까 친척 간에 사이도 좋지 않아요. 한두 번은 도와주었지만 계속 도와주기는 어렵잖아요. 사촌 형은 한국 가서 돈벌이하다 공사장에서 몸을 크게 다쳐 불구가 되었지요. 또 다른 사촌 누이는 돈 때문에 위장결혼을 해서 한국 국적을 딴 뒤 연락이 끊겼어요. 한국에 돈 벌러 가서 살기에 바빠 돈 한 푼 부쳐 주지도 못했대요. 그래서 나도 한국에 가면 북조선에 있는 우리 가족과 영영 이별할 수밖에 없을 것 같습니다. 중국에서 버는 돈이 한국에서 버는 돈에 비해 적겠지만, 그래도 중국에 있으면 그 돈으로 가족들을 살릴 수 있고 보고 싶을 때는 불러낼 수도 있고, 전화나 편지로 안부도 물을 수 있잖아요."

신 씨는 부모 세대처럼 국적이 다른 곳에 흩어져 살지 않겠다고 했다. 그래서 중국에서 영원히 살 생각은 없다고 했다. 신 씨는 "북조선이 반드시 개방될 것"이라고 믿고 있었다. 그때 조국에 들어가 살겠다는 것이다. 그날이 언제일지는 모르지만 아무 생각하지 않고 "돈만 벌겠다"고 했다.

이틀 뒤, 나는 연길역 앞에서 신 씨를 다시 만났다. 그는 한 달가량 일자리를 구하지 못해 근심하고 있었다. 그때 마침 청도에서 일했던 식당 주인이 다른 일자리를 알선해 주겠다고 연락이 와 다시 청도로 떠나려던 참이었다.

"안쪽으로 들어갈랍니다. 청도는 제2의 고향 같아요. 거기서 4년 정도 살아서인지 그곳에만 가면 편합니다. 공안 단속도 없고, 임금도 높아 다시 들어가야지요."

나는 신 씨에게 심양까지 가는 차표를 끊어 주고 인민폐 600위안을 주머니에 넣어 주었다. 신 씨는 받지 않으려고 뿌리치다 마지못해 받아 넣었다. 신 씨가 기차에 올랐다. 창밖을 내다보며 한참 동안 손을 흔들었다.

제 뱃심으로 살겠다면 왜 중국에서 못 삽니까

나는 신 씨를 보내고 택시를 탔다. 연길 인근에 있는 왕청현 백초구진으로 향했다. 2년 전부터 가끔씩 연락을 주고받던 탈북자 류리화(가명, 33세, 함북 청진) 씨 집으로 가기 위해서였다. 나는 차 안에서 류 씨에게 전화를 했다. 식사하고 있으니 빨리 오라고 했다. 그러나 류 씨 집은 연길에서 두 시간 거리에 있는 산골 마을이었다. 내가 도착한 것은 밤 9시경. 마을은 가로등 불빛 하나 없이 어둠에 잠겨 있었다.

류 씨 집만이 불을 밝히고 있었다. 집에 들어선 나를 류 씨와 한족 남편이 함께 반갑게 맞아 주었다. 류 씨 남편은 방 안에 앉으면서 손가락 두 개를 펴 보였다. 두 번째 만나서 반갑다는 뜻이었다.

"우리 딸(6세) 사랑합니다. 이제는 일없습니다. 공안이 와도 무섭지 않아요. 우리 애 엄마를 잡아가면 도끼로 찍어 버릴 거예요."

그는 머리맡에 도끼를 숨겨 두고 있었다. 류 씨 남편은 카메라를 보면서 "취재하고 나서 애 엄마에게 영향 없게 해 달라"고 서너 번 부탁을 했다.

류 씨는 한 달 전쯤 북조선에 사는 오빠가 다녀갔다고 말했다. 오빠에게 인민폐 3,000위안을 마련해 주었다. 지난해 가을 산나물과 약초를 팔아 모은 돈이라고 했다. 오빠는 통행증을 끊어 친척 방문 형식으로 중국에 합법적으로 왔다. 그런데 류 씨가 무심결에 한국 방송을 보며 노래를 흥얼거리는 걸 보고는 류 씨 오빠가 정색을 하며 "한국에는 절대 가지 말라"고 당부했다고 한다.

류 씨는 비록 힘들게 살고 있지만, 해마다 북조선에 있는 가족들에게 돈을 보내 줄 수 있기 때문에 나름대로 만족하고 있었다. 다만 중국에서 합법적 신분을 가질 수 없어 불안하다고 했다.

"우리처럼 중국에 들어와서 오래 산 사람들이나 아이가 있는 사람들은 호구를 해 주거나 임시 거주증만 해 줘도 맘 놓고 살겠어요. 그렇게 해 주면 결혼해 아이 낳고 사는 조선 여자들 가운데 한국 가겠다고 하는 사람이 많지 않을 거예요. 새끼 놔두고 한국 가면 또 이산가족 되잖습니까! 조선족 마을인 아랫동네에 북조선 여자들이 다섯 명 살았는데 한국 바람 불면서 네 명이나 한국에 갔어요. 그런데 중국에 애들 남겨 놓고 거기서 딴 남자하고 살면서 연락도 없대요. 양심도 없지, 새끼는 왜 까두고……."

류 씨는 중국에 살 것인가, 북조선으로 갈 것인가 고민하다 중국에서 살기로 마음먹었다. 아랫마을에서 한국으로 간 탈북여성들이 소식도 끊고 아이들 생활비도 보내 주지 않는 모습을 보면, 비록 한국이 잘사는 나라 같지만 탈북자들이 살기에는 버거울 것 같다는 생각이 든다고 했다. 북조선이 못살아서 탈북했는데 중국에서도 못살고, 또 한국까지 가서 못살게 되면 비참해질 것이라면서 한국에 간 탈북자들을 '정신 나간 사람들'이라고 표현했다.

"솔직히 말해 진짜 배고파 굶주린 사람들은 중국에 나오지 못해요. 꽃제비라면 몰라도, 어른들은 중국에 나올 여비가 있으니까 나오지. 정말 돈 없는 사람들은 조선에서 굶어 죽었어요. 여비가 있으니까 여기까지 왔지. 한국에 간 사람들은 일하기 싫거나, 조선에서 남의 돈 빌려 오거나, 잘못을 저지르고 처벌이 무서워서 간 거라 생각해요. 제 뱃심으로 살겠다면 왜 중국에서 못 삽니까. 어렵다고 중국에서 사고 치고 여기저기 한국 사람이나 기독교 찾아다니는 사람들이 조선 사람 망신 다 시켜요."

류 씨는 한족 마을에서 조선말을 쓰지 않고 생활하기 때문에 조선 사람을 만나면 반갑다고 말했다. 그래도 북조선에 가족이 있는 한 절대 한국에 가지 않겠다고 했다. 그렇다고 중국에서 평생 살 생각도 아니란다. 조선이 개방되면 그때 중국에서 살 것인지, 조선에서 살 것인지 고민하겠다고 했다. 현재 생활에 만족할 수는 없지만 팔자소관으로 단념하고 중국에서 살겠다고 했다. 류 씨는 같은 처지이지만 한국에 가서 사는 탈북자들을 불만스럽게 생각했다.

"한국 방송 들을 때 한국에 간 북조선 사람들이 북조선 비난하는 것 보면 이해 못 해요. 뭐가 잘났다고 '북한을 도와주면 안 된다'고 떠들어 대는지⋯⋯. 조선에서 먹여 주고 교육시켜 줘서 살았는데, 제 형제 부모들이 살고 있는 곳을 그렇게 욕하는 게 인간으로서 할 짓이에요? 한국에서 제대로 사는 인간들은 열에 한두 명밖에 안 된다고 생각해요. 그래서 코 큰 놈들(미국)한테 간다고 난리지."

이야기가 새벽까지 이어졌다. 문밖에서는 새벽을 알리는 닭 울음소리가 들려왔다. 커다란 벽시계 바늘이 어느새 숫자 6을 가리키고 있었다. 류 씨는 마을에서 연길로 가는 첫차가 아침 7시에 떠난다고 했다. 나는 몰려오는 졸음을 참지 못해 잠시 눈을 붙였다. 한 시간쯤 지났을까 그녀는 밥상을 내오며 단잠을 깨웠다. 시간이 없었다. 밖에서는 출발 시간 10분 전을 알리는 버스 경적 소리가 들렸다. 때문에 곧바로 일어날 수밖에 없었다.

류 씨는 남편과 함께 나를 배웅하면서 다음에 또 놀러 오라는 말을 잊지 않았다. 그리고 내 손에 검정 비닐봉지를 들려 주었다. 비닐봉지를 받아들고 정신없이 버스에 오르며 류 씨 부부와 작별인사를 했다. 버스는 이내 출발했다. 그제야 류 씨가 건네준 검정 비닐봉지를 살짝 들춰봤다. 아직 식지 않은 삶은 달걀에서 김이 모락모락 피어올랐다.

중국이 우릴 내버려 두면 좋겠다

2005년 2월 20일 오전 7시. 차창 밖으로 보이는 초가집 지붕 위에는 아직 녹지 않은 눈이 쌓여 있었다. 마을 굴뚝에서는 아침을 짓는 연기가 솟아오르고 있었다. 버스를 타고 한 시간쯤 가자 왕청현 백초구진 백초구촌이 보였다. 차에서 내려 조선족 할아버지와 동거한다는 탈북자 이문화 (가명, 66세, 함북 온성) 할머니 집으로 향했다. 할머니는 할아버지와 아침 식사를 하고 있었다.

본래 중국에 살았던 할머니는 1966년 중국 문화대혁명 시기에 남편이 민족주의자로 지목되자 어린 자식 두 명을 데리고 두만강을 건너 북조선으로 들어갔다. 그런데 1996년 남편이 지병 악화로 세상을 떠나자 가세가 급격히 기울었다. 그래서 1998년 무렵 친척들에게 도움을 받기 위해 통행증을 발급받아 연길에 왔다.

중국에는 할머니 친형제가 살고 있었는데 처음엔 꽤 많은 물건을 마련해 주었다. 이 물건들을 북조선으로 가져가 장마당에 팔아 생활비를 마련했다. 그 돈으로 결혼해서 어렵사리 살고 있는 딸에게 도움을 주기도 했다. 그런데 딸이 중국에 가서 물건을 더 구해 오자고 제안했다. 그래서 이들 모녀는 2000년 1월, 두만강이 꽁꽁 얼자 강타기(탈북)를 했다.

할머니는 친척 집에 찾아가 또다시 도움을 요청했지만 친척들은 탈북자 단속이 심하다며 부담스러워했다. 딸은 중국에 나온 탈북자 친구와 연락이 돼 일자리를 찾겠다고 나간 뒤 연락이 끊겼다. 할머니는 그 뒤로 북조선으로 돌아가지 못하고 탈북자 신세가 되었다. 친척 집에도 오래 있을 수 없는 형편이었다. 그러던 가운데 친척이, 혼자 살고 있던 조선족 노인 김화수(72세) 씨를 소개해 주어 지금까지 살고 있다.

할머니는 밥상을 깨끗이 치웠다. 할아버지는 아궁이에 장작개비를 집어넣었다. 매운 연기를 피해 얼굴을 찌푸리고 쓴 기침을 쏟아내며 말했다.

"이 노친네나 우리는 다 같은 민족이여. 나도 조선전쟁에 조선 인민군으로 나가 싸운 참전군이라고. 나는 한국보다 북조선을 나의 고국이라고 생각해. 한국과 조선이 운동경기를 하면 북조선을 응원해."

할머니는 할아버지가 하는 말끝마다 고개를 끄덕였다. 할머니는 딸이 어디로 갔는지도 모른 채 다시 조선에 들어가 살 수는 없다고 했다. 한국에 갈 생각을 해 본 적도 없고, 오라고 해도 가지 않겠다고 단호하게 말했다.

"이 늙은 나이에 어디가 살겠슴. 중국에서 태어났으니까 여기가 제 고향 아니겠슴둥. 딸이나 기다리다 이곳에서 죽겠슴둥. 늙은이 잡아다 북조선에 보내야 뭐 하겠슴. 이곳 파출소 사람이 조선 할머니 아니냐고 물을 때, 중국말로 아니라고 하면 모른 체해 줘요. 계속 붙잡지 않고 살게 해 주면 얼마나 좋겠슴둥."

할머니는 탈북여성들이 중국에 나와 젊은이나 늙은이나 중국 사람들 틈에 끼어 동거할 수밖에 없는 것이 조선 여성들이 처한 어쩔 수 없는 아픈 현실이라고 했다. 그러면서 "이 마을에도 조선 여자들이 많이 산다"며 "점심때 한 명을 만나게 해 주겠다"고 했다.

그 조선 여성은 할머니 집에서 500미터 정도 떨어진 곳에 살고 있었다. 방 두 칸이 있는 꽤 큰 집이었다. 한국인을 처음 본다는 그녀는 자기 집까지 알면서 만나 주지 않으면 꼬장(신고)할까 봐 두려움에 만난다고 했다. 내가 앉자마자 그녀는 "찾아온 목적이 뭐냐"고 대뜸 물었다. 갑작스런 질문에 나는 당황했다.

방 안은 가지런히 정리가 되어 깨끗했다. 밥솥이나 가전제품에는 한국 상표가 붙어 있었다. 한국 위성 티브이 수신기도 보였다. 한국에 돈 벌러 간 남편이 불법체류해 번 돈으로 가전제품을 샀다고 했다. 생활비도 매달 부쳐 주고 국제전화도 자주 한다고 했다. 한국 티브이를 본다는 그녀는 한국 소식에 밝았다.

조선 여자 눈물은 멍든 가슴 피눈물

올해 29세인 그녀, 김춘선(가명, 함북 청진) 씨는 1998년에 처음 탈북했다. 북조선 외화벌이 회사에서 경리원으로 일하던 김 씨는 량강도 대홍단군 삼장노동자구에 사는 친언니 집에 갔다가, 삼장리 세관에 놀러가게 되었다. 바로 앞이 중국이라는 말을 듣고 호기심이 생겼다.

밤이면 강을 하나 사이에 두고 한쪽은 전깃불 때문에 밝고 다른 쪽은 어두웠다. 강을 건너는 북조선 사람들도 보였다. 삼장리에서 하룻밤을 지낸 김 씨는 강가에 나갔다가 호기심에 두만강을 건넜다. 중국 쪽에서 천렵하던 사람들이 강을 건너는 것을 도와주었다.

처음 중국에서 만난 조선족 청년은 화룡시 숭선진에서 누나가 운영하는 노래방 일을 도와주고 있었다. 김 씨는 이 청년과 함께 노래방에 나가

소일거리를 하다 사랑에 빠졌다. 석 달 정도 일을 도와주다 그 청년과 결혼을 했다. 결혼생활 1년 만에 남편은 하던 일을 그만두고 한국으로 갔다.

"한국 가면 집 주고 정착금도 준다고 해서, 가짜 이름으로 정착금만 받아 중국으로 다시 올 생각도 해 봤지요. 그런데 2년에 걸쳐 나눠서 준다 해서 접었어요. 티브이에서 한국 뉴스만 보면 시끄러워서 못 살 것 같아요."

김 씨는 고향에 있는 가족들과는 편지를 주고받는다. 물론 친척처럼 위장해 편지를 쓴다. 탈북생활 6년째에 접어드는 김 씨는 고향에 대해 이야기하면서 눈물을 머금었다. 김 씨는 고향에 가고 싶어도 가지 못한 사연을 털어놨다.

"사실 난 호기심에 중국으로 나왔지만 한국 가려는 것도 아니고 중국에 영원히 살려는 것도 아니에요. 북조선에 가자니 한국 간 탈북자들이 중국에서 살다 온 사람들을 감옥에 보내고 죽일 것처럼 얘기하잖아요. 북조선에서는 왜 그러는지 모르겠습니다. 제 나라 사람 받아 주면 얼마나 좋겠어요. 말로는 돌아오면 다 용서해 준다고 하는데 저같이 제 나라 땅 버리고 온 죄인들이 그 말을 믿을 수 있겠어요. 말처럼 행동도 똑같이 관대한 정책이 나와 죄를 묻지 않고 처벌하지 않으면 지금이라도 조선으로 들어가고 싶습니다."

김 씨가 "호기심에 중국에 나와 결혼했지만 아이도 없는 데다 아직 젊기 때문에 조선으로 되돌아가 살았으면 좋겠다"고 말하자, 앉아 있던 할머니가 김 씨 손을 꼭 잡아 주며 눈물을 흘렸다.

조선 여자들 눈물은 멍든 가슴에서 나오는 피눈물이라고……

중국에서 잘사는 게
한국에서 못사는 것보다 낫다

좋아서 사나? 바빠서 살지!

2005년 5월 20일 오후 5시, 중국 길림성 연변조선족자치주 훈춘시 경신진 두만강 하류. 강 건너에는 함북 은덕군이 보였다. 조·중 국경선에 저녁노을이 변방 마을을 물들였다. 이 마을 앞으로는 새별군, 온성군 사람들이 주로 도강을 한다. 중국 변방대에서 두만강을 순찰하거나 가끔은 불시에 집을 방문해 탈북자들을 색출하기도 한다.

이 마을에 시집와 살고 있는 탈북여성들은 다섯 명이다. 한 집을 빼곤 모두 처녀로 시집을 왔다. 두 집은 아이가 있다. 다섯 명 가운데 세 명은 2년 전 강제송환된 경험이 있다. 변방대에서는 탈북여성들이 사는 줄 알면서도 눈감아 주고 있다. 지금은 탈북자들이 넘어오는 경우가 적다. 북으로 송환되었다가 재탈북하거나, 밀수를 위해 마을에 잠시 머물렀다 떠나는 사람들뿐이다.

지난해 가을엔 탈북자 한 명이 마을에 들어와 농가에 있는 부부를 꽁꽁

묶어 놓고 물건을 털어 갔다. 그 뒤 잠깐 변방대가 단속을 심하게 하기도 했지만 지금은 형식적이다. 이 마을 농촌집에 들어와 머슴으로 살고 있던 한 40대 탈북자만 죄 없이 붙들려 가 송환되었을 뿐이다. 나는 탈북자들을 만나러 이 마을에 세 번째로 찾아왔다.

한국에 간다고 용 되나

6개월 된 아이를 업고 보건소에 와 아이를 치료하고 집으로 가는 탈북자 조미진(가명, 35세, 함북 온성) 씨 뒤를 따랐다. 조 씨 집은 마을 한 귀퉁이에 있는 허름한 초가집이었다. 방 한 칸짜리 집 흙벽에는 작은 구멍이 뚫려 신문지로 막아 놨다. 틈새로 실바람이 들어와 신문지가 흔들거렸다.

방 안에 앉자마자 낯선 사람이 왔다는 말을 들었는지 조 씨 남편인 조선족 류시열(가명, 37세) 씨가 기침 소리를 내며 방문을 열었다. 술 냄새가 짙게 풍겨 왔다. 류 씨는 나를 위아래로 훑어보며 "당신이 왜 왔는지 짐작은 가지만 묻고 싶지 않다"면서 "사진은 찍지 말라"고 했다. 나는 고개를 끄덕였다. 류 씨는 집에 들어오는 사람은 다 손님이라며 조 씨한테 상점에 가 술을 사 오라고 큰소리로 말했다.

"그래도 우리 집에 찾아온 손님인데 한잔해야지."

조 씨는 아무 말없이 장롱 밑에 접어 둔 종이돈을 꺼냈다. 그리고 아이를 방바닥 위에 눕히고 밖으로 나갔다. 류 씨는 총각 장가를 갔기에 조 씨에게 밑져 산다고 했다. 조 씨는 조선에 남편도 있고 자식도 있지만 탈북한 뒤 오갈 곳이 없어 이 집에 와 살고 있었다. 류 씨는 겨울에는 할 일이 없어 마작놀이를 하고 술 먹는 게 일이라고 했다. 여름에는 두만강에 나가 낚시질을 하면서 시간을 보낸다며 돈 버는 일에는 관심이 없다고 말했다.

술을 사러 갔다 오는 길에 조 씨는 다른 여성을 한 명 데려왔다. 류 씨는 한국 사람이 왔다고 제 민족끼리 모인다고 웃었다. 함께 온 여성은 생김새가 당차 보였다. 이곳에서 생활한 지 5년째라는 탈북여성 김영미(가명, 33세, 함북 새별) 씨는 류 씨에게 "산모에게 술 심부름이나 시키는 머저리 같은 나그네(남편)"라고 퉁명스럽게 쏘아붙였다. 류 씨는 "우리 안까이(아내)는 나 아니면 못 산다"고 너스레를 떨었다.

조 씨는 마른명태와 찬을 놓은 술상을 올렸다. 말이 없고 순박해 보이는 여성이었다. 말을 하다 말고 손으로 얼굴을 가리며 수줍은 표정을 지었다. 옆에 있는 김 씨와 대조적이었다. 둘은 이 마을에서 가장 친한 동무라고 했다. 조선에서는 아는 사이가 아니었지만 이 마을에 살면서 함께 일하다 친해졌다는 것이다.

김 씨가 조 씨에게 '언니'라고 부르긴 했지만 말투는 반말이었다. 김 씨는 5년 전 시집와 살면서 다섯 살 난 남자아이가 있다. 남편은 한국에 돈 벌러 가고 시어머니와 함께 살고 있다. 중국 호구도 남편이 한국에서 돈 벌어 부쳐 준 돈으로 만들었다. 한국에 있는 남편과도 자주 통화한다. 남편이 돈을 벌어 오면 시내로 나가 살겠다면서 중국생활에 만족해한다. 한국 소식에도 밝았다.

"탈북자들이 한국에 간다고 그곳에서 용 되는 것도 아니고 못사는 사람들이 사는 아파트에 산다. 여기에서 잘사는 게 한국에서 못사는 것보다 낫다."

김 씨는 탈북자들이 많을수록 한국 정부에 짐만 되고 이용 가치도 없다면서 "뒷집에 사는 영호 엄마는 한국병에 걸렸다"고 투덜거렸다.

"한국에 가려면 새끼라도 까 놓지 말고 가지. 다 큰 새끼 버리고 도망가려다 남편에게 얻어터졌다"는 것이다. 나는 그 이야기를 더 듣고 싶었다. 그러나 김 씨는 그 사람 이야기는 하고 싶지도 않다고 잘라 말했다. 그 여자 때문에 우리 마을에 시집온 조선 여자들이 지금까지도 죄인 취급 받는다고 했다. 옆에 앉아 술잔을 권하던 조 씨의 남편 류 씨는 "어렵고 힘들 때 시집와 살다가 한국으로 도망가면 우리는 도토리가 된다"고 했다.

나는 류 씨에게 술을 권했다. 취기가 조금 올라왔다. 나는 더 취하기 전에 설문지를 꺼내 보였다. 이름이나 고향은 기록하지 않아도 된다고 설명했다. 류 씨는 한참 동안 설문지를 훑어본다. 옆에 앉아 있던 조 씨도 설문지를 훑어본다. 조 씨는 2년 전 한국 사람들이 교회 믿으라고 찾아왔을 때 설문조사를 한 번 해 본 적이 있다고 말했다.

류 씨는 "이런 것을 하면 시끄럽지 않은가" 물었다. 옆에 앉아 있던 김 씨가 "일없다(괜찮다)"면서 볼펜을 달라며 협조해 주었다. 류 씨는 찡그린 표정으로 거푸 담배 연기만 내뿜었다.

조 씨가 아이 머리를 쓰다듬으면서 "아이 아빠 성격이니 노여워 말라"고 말했다. 조 씨는 북에서 장사를 하다가 중국에 가면 돈을 벌 수 있다는 말을 듣고 조선 돈 3,000원을 주고 처음 두만강을 건넜다고 했다. 농촌에 일자리를 구해 준다는 한 조선 사람 말을 믿었는데, 중국땅을 밟자마자 온 곳이 이곳이라고 말했다. 처음에 와서는 울고불고 하소연했지만 빈몸으로 조선에 돌아갈 수도 없고 팔려 온 몸이라 쉽게 빠져나갈 수도 없었다.

지난가을에는 친오빠가 찾아와 사흘간 머물다 북으로 갔다고 했다. 돈과 양식을 마련해 주고 두만강까지 나가 배웅해 주었다. 오빠가 간 뒤 너무 가슴이 아파 눈물을 흘렸다고 했다.

조 씨는 조선에 남편과 아이가 있다. 조선에 있는 남편 장래를 위해 이혼 수속을 끝냈지만 아이 얼굴은 볼 수 없었다. 돈을 벌기 위해 중국에 나왔는데, 정작 돈은 한 푼도 벌지 못하고 가정도 깨졌다. 빈털터리로 혼자서는 살 수가 없어 류 씨와 결혼하게 된 것이다. 농사일을 하면서 하늘만 쳐다보고 한탄하다 아이가 생겼다. 조 씨는 "미우나 고우나 이제 함께 계속 살아야 하는 게 자기 팔자"라며 가난하게 살아 마음이 아프지만 결혼한 것에 대해서는 후회가 없다고 했다.

조 씨와 이야기를 나누다가 한 탈북자 이야기가 나왔다. 나도 알고 있는 사람이었다. 조 씨가 북에 있을 때 그 탈북자가 옆집에서 살았다고 했다. 조 씨는 "중국에 친척이 있다"는 그 탈북자 말을 믿고는, 장사를 해서 마련한 돈 1만 원과 친정집에서 빌린 돈을 빌려주었다. 그 탈북자는 "중국에서 잘사는 친척 집에 갔다 오면 이자까지 쳐서 갚아 준다"고 했다. 이 말을 그대로 믿었지만 지금까지 연락이 없단다.

조 씨가 그 탈북자를 어디서 보았는지 내게 꼬치꼬치 묻는 것이 심상치 않았다. 그래서 4년 전 연길에서 만난 적이 있지만 그냥 모른다고 했다. 조 씨는 "그 여자를 잡으면 가만두지 않겠다"고 벼르고 있었다. 조 씨가 찾고 있는 그 탈북자 가족은 4년 전 NGO 도움으로 온 가족이 한국에 와 살고 있다. 나는 그 말까지는 할 수 없었다. 순박해 보이던 조 씨 얼굴이 순간 일그러지면서 분노에 가득 차 보였다. 아이가 잠에서 깨어나 울음을 터트렸다. 조 씨는 아이를 가슴에 꺼안았다.

김 씨가 자리에서 일어서며 혀를 차면서 말했다.

"남의 호주머니 털어서 자기 주머니에 넣는 인간이 총명한 줄 알지만 발 뻗고 편안히 잠자지 못할 거야."

김 씨는 아이가 유치원에서 집에 올 시간이라 자기는 가야 한다고 했다. 나도 따라 김 씨 집으로 향했다.

자식 놔두고 한국에 갈 수 없어

마을 한가운데에 자리한 김 씨 집은 조 씨 집과는 대조적이었다. 이 마을에서도 형편이 좋은 편이라고 했다. 김 씨 시어머니는 손자와 놀다 말고 "한국 사람이 왔다"는 말에 한국에 간 자기 아들과 연관이 있는 줄 알고 반갑게 맞아 주었다. 다섯 살짜리 아들이 김 씨에게 다가와 "엄마" 하고 가슴에 안겼다. 김 씨는 아이 얼굴에 입을 맞추었다.

김 씨는 아이를 두고 한국에 간 남편보다 먼저 한국에 갈 생각도 해 봤다고 한다. 아이를 할머니에게 맡기고 한국에 가서 정착금 받고, 살 집이 나오면 남편을 부르기로 마음먹었다. 하지만 남편이 반대했다. 남편이 반대한 데에는 까닭이 있었다.

몇 년 전에 이 마을에 살던 ○○엄마가 선교사를 통해 한국에 갔다. 그 엄마는 정착금을 받아서 다시 오겠다고 했다. 남편도 믿었다. ○○엄마는 한국에서 하나원 교육을 받는 동안에는 남편과 전화 통화도 자주 했다. 김 씨는 그때까지만 해도 ○○엄마가 몹시 부러웠다. 그런데 ○○엄마가 하나원 교육을 마치고 난 뒤에는 딱 한 번 생활비를 보내 주고는 그 뒤로 연락을 끊었다. 나중에 알고 보니 그 ○○엄마는 하나원에서 만난 탈북자와 눈이 맞아 동거를 하면서 '더 이상 가난하게 살고 싶지 않다'고 남편에게 절교장을 보냈다는 것이다. ○○엄마 남편은 날마다 술만 먹고 지내다가 아이를 할머니에게 맡겨 두고 마을을 떠나 버렸다.

이런 전례를 알고 있었기에 김 씨 남편이 그토록 강경하게 반대한 것이다. 여기보다 더 편한 곳에 가면 '남편과 자식'을 버릴 수 있다며 안 된다고 했다. 남편은 '너도 한국 가게 되면 한가지다. 새끼고 나그네 같은 건 안중에도 없다'고 말했다.

김 씨는 한국에 가는 다른 탈북자와 똑같이 취급받기는 싫었다. 남편은 집에 놀러 오는 탈북여성들도 꺼려 했다. 전화가 와도 바꿔 주지 않고 끊어 버렸다. 마을에서도 북조선 여자들은 언제 도망갈지 모른다며 미심쩍어 한단다. 김 씨는 처음으로 집을 뛰쳐나가고 싶은 마음이 생겼다고 털어놓았다.

그래도 아이 장래를 위해서도 엄마 없이 자란다는 말을 듣게 하고 싶지 않았다.

"아이가 평생 어두운 그림자를 지고 살게 하고 싶지 않았습니다. 첫 발자국이 마지막 발자국인데 또 발자국을 떼서 뭐 하겠습니까? 중국에서도 조선에서 왔다 하면 낮게 보는데 한국에 가면 더할 게 아니겠어요?"

다른 마을에 비해 이 마을에 사는 탈북여성들은 조용한 편이다. 한국에 간 탈북여성이 한 명 있지만 모두 중국에서 살고자 하는 사람들이다. 마을 사람들은 파출소에 신고하지 않고 공안들이 마을에 오면 숨으라고 알려 주기도 한다. 한때는 아이를 낳고 살고 있는 탈북여성들을 파출소에서 조사하기도 했다. 신분증을 만들어 준다는 소문도 있었다. 한 집에 1,000위안씩 걷어 파출소에 등기한 적이 있지만 지금까지도 아무런 소식이 없다.

"이 동네에 살고 있는 조선 여자들, 파출소에서 다 알아요. 붙잡으려고 하면 다 잡아가지 내버려 두겠어요? 일만 없으면 눈감고 넘어가는 게 중국 정부라고……. 내가 호구 만든 것도 알고 보면 불법이지만 눈감아 주고 있어요."

김 씨는 남편이 한국에서 돈 벌어 돌아오는 대로 도회지로 나가는 게 꿈이었다. 호구가 있어도 주위 사람들이 모르는 게 좋다고 했다. 중국 호구로 북조선에 두 번이나 갔다 왔다고도 했다. 친척 방문 형식으로 남편과 함께 조선 어떤 도시에 가서 가족들을 만나 중국에서 가져간 물건과 돈을 건네주었다. 고향 마을엔 가지 못했다. 얼굴을 아는 고향 사람들과 마주칠 수 있기 때문이다.

김 씨는 "조선 식량 사정이 자기가 탈북하기 전보다는 완화되었더라"며 웃었다. 조선 사람들이 중국처럼 장사도 하면서 자력갱생하는 모습을 눈으로 확인했다는 것이다. 가족들은 김 씨가 건네준 물건들을 되거리로 장사해 생활 형편이 좋아졌다고 한다.

김 씨는 고향에 있는 가족들과도 편지를 주고받는다며 편지 세 통을 보여 주었다. 물론 중국에 사는 친척 신분으로 편지를 주고받는 것이다. 뒤탈을 없애기 위해서다. 이 정도 뿌듯함을 맛보는 사람은 이 마을 탈북여성들 가운데서는 김 씨 정도밖에 없다. 다른 탈북여성들은 김 씨를 부러워하고, 시집 잘 갔다는 말을 듣기도 한다고 김 씨가 말했다. 나는 김 씨에게 결혼생활에 대해 물었다.

"솔직히 말해 제 나라에서 시집가서 사는 게 옳단 말입니다. 어쩔 수 없는 선택이었지만 후회하지는 않습니다. 후회한들 달라질 게 없잖습니까. 우리 나그네, 나 바쁠 때 만났단 말입니다. 혼자 생각해 보면 그때 만나지 않았다면 이 낯선 땅에서 내 운명이 어떻게 변했겠습니까? 날 고와해 주고, 우리 아이 예뻐한단 말입니다. 내 성격에 조선에서는 이런 나그네 만나기 힘들단 말입니다."

한국 놈들이 중국 농촌 망가뜨렸다

김 씨와 이야기하고 있는데 전화가 왔다. 김 씨는 전화를 받더니 나에게 눈짓했다. 수화기를 손으로 가리고 한마을에 사는 탈북여성이라면서 "오라고 할까요?"라고 작은 소리로 말했다. 내가 고개를 끄덕이자 "○○엄마, 지금 우리 집으로 오라"며 한참을 얘기하다 전화를 끊었다.

30분 뒤 탈북여성이 한 명 들어왔다. 나와 눈을 마주치자 깜짝 놀랐다. 김 씨는 그녀를 안심시키기 위해 한국에 있는 남편 친구라고 운을 뗐다.

그제서야 자리에 앉았다. 탈북한 지 7년째 된 그녀는 농번기 철이라 바쁘다고 했다. 그녀는 김 씨에게 "한국에 왜 안 가는가" 물으며 농담을 했다. 김 씨는 나를 가리키며 "이 아저씨보고 데려가겠는가 물어보라"며 웃었다.

김 씨 시어머니가 끼어들어 애 듣는 데서 쓸데없는 소리를 한다며 말을 끊었다. 며느리에게 보따리를 꺼내라며 작은 짐들을 만지작거렸다. 한국에 가면 아들에게 짐을 부쳐 달라고 나에게 부탁했다. 보자기 안에는 쇠고기 말린 것, 진도핀 알약, 백두산 꿀, 약초들이 들어 있었다. 김 씨는 시어머니가 준비한 물품들을 보자기에 싸서 내게 맡기며 남편 핸드폰 번호를 같이 주었다.

옆에 앉아 지켜보는 탈북여성 나혜정(가명, 32세, 함북 온성) 씨 표정이 어두워 보였다. 나 씨는 몸 구석구석 어디 한 군데 안 아픈 곳이 없다며 긴한숨을 내쉬었다. 나 씨는 중국에 나와 시집온 게 두 번째라고 했다. 첫 번째는 한족 마을로 시집가 중국말도 모르고 너무 고생해 새벽에 도망 나온 곳이 이 마을이었다. 결혼생활에 만족하지 못해 고민하고 있다고 눈물을 글썽거렸다. 다시는 북조선에 갈 수 없을 것 같고 가족들을 볼 면목이 없다고도 했다.

"북조선 사람들에게 뛰쳐나오지 말라고 하고 싶단 말입니다. 나오면 나올수록 가시덤불 길이니까. 누구나 고생하며 살지. 강냉이밥 먹고, 죽먹고. 그래도 그때가 그립습니다, 솔직히……."

나 씨는 힘없이 벽에 기대며 방 안 천장을 멍하니 쳐다보았다.

갑자기 밖에서 소란스러운 소리가 들리자 나 씨가 남편 목소리라며 자리에서 일어나 문을 열었다. 나 씨 남편과 또 다른 남자 두 명이 방 안으로 들어왔다. 그들은 다짜고짜 내 멱살을 잡으며 욕을 했다. "한국 새끼! 공안에 신고하겠다"며 카메라 가방을 뺏고 필름을 내놓으라고 소리쳤다. 입에서 술 냄새가 짙게 풍겼다.

김 씨와 시어머니는 "이 사람은 한국에 있는 아들 심부름을 온 것"이라며 그 남자들을 말렸다. 나 씨는 어디론가 사라지고 없었다. 집 앞에서는 마을 사람들이 하나둘 모여들어 구경하고 있었다. 내가 탈북여성들을 한국으로 데려가는 브로커로 보였는지, 그들은 "한국 놈들이 찾아와 중국 농촌 망가뜨린다"며 분을 삭이지 못했다. 싸움을 말리지 못한 김 씨가 전화를 걸어 촌장을 불렀다. 평소 나와 안면이 있던 마을 촌장이 중재에 나서 주어 나는 봉변을 면했다.

중국은 중국남성들과 결혼한 탈북여성들을 법적으로 인정하지 않는다. 탈북여성이 낳은 아이들만 국적을 준다. 소문 없이 조용히 살아가기를 바라는 남편들은 부인이 낯선 사람들과 만나는 것을 원치 않는다. 나의 취재는, 살얼음판을 건너듯 숨을 죽이고 조심스럽게 살아가는 그들에게 얼음이 꺼지는 위험을 암시하기도 한다.

희망을 안고 살아가는 그들에게 취재한다는 명목으로 무작정 찾아가 평온한 시골 마을에 돌멩이를 던진 것은 아닌가 마음이 무거웠다.

돈 벌어서 북조선 개방되면
고향에 가고 싶다

공안의 공포는 얼마나 마음을 졸이게 하는가

일주일 동안 취재를 하고 있던 탈북여성 조맹숙(가명, 37세, 함북 청진) 씨가 안내해 줘서 조 씨와 가장 친한 탈북여성 집으로 갔다. 그 탈북여성은 산골 한족 마을에서 한족과 어렵게 살고 있다고 했다. 집이 연길에서 택시로 한 시간 거리였다. 구부러진 흙길이라 흙먼지가 차 안까지 들어왔다. 의란진 신룡촌이다. 마을에 들어서자 조 씨는 차를 멈춰 세웠다. 동무가 집에 있는지 확인하고 오겠다며 기다리고 있으라 했다.

마을 어귀에 일흔쯤 되어 보이는 한 노인이 쪼그리고 앉아 있었다. 나는 노인에게 말을 걸었다. 한족 노인은 또박또박 조선말을 잘했다. 이 마을에서 태어나 지금까지 살고 있다고 했다. 일제강점기에 집단으로 이주해 온 조선 사람들이 이 마을을 건설해 120여 가구나 살았다고 한다. 그 당시엔 한족이 7가구뿐이었다. 그러나 현재는 전체 70가구 가운데서 조선족 가구는 하나도 없다.

노인은 조선 동무들이 많다고 했다. 어려서부터 조선 사람들과 어울려 조선말을 잘하지만 글은 모른다고 했다. 노인은 조선전쟁으로 인해 항미원조시 통역원으로 뽑힐 뻔했지만 글을 읽을 줄 몰라 참가하지 못했다고 했다. 이 마을에는 다른 마을과는 달리 흔한 '항미원조 열사 기념탑'이 없었다.

70호 집들 사이에 낯익은 초가집이 서너 채 보였다. 조선족들이 살다 간 흔적이었다. 대부분 한족들 건축 방식으로 지어진 집들이었지만 부엌만은 함경도식이라 했다. 오랜 세월 속에 다수인 조선족들한테서 영향을 받은 것 같았다.

30분이 지났을까? 멀리서 조 씨가 오라는 손짓을 한다. 나는 마을 사람들에게 외부인이라는 인상을 주지 않기 위해 고개를 숙이며 슬금슬금 걸어갔다. 오늘 밤 이곳에서 머물러야 하는데 한족 남편 집에서 알면 부인을 데리고 달아날까 봐 긴장하기 때문이다.

내가 만나려던 탈북여성 유정은(가명, 35세, 함북 청진) 씨는 자기 집에 있지 않고 이웃집에 있었다. 공안 단속을 피하기 위해서였다. 탈북자들에 대한 검거 열풍이 결혼해 조용히 살고 있는 농촌 마을에까지 뻗쳤다. 언제 들이닥칠지 모르고 한밤중에 찾아와 잡아가는 경우도 있다고 했다. 유 씨는 서른다섯 살밖에 안 되었다는데 40대 중반처럼 보였다. 마음고생을 많이 했던 흔적들은 말을 하지 않아도 알 수 있었다. 말투나 옷차림 모두 한족과 비슷해 보였다. 검게 그을린 얼굴에 칼칼한 성격은 여장부 같았다. 아랫마을에 살던 조선 여자들은 다 붙잡혀 가고 이 마을엔 세 집만이 남았다면서 한족 마을이라 조선족 마을보다 더 안전하다고 귀띔했다.

저녁밥을 먹자며 유 씨는 자기 집으로 안내했다. 산밑 모퉁이에 있는 조그마한 벽돌집이었다. 집에 들어서자 때 묻은 세간들이 어지럽게 널브러져 있었다. 한족 남편 왕유(가명, 36세) 씨는 지친 몸짓으로 꾸물거리며 누워 있었다. 산에서 나무 베는 일을 하고 왔다고 했다. 나를 쳐다보며 일어나려다 다시 누워 버렸다. 힘든 막노동 끝에 피로와 술에 찌들어서 왕 씨는 겉모습만 보면 50대처럼 보일 정도였다.

유 씨는 중국말로 왕 씨에게 소리를 버럭 지르며 일어나라고 했다. 나는 무슨 말을 하는지 알 수 없었다. 함께 간 조 씨가 피식 웃었다. 유 씨는 설거지를 하고 밥을 짓기 위해 쌀을 씻었다. 왕 씨는 그제야 꾸물거리며 일어나 밖으로 나갔다. 반갑지 않았을 텐데 손님이 왔다고 한 시간 가까이 청소하는 모습을 보면서 너무나 미안해 밖에 나가 있었다. 집 안이 왜 이렇게 어지럽혀져 있었는지 이해할 수 있었다. 언제 들이닥칠지 모르는 공포 속에서 공안이 단속하러 오면 남편 홀로 사는 것처럼 보이기 위해서였다.

문을 열고 마당으로 나서자 이방인인 나를 보곤 개가 짖어 대기 시작했다. 빨리 떠나라는 소리 같았다. 부엌일을 하던 유 씨가 문을 세차게 열면서 개에게 짖지 말라고 소리쳤다. 둘러보니 개 말고도 거위와 오리가 열 마리쯤 있었다. 왕 씨는 장작을 팬 뒤 수돗가로 가 펌프질을 하며 물을 받았다. 나는 왕 씨에게 다가가 담배 한 대를 권했다. 왕 씨는 내 담배를 받아 들더니 주머니에서 자기 담배를 꺼내 한 개비를 주면서 라이터 불을 붙여 주었다. 말은 통하지 않았지만 서로 얼굴을 보면서 웃었다. 저녁노을은 그림자를 비추며 산등성이를 타고 지나갔다.

유 씨가 식사 준비가 되었다고 우리를 불렀다. 왕 씨는 나에게 들어가 자고 손짓했다. 방 안에 들어서자 세간살이가 가지런히 정리되어 있었다. 왕 씨는 밥상 앞에 앉아 구석에서 꺼낸 큰 술통을 들고 유리컵에 술을 따라 주었다. 40도가 넘는 독한 술이었다. 세 번에 걸쳐 다 마셨다. 후끈거리는 방 안 열기와 함께 취기가 오르기 시작했다. 왕 씨가 술을 더 권했지만 더는 먹을 수 없었다. 암만 속이 아파도 술을 마신다는 왕 씨는 단숨에 쭈욱 마셨다.

유 씨가 왕 씨에게 큰소리로 "밖에 나가 공안 차가 오는가 망보라"고 말했다. 왕 씨는 "괜찮다, 망 안 봐도 된다"며 고개를 흔들었다. 그러자 유 씨가 갑자기 조선말로 '머저리 같은 나그네'라며 소리쳤다. 보통때는 중국말로 하지만 울화가 치밀거나 욕을 할 때는 조선말이 튀어나온다며 웃었다.

나는 며칠째 계속 속이 좋지 않아 조선 음식도 한족 음식도 아닌 반찬을 먹을 수 없었다. 밥솥에 긁어 놓은 누룽지만 먹었다. 어릴 적 먹어 본 맛이었다. 유 씨는 음식을 먹지 않는 나를 보더니 미안해하면서 삶은 계란과 거위 알을 꺼내 주었다. 거위 알이 참 맛있었다. 유 씨는 2년 전 닭과 오리를 200마리 정도 키우려고 알을 들여와 새끼를 받았다. 그러다 공안 단속이 심해지는 바람에, 혹시 다 키우지 못하고 잡혀갈까 걱정되어서 새끼째로 팔아 버렸다고 했다. 유 씨는 오리를 어미로 키우지 못하고 팔아 버린 것이 후회된다고 못내 아쉬워했다.

저녁 식사가 끝났을 때는 밖이 어두워져 있었다. 유 씨가 갑자기 왕 씨에게 상을 치우라고 했다. 나에게 "다른 집에서 잠을 자야 한다"면서 문을 나서더니 뒤따라오라고 했다. 이불을 든 채로 밭모퉁이를 가로질러 도착한 곳은 도로변 마을 끝집이었다. 낮에 들렀던 한족 집이었다. 젊은 한족 부부와 여섯 살쯤 되어 보이는 사내아이가 있었다.

신발을 벗고 방에 막 앉으려고 하는데 밖에서 누군가 전구 불을 붙이며 문을 두드렸다. 모두 깜짝 놀랐다. 신발을 다시 신었다. 상점 주인이 전화가 왔다는 소리에 뒷문으로 나가 몸을 숨겼다. 두 탈북여성은 보이지 않았다. 골목길 어디론가 도망가고 없었다. 30분 뒤, 돌아온 두 탈북여성은 전화가 왔다는 소리를 아랫마을에 공안이 왔다는 소리로 잘못 알아듣고 몸을 숨겼다면서 한숨을 내쉬었다.

방 안에 다시 들어와 이불을 깔았다. 한 칸이지만 넓은 방이라 여섯 명이 눕기에 충분했다. 그 집 주인아주머니는 내 이불을 깔아 주며 불안해했다. 자기 걱정보다 나에 대한 걱정이 더 많았다. 북조선 사람 만나러 왔다가 붙잡히게 되면 손님에 대한 예우가 아니라면서 미안한 표정을 지었다. 조 씨가 주인아주머니한테 "엄살이 많다"고 타박하면서 담배를 꺼내 피웠다.

한참 지나자 조 씨도 불안해했다. 유 씨는 앞문은 잠가 놓았기 때문에 뒷문으로 도망가면 된다고 말했다. 공안이 오지 않아도 탈북자들에게 공안이라는 존재는 얼마나 공포스러운가를 느낄 수 있는 밤이었다. 나는 안심시켜 주기 위해 "괜찮다"고 말했다. "아주머니는 매일 밤 가슴 졸이며 불안에 떨며 살지만 나는 겨우 오늘 하룻밤뿐이지 않나" 했다. 주인아주머니는 그제야 마음을 놓는 것 같았다. "나 혼자 따로 잘 수 있는 집을 안내해 주겠다"고 하길래, 나는 "함께 붙잡히겠다"고 거절했다.

사흘 밤 머문 집이 인신매매범의 집

조 씨는 옷을 입은 채로 잠이 들고, 유 씨는 잠을 자지 않았다. 유 씨는 한 가지 질문을 하면 두세 가지를 설명해 주었다. 유 씨가 탈북한 까닭은 "중국에 가면 하루 일을 해도 중국 돈 50위안씩 준다"는 이야기를 듣고서 였다. 북한 돈으로 계산하면 굉장히 큰돈이라 한 달만 돈 벌면 북한으로 다시 돌아가 새집도 사고 형제들을 도와줄 수 있었다. 하늘에서 돈이 떨어지는 꿈을 꾸고 탈북했다고 말했다. 하지만 더 깊은 속사정을 들어 보니 남편이 폭력을 휘둘러서 남편 몰래 떠나온 것이었다.

처음 탈북했을 때, 중국을 드나드는 한 북조선 청년을 만나 두만강을 건너 중국 도문으로 갔다. 그 청년이 안내해 준 조선족 노인 집에 머물렀다. 옆에서 자고 있는 노인에게 고향 언니 연락처를 주면서 연결해 줄 것을 부탁했다. 노인은 공안 단속이 심하다며 차라리 좋은 남자를 소개시켜 주겠다면서 몸을 요구했다. 완강히 거부하자 유 씨를 강간하려고 했다. 그 순간 노인의 딸이 나타난 덕분에 고비를 넘겼다.

화가 난 노인은 조선족들이 하나도 없는 한족 마을에 전화를 해 장가를 가지 못한 한족 총각에게 3,500위안을 받고 유 씨를 팔아 버렸다. 마을에 와서야 도문에서 사흘 밤을 머물렀던 집이 인신매매범 집인 것을 알았다. 안내해 준 북조선 청년도 인신매매범 심부름꾼이었다.

달아나려 해도 때는 이미 늦었다. 돈 한 푼 없고 중국말도 모르고 길도 몰랐다. 시댁에서는 도망칠까 봐 감시가 심했다. 이 마을에 먼저 팔려 온 탈북여성도 한 명 있어 꾹 참고 버텨 보았지만, 언어와 식생활에 적응할 수 없어 두 번이나 도망가다 붙잡혀 왔다.

유 씨는 아이(5세)를 낳은 뒤 한족 말도 조금씩 할 수 있게 되자, 아이만 바라보며 살기로 결심했다. 달아날 생각이 사라지고 자기 운명으로 받아들이기로 마음먹고 나자 그제야 생활이 안정되었다. 아랫마을에서 살던 탈북여성이 한국으로 갔다는 말을 듣고도 동요되지 않았다. 6년 동안 너무 힘든 생활을 해서인지 조선은 생각도 나지 않았다. 흘릴 눈물은 이제 다 흘렸다. 유 씨는 말 끝마다 웃음을 띠며 한참을 머뭇거리는 행동을 거듭했다.

2002년 2월, 북에서 유 씨 어머니가 찾아온 적이 있었다. 그때 하룻밤밖에 못 자고 다시 북으로 돌아간 것이 지금까지도 가슴에 응어리져 남는다고 했다.

유 씨 어머니는 북조선 경비병에게 닷새라는 시간을 받아 도강했는데 약속한 날 지정한 시간에 들어가야 했다. 두만강을 건너 유 씨가 사는 집까지 오는 데 사흘을 소비했다. 어머니는 산길에서 넘어져 머리를 다쳤다. 산에서 하룻밤을 새고 왔다는 어머니가 차마 눈 뜨고는 볼 수 없는 모습이어서 마음이 저렸다고 했다. 그냥 끌어안고 울 수밖에 없었다. 울면서 보낸 하룻밤도 부족했다.

어머니는 유 씨 자신이 거지처럼 사는 모습은 모르고 그저 양식이 많은 것만 쳐다보면서 중국에서 계속 살라며 안심하고 떠났다. 짧고도 긴 밤이었다. 유 씨는 시댁 식구들에게 달아나겠다고 울면서 협박해 돈 1,000위안을 받아 내 어머니에게 주었다.

밖에서 문을 두드리는 소리가 났다. 또 한바탕 소동이 일어났다. 잠에서 깨어난 조 씨는 부엌으로 잽싸게 나갔다. 주인아주머니는 창문으로 밖을 내다보더니 웃었다. 유 씨 남편 왕 씨였다. 유 씨가 가슴을 쓸어내리며 욕을 했다.

"밖에서 공안 차 오는가나 살펴보지 왜 왔느냐"고 나무랐다. 왕 씨는 텔레비전 보러 왔다면서 앉았다가 꾸벅꾸벅 졸음을 이기지 못해 문 앞에 누워 잠을 잤다. 주인아주머니가 장난기 섞인 말투로 "밖에서 공안 차 오는가 지켜 서 있으라"고 하자 왕 씨가 "괜찮다"고 답했다. 유 씨는 "저 머저리 같은 게, 한국 사람 왔다고 데리고 달아날까 봐 저런다"면서 깔깔 웃었다. 주인아주머니도 함께 웃었다.

유 씨는 2년 전 파출소에 붙잡혀 벌금 5,000위안을 문 적이 있었다. 그런 경험이 있었던지라 왕 씨는 손짓하면서 유 씨에게 근심 말라고 했다. 파출소에 붙잡혀 가더라도 "부인이 어디 있는가?" 심문하면 "모른다고 잡아떼면 된다"며 이 마을에서 살아도 괜찮다고 말했다.

하지만 유 씨는 견디기 힘든 두 가지 정신적인 고통에 시달리고 있었다. 마을 사람들이 "조선에서 먹을 것이 없어 빌어먹으러 온 사람"이라고 손가락질하면 그 집에 찾아가 한판 싸움을 벌인다. 공안에 신고하겠다고 협박해도 "신고하라"고 더 강하게 밀어붙여 버린다.

마을 사람들이 이제는 유 씨 성격을 알기에 놀리지 않고 공안 단속이 있으면 안타까워하면서 피하라고 친절하게 알려 준다. 조선족 마을에 있었으면 벌써 붙잡혔을지도 모른다면서 조선족들에게는 섭섭함을 표현했다. 지나가는 조선족들이 "살 사람이 없어서 한족 머저리하고 산다"고 말하면 이 마을에서처럼 한바탕 소동을 벌이지는 않고 꾹 참으며 마음을 달

랜다. 유 씨는 분을 삭이며 말했다.

"언어만 다르지 한족도 똑같은 사람이란 말입니다. 같은 민족인 조선
족들이 한족 남자와 산다고 손가락질한단 말입니다. 그게 얼마나 상처
가 되는 줄 아십니까? 그렇게 쉽게 말하는 조선족 사람들이 너무 두렵
습니다."

아랫마을 조선족 농촌 마을에서 사는 탈북자들은 대부분 붙잡혀 나가
고, 한족 농촌 마을에서 사는 탈북자들은 아직은 붙잡혀 가지 않았다. 공
안에서도 농촌 마을에 시집와 사는 탈북여성들을 다 알고 있다. 모른 채
눈감아 주다 누가 '꼬장'하면 어쩔 수 없이 찾아와 붙잡아 간다.

얼마 전에도 아랫마을 조선족 부락에 사는 한족 집에서는 탈북여성이
붙잡혀 나갔다. 세 살 된 아이는 엄마 말만 알아듣고 한족 말은 전혀 모른
다. 밥 먹으라는 말도 알아듣지 못해 애태우고 있다고 한다.

유 씨는 자기 딸은 괜찮다고 했다. 딸아이는 단속 때문에 한마을에 사는
시댁에서 키운다. 500미터쯤 떨어져 살지만 찾아가지 않는다. 아이가 얼
굴을 보면 떨어지지 않으려고 울기 때문이다. 할아버지 할머니 사랑도
받고 양식도 풍부하기에 '내가 없어도 행복하게 살 수 있을 것 같다'고
한다.

북에 있는 아들(12세)을 생각하면 여기에 사는 딸은 걱정할 것이 없다.
하지만 고민이 많다.

"딸아이 때문에 조선에 있는 집에 가지 못하고 있는데, 아들 때문에 북
조선에 가고는 싶고……."

사나운 팔자소관이라며 운명에 맡긴다고 했다.

유 씨에게 "최종으로 정착하고 싶은 곳이 어디냐"고 조심스럽게 물었다. 유 씨는 한참을 머뭇거리다 말을 꺼냈다.

"오직 내 힘으로 내 뱃심만으로 이대로 유지하고 살아도 좋습니다. 조국을 배반하고 중국땅에 와서 또 한국 간다는 그런 양심을 가지고 살면 아니 되지. 공안 단속도 내 죄라고 생각하고 살아야지. 쫓다가 지치면 쫓지 않갔디요. 공안 단속 때문에 불안하지만 중국에서 마음대로 일하고 자유지. 이게 내 팔자, 떠돌이 생활 아니겠슴? 꼭 박혀 살랍니다. 한국 가는 사람들 보면 부럽지 않아요. 나에게는 희망이 있어요."

"희망이 뭡니까?"

"부지런히 돈 벌고 모아서 북조선이 개방되면 고향에 들어가 새집도 사고 형제들도 도와야지요. 부모 형제가 있고 자식이 있는 고향땅으로 돌아가 살랍니다."

새벽 2시가 되었다. 유 씨는 쩌렁쩌렁하게 말하다가도 밖에서 차 소리만 들리면 깜짝깜짝 놀라며 이야기를 멈추었다. 나는 더 이상 견딜 수 없는 피로에 지쳐 졸다가 눈을 감았다. 공안이 온다 해도 모를 정도로 깊은 잠에 빠졌다.

아침이 밝아 오자 눈을 떴다. 유 씨는 나 때문에 잠을 자지 못하고 밖에 나가 왔다 갔다 보초를 섰다고 했다. 한숨도 못 자서인지 유 씨 얼굴이 조금 부어 있었다. 유 씨는 나보고 아침밥을 먹고 첫차를 타고 빨리 떠나라고 했다. 이불을 들고 유 씨 집으로 갔다. 처음 본 그대로 세간들이 어지럽게 뒹굴고 남편은 새벽일을 나가고 없었다.

첫차가 올 시간이 되었다. 아침밥을 먹을 수 없었다. 유 씨가 어젯밤에 받아 놓은 게사니(거위) 알을 삶아 차 안에서 먹으라고 건네주었다. 유 씨와 조 씨는 서로들 앓지 말고 조심하고 살라며 신신당부했다. 나와 함께 갔던 조 씨는 한국에 갈 계획이라는 사실을 가장 친한 고향 동무 유 씨에게 끝내 말하지 않았다. 오늘이, 그들이 나눈 마지막 작별 인사인지도 모른다.

조 씨는 멀어져 가는 고향 동무 모습을 보면서 결국 눈물을 흘렸다. 차가 텅 빈 들녘을 달린다. 조 씨는 차창에 기댄 채 담배를 꺼내 물고 산등성이를 물끄러미 쳐다보기만 했다.

사흘 뒤, 연길에서 조 씨에게 연락했지만 더 이상 만날 수 없었다. 그녀가 살던 셋집으로 찾아갔다. 텅 빈 방. 방바닥에 나뒹구는 때 묻은 옷가지들은 을씨년스럽기만 했다.

한국행을
바라는
탈북자

'옌타이'의 구두 닦는 두 청년

실패한 '보트피플'의 기억, 옌타이항

2005년 1월 13일, 아무런 준비도 하지 않은 채, 중국 옌타이행 비행기에 올랐다. 옌타이에는 처음 가 본다. 내가 아는 정보라곤 옌타이에선 한국행을 바라는 탈북자들을 쉽게 만날 수 있다는 어설픈 정보뿐이었다.

이번 여정은 중국 조선족들이 가장 많이 살고 있는 동북3성(길림성, 요령성, 흑룡강성)을 제외한 지역 가운데 탈북자들이 가장 많이 은신하고 있는 산동성 몇몇 도시가 목적지였다.

처음부터 '맨땅에 헤딩(?)'하기로 마음먹었지만 막상 옌타이공항에 도착하자 갈 길이 막막했다. 산동성에는 아는 사람이 한 명도 없었다. 취재 수첩에는 탈북자들이 있을 곳으로 예상되는 몇몇 도시 이름만 적혀 있었다.

공항 출입구를 나와 담배를 물었다. 한국 사람들을 마중 나온 조선족들이 한국인 이름이 적힌 피켓을 들고 있었다. 그때 재떨이에 버려진 민박집 명함 한 장이 눈에 띄었다. 민박집 위치가 한글과 중국어로 쓰여 있었다. 명함을 주워 들고 공항 앞에 즐비하게 늘어선 택시에 올라탔다. 명함을 보여 주자 중국인 기사는 고개를 끄덕이며 차를 몰기 시작했다. 차 안에서 민박집으로 전화를 했다. 전화를 받은 여성은 조선족 말투를 썼다. 기사를 바꿔 달라며 마중 나와 있겠다고 했다. 30분 정도 달려 민박집에 도착했다.

민박집을 운영하는 사람은 50대 중년 여성이었다. 내 짐을 들어 주면서 민박집으로 안내했다. 옌타이항과 가까운 아파트 3층 집이었다. 하루 두 끼 식사를 포함해 1인실 하루 이용료는 인민폐 100위안이었다. 짐을 풀어 놓고 옌타이항으로 걸었다. 항구는 한산하고 조용했다. 바닷바람이 차갑게 불었다.

항구 근처 곳곳에 한글로 표시된 간판들만 눈에 띌 뿐, 한국 사람들은 보이지 않았다. 옌타이항에 정박한 여객선 몇 척만이 바닷물에 출렁이고 있었다. 옌타이항은 텔레비전에서 몇 번 본 기억이 있어서인지 그렇게 낯설게 다가오지 않았다. 지난 2003년 1월 18일, 국내 NGO들이 탈북자 80여 명을 모집해 무모하게 '보트피플 기획입국'을 시도하려다 실패한 곳이었다.

1990년대 중반, 북조선에서 식량난이 심각해지면서 중국에 있는 친인척에게 도움을 받기 위해 탈북하는 사람들이 늘기 시작했다. 탈북자들은 보통 1, 2년 정도 동북3성에 머물면서 중국말을 익힌다. 인신매매에 의해 결혼한 탈북여성 또한 언어와 지리를 익히면 탈출해 안전한 곳을 찾는다.

일단 동북3성으로 들어온 탈북자들은 조선족 친인척 도움으로 산동성 지역으로 옮겨 오기도 한다. 산동성은 청도를 중심으로 한국 기업들이 많이 들어서 있는 지역이다. 한국 기업을 따라 조선족도 많이 흘러들었다. 때문에 중국 공안 단속도 느슨한 편이고 임금 역시 동북3성에 비해 높은 편이다. 탈북자들 입장에서 볼 때, 동북3성보다는 산동성이 거주하기 나은 환경인 셈이다. 그래서 산동성은 동북3성 다음으로 탈북자가 많이 사는 지역이기도 하다.

1월 15일, 옌타이 부두에 있는 한 찻집에 들렀다. 온통 한국 손님뿐이었다. 3년 전에 연길에서 나와 자리를 잡았다는 찻집 주인 김정미(가명, 41세) 씨는 "수입이 형편없다"며 넋두리를 했다.

"한국 경기가 좋지 않아 한국에서 오는 따이공(보따리장수) 수가 반으로 줄었습니다. 당연히 찻집을 찾는 손님도 반으로 줄어 수입도 형편없어졌어요. 한국이 재채기를 하면 이곳 조선족들은 독감에 걸립니다."

김 씨와 대화가 계속 이어졌다. 탈북자 이야기가 나오자 김 씨는 "이곳에는 탈북자들이 많다"며 자기네 찻집에서 일하다 한 달 전에 그만둔 탈북자도 있다고 말했다. 김 씨는 "연길에서만 보았던 탈북자들이 내륙지방에도 많아 깜짝 놀랐다"며 "결국 한국인이 가는 곳에 조선족들이 따라가고, 조선족이 모여 사는 곳에 탈북자들도 모이게 된다"고 설명했다.

그들이 구두 닦기에 희망을 거는 까닭

부두에는 바닷바람이 세차게 불었다. 눈발이 휘날렸으나 땅에 쌓이지는 않았다. 한국 식당가에 사람들 발길이 요란했다. 인천에서 여객선이

들어오는 날인 만큼, 오전부터 한국 사람들 발걸음이 분주했다.

나는 이틀 동안 지켜보기만 하면서 얼굴을 익힌 탈북자 두 명에게 다가 갔다. 그들은 거리에 쭈그리고 앉아 지나가는 한국 사람들에게 "사장님 구두 닦으세요" 하고 외치고 있었다. 목소리 주인공은 탈북자 최석순(가 명, 24세, 함북 온성) 씨와 이현철(가명, 23세, 함북 온성) 씨였다.

북조선에서 같은 마을에 살았던 이들은 1999년에 탈북해 연변조선족 자치주 도문시 국경 지역에서 한국인 관광객을 상대로 꽃제비 생활을 시 작했다. 도문에서 중국 공안에게 세 번이나 붙잡혔다. 이곳 산동에서는 돈을 많이 벌 수 있다고 생각해 3년 전에 옌타이로 들어와 구두닦이하면 서 지내고 있다.

2003년까지만 해도 이곳에서 구두닦이를 하는 탈북자들이 많았다. 하 지만 2002년부터 2년간 탈북 브로커들이 기승을 부리더니 지금은 이들 두 명뿐이다. 최 씨는, 일하기 싫어하고 입으로 떠들기만 하던 사람들이 교회를 찾아다니면서 구걸해 먹고 말썽만 피우더니 먼저 한국에 갔다고 못내 아쉬워했다. 더러 한국행에 성공한 경우도 있지만, 탈북자들 가운데 상당수는 중국 공안에 붙잡혀 강제송환되었다. 때문에 지금은 브로커들 선이 끊겨 한국에 데려가겠다고 나서는 사람을 만나기가 힘들다고 한다.

최 씨는 구두를 닦는 친구들이 한국에 갈 때까지만 해도, 한국에 가면 북조선에 있는 가족들에게 돈을 부쳐 줄 수 없다고 생각했다. 그래서 중 국에 남아 계속 구두를 닦았다. 그렇게 인민폐 1만 위안을 모았다.

그러다 2003년 1월 18일에 옌타이항 '보트피플 사건'이 터졌다. 최 씨 는 아무 영문도 모른 채, 구두를 닦다 공안 단속에 걸려 모은 돈 1만 위안까지 빼앗기고 북조선으로 강제송환되었다. 그것이 여섯 번째 강제송환이었다.

구류소에서 한 달 동안 살다가 북조선에 있는 집으로 돌아갔다. 그러나 집에 줄 돈이 하나도 없었다. 어머니는 최 씨가 붙잡혀 올 때마다 "잘됐으면 좋겠다"는 말뿐이었다.

"돈에 대해서는 그때부터 눈을 뜨게 되었단 말입니다. 북조선에서는 중국에서보다 돈 없는 설움이 더합니다. 중국에서는 돈이 없어도 밥이라도 빌어먹을 수 있지요. 이제는 생각이 많이 바뀌었습니다. 내가 성공을 해야 부모도 도와줄 수 있지 않습니까. 이제는 만사 제쳐 놓고 한국에 갈 여비를 마련해야 한단 말입니다. 이제는 나도 지쳤습니다. 3년간 구두를 닦았는데, 가족들 때문에 결국은 한국도 못 갔단 말입니다."

최 씨는 집에 온 지 사흘 만에 또다시 탈북을 감행해 옌타이까지 왔다. 구두를 닦으며 한국에 갈 여비를 마련하기 위해서였다. 넉 달 동안 구두를 닦아 인민폐 4,000위안을 마련했다. 최 씨 마음은 이미 한국에 가 있었다.

2003년 10월, 먼저 한국에 간 탈북자들이 밟은 한국행 경로를 파악한 최 씨는 탈북자 단속이 심하다는 것을 알면서도 다른 탈북자 네 명과 함께 몽골 국경을 넘기 위해 길을 나섰다. 내몽골자치구 하이얼에서 버스를 타고 몽골 국경선으로 향하던 최 씨는 중국 변방대에 체포돼 또다시 북조선으로 강제송환됐다.

최 씨는 나이를 미성년자로 속여 15일 만에 구류소에서 풀려났다. 마을에 돌아온 최 씨는 중국 도문에서 꽃제비 생활을 함께했던 친구 이 씨를 2년 만에 우연히 만났다. 이 씨는 중국에서 다섯 번이나 붙잡혀 강제송환된 뒤 더 이상 중국에 나가지 않기로 마음먹었지만 돈벌이할 일이 마땅치 않았다. 결국 이 씨는 최 씨와 의기투합해 한국행을 감행하기로 마음먹고 또다시 탈북했다.

이 씨는 중국 연길에서 한국 선교사들이 세운 교회를 옮겨 다니며 생활한 적도 있지만, 옌타이에 온 뒤로 교회에 대한 미련을 버렸다고 했다. 이 씨는 한국에 갈 길을 열어 주는 사람만이 고마운 사람이라고 말했다. 그가 원하는 것이 오로지 '한국행'이기에 다른 선택은 없어 보였다.

"교회는 믿을 게 못 돼요. 없는 하나님 믿어서 돈이 나옵니까? 한국 보내 줍니까? 3년간 교회 다니면서 느낀 점이에요. 우리는 돈으로 도와주는 사람에게 고마움 없어요. 교회 사람들에게 어쩔 수 없이 도와 달라고는 하지만, 고마움을 못 느끼는 것은 탈북자들이 다 한가지일 겁니다."

이 씨는 고생을 많이 한 탓에 스물셋이라는 나이에도 세상사에 불만이 많아 보였다. 말끝마다 "돈이 최고"라고 했다. 두 손가락으로 구두를 힘주어 닦다가도, 손님들이 돈을 주면 공손하게 받고 인사를 했다. 안주머니 깊숙이 돈을 집어넣을 때면 돈에 구두약을 묻히지 않기 위해 수건에 손을 닦곤 했다.

구두 한 켤레를 닦으면 인민폐 5위안을 받는다. 아침 10시부터 오후 4시까지 구두를 열심히 닦는다. 이 씨는 하루에 평균 구두 스무 켤레를 닦아 100위안을 번다. 밤에는 한국인이 운영하는 사우나에 교대로 나가 구두를 닦는다. 한 달 임금은 800위안이다. 그렇게 한 달에 대략 3,000위안을 벌어서 2,000위안을 저축한다. 한국에 갈 여비를 마련하기 위해서다.

두 청년은 오후 4시 30분이 되자 일을 마치기 위해 구두통을 정리했다.

이 씨는 하루 동안 번 돈을 꺼내어 세기 시작했다. 표정이 밝아 보였다. 입가에 미소를 머금으며 말했다.

"정말 돈이 원수란 말입니다. 이 세상에 돈이란 게 왜 생겨났는지. 북조선에 있을 때는 나라에서 다 해 주니까 돈이란 걸 몰랐단 말입니다. 그런데 중국에서 살다 보니 돈이 없으면 못 산다는 것을 배웠습니다."

두 청년은 자전거에 짐을 싣고 떠날 채비를 했다. 다음 날에 그들이 살고 있는 집에 가 보기로 약속했다. 그들은 자전거 페달을 힘껏 밟으며 떠났다. 나는 두 청년이 구두를 닦고 있는 장소 맞은편 호텔을 숙소로 정했다. 그들 모습을 창밖으로 한눈에 내다볼 수 있는 방이었다.

다음 날 아침, 두 청년은 한국으로 돌아갈 손님들 구두를 닦느라 분주히 움직였다. 한 청년은 식당이나 찻집을 돌며 열심히 구두를 날랐고, 다른 청년은 정신없이 구두를 닦았다. 간혹 구두를 맡긴 손님들은 자기 구두가 다 닦일 때까지 장기를 두며 시간을 보냈다.

오후 3시가 되자, 구두를 닦는 손님이 뚝 끊겼다. 인천으로 떠나는 배가 항구를 벗어났기 때문이었다. 이 씨는 안주머니에 있는 돈을 만지작거리며 가로수 밑으로 가서 돈을 세기 시작했다. 돈뭉치 안에는 붉은색 인민폐 100위안짜리도 보였다.

두 청년은 손님이 없는 무료한 시간을 보내기 위해 장기를 두기 시작했다. 나는 두 청년에게 다가갔다. 함께 식사를 하기 위해서였다. 두 청년은 돈을 모으기 위해 점심을 굶는다고 했다. 우리는 함께 식당으로 갔다. 식탁 위에 한국식 짜장면이 나오자 두 사람은 순식간에 그릇을 비워 버렸다.

오후 4시가 되자 해가 떨어지기 시작했다. 날도 추웠다. 택시를 잡아 자전거를 트렁크에 싣고 두 청년이 사는 집으로 향했다. 부두에서 차로 20분 거리, 자전거로는 50분 거리가 된다고 했다.

두 사람이 사는 곳은 조선족이 살지 않는 중국인 마을이었다. 조선족이 살지 않는 마을이라야 안전하다는 이유 때문이었다. 방값은 한 달에 인민폐 200위안이라고 했다. 집으로 들어서자 빈 맥주병이 가지런히 놓여 있었다. 연료를 아끼기 위해 방 두 칸 가운데 한 칸만 사용하고 있는 것으로 보였다. 최 씨는 부엌에 나가 아궁이에 석탄을 집어넣고 불을 지폈다.

미국 가면, 출세한 거지요

상이 차려지자 술판이 벌어졌다. 대화 내내 두 청년은 역시나 '한국으로 가는 방법'을 줄기차게 물었다. 탈북자들을 만날 때마다 내가 거의 매번 듣는 이야기였다. 나는 언제나 그랬던 것처럼 '한국행'을 부탁하는 그들 요구를 냉정하게 거절했다.

이럴 때, 냉정하게 거절하지 못하면 탈북자들은 부탁을 수락한 것으로 알고 연락을 기다리게 된다. 그렇게 되면 그들은 한국행에 어떤 도움도 주지 못하는 나를 사무치게 원망하게 된다. 당장 서운하더라도 맺고 끊음을 명확히 해야 대화하기가 수월해진다.

두 청년의 방은 갖출 것은 어느 정도 갖춘 모습이었다. 컬러 텔레비전, 브이시디(VCD), 라디오 들이 보였다. 최 씨가 브이시디 재생 버튼을 눌렀다. 북조선 노래 '반갑습니다'가 흘러나왔다. 술잔을 주고받으며 대화가 무르익었다.

이 씨는 어린 나이부터 고생을 많이 해서인지 돈에 대해 지나치게 예민한 반응을 보였다. 자기들이 살고 있는 집까지 와 봤으니 돈을 얼마 줄 것인가 얘기하자며 다그쳤다. 내가 돈을 주겠다고 대답하니 이 씨는 멈췄던 말을 이었다.

"북조선에는 예전에 빈부격차가 없었는데 요즘에는 빈부격차가 너무 심하단 말입니다. 돈 버는 사람들은 다 안전원 끼고 비법으로 일합니다. 우리 같은 사람들은 돈 벌자고 노력만 해서는 길이 없습니다. 잘사는 사람들은 다 '금전' 가지고 일한단 말입니다."

이 씨는 북조선에 있는 인민학교에서 배운 교육이 사실과 다르다는 것을 중국에 와서 알게 되었다고 했다. 남조선 아이들은 길거리에서 빌어먹으며 깡통을 차고 구두닦이로 연명한다고 배웠는데, 정작 자신이 남조선 사람들 구두를 닦고 있는 게 별난 일이라고 했다. 그러고는 한동안 천장을 쳐다보며 말을 잇지 못했다. 이때 최 씨가 저녁 일을 나가야 한다며 전기밥솥에서 밥을 푸면서 말을 하기 시작했다.

"구두 닦는 일이 창피하지만, 한국 가는 여비를 만들기 위해서 고생한단 말입니다. 중국 돈 1만 위안쯤 모으면 한국으로 떠나겠습니다. 쓰다 남은 돈은 한국 가서 쓰고요."

한참 입을 다물고 있던 이 씨가 다시 말문을 열었다.

"북조선에는 두 번 다시 가기 싫습니다. 미국에서 북한인권법이 통과되어서 탈북자들을 받아 준다고 들었단 말입니다. 미국에서 받아만 준다면 나는 미국으로 가겠습니다. 미국은 세계를 쥐고 흔드는 큰 나라고,

한국은 그 밑에서 놀지 않습니까. 우리가 미국 사람이 되면, 북조선식으로 말하자면 출세한 거지요."

막 일하러 나가려던 최 씨가 이 씨가 하는 말을 듣고 고개를 갸우뚱거렸다. 그러더니 자기는 "한국으로 가서 돈을 벌어서 북조선에 돌아가 살겠다"고 했다. "미국에 가면 다시 북조선에 갈 수 없다"는 말을 던지고 방문을 나섰다.

나는 이 씨와 새벽 1시까지 대화를 나누었다. 최 씨가 일을 마치고 들어올 때쯤엔 우리는 이미 만취해 있었다. 지친 몸을 이끌고 들어온 최 씨는 코피를 흘렸다. 최 씨는 아무렇지도 않다는 듯, 코피를 닦더니 잠자리에 들었다. 이 씨와 나도 함께 자리에 누웠다. 술병이 방 안에 나뒹구는 가운데 우리 세 사람은 깊은 잠에 빠져 들었다.

이튿날 아침, 숙취 때문에 부스스한 얼굴로 잠에서 깨었을 때, 두 청년은 아직도 깊은 잠에 빠져 있었다. 매캐한 홀아비 냄새와 술 냄새가 코를 찔렀다. 나는 그길로 호텔로 돌아와 짐을 챙겼다. 차로 한 시간 거리에 있는 웨이하이시에 탈북자 네 명이 모여 산다는 소식을 들었기 때문이다. 두 청년에게 미안한 마음이 들었다. 그들이 그토록 한국행을 원하지만, 내가 해 줄 수 있는 건 아무것도 없었기 때문이다.

짐 정리를 마치고 '혹시나' 하는 마음에 창문을 열었다. 순간 나는 두 눈을 크게 뜰 수밖에 없었다. 두 청년은 간밤에 아무 일도 없었다는 듯, '호호' 입김을 불며 구두를 닦고 있었다. 옌타이항에 부는 바람은 그날도 차가웠지만, 두 청년의 손놀림은 조금도 쉴 틈이 없어 보였다.

일자리 안 주면 어떻게 한국 가서 살겠나

산속에서 약초 캐고 생활할 때보다 힘들다

중국 산동성 웨이하이시 띠왕궁로에는 한글 간판이 쉽게 눈에 띄었다. 탈북자 네 명이 산다는 낡고 허름한 집 대문을 열자 한 여성이 모습을 보였다. 세 평 정도 되는 단칸방이었다. 침대가 두 개 놓여 있고, 석탄을 넣는 화롯불이 가운데 자리하고 있었다. 석탄 타는 냄새와 담배 연기가 자욱했다. 코를 찌르는 매캐한 음식 냄새가 배어 있었다. 이렇게 비좁은 곳에서 네 명이 함께 생활한다는 게 믿어지지 않았다.

몹시 불편해 보이는 듯한 몸놀림으로 침대에 앉아 있던 탈북자 허길자 (가명, 35세, 함북 온성) 씨는 만성 맹장 환자라며 머리가 아프다고 했다. 허씨는 부부가 함께 연변조선족자치주 왕청현 산속에서 벌목일과 약초 캐는 일을 하다 2005년 초 이곳으로 오게 되었다. 부부는 한국 가는 길이 안전하게 열린다는 말에 웨이하이에서 함께 생활했던 두 남자를 따라 이곳으로 오게 되었다고 했다.

허 씨는 네 명이 함께 생활하는 것이 힘들다고 털어놓았다.

"일거리를 찾아 밖에 나가 일하고 오면 좋겠는데, 만날 집 안에 틀어 앉아 술만 먹는단 말입니다. 서로 의견도 맞지 않지, 성격이 별나게 변한단 말입니다. 산속에서 우리 부부가 약초 캐고 생활할 때보다 못하다는 생각에 후회스럽습니다."

허 씨 부부는 왕청현 산속을 떠날 때 가져온 100여 가지 약초를 팔아 하루하루 생활하고 있었다. 같이 산다는 남편 곽윤일(가명, 40세, 함북 온성) 씨와 청년 조지창(가명, 26세, 자강 강계) 씨는 집을 비우고 없었다. 허 씨가 몸이 불편해 같은 가격에 온돌방이 있는 집을 구하기 위해 밖에 나갔다고 했다.

같이 산다는 네 사람 가운데 나머지 한 사람은 곽 씨 친구로, 청도에서 3년간 생활한 적이 있었다. 그때 안면으로 인민폐 52위안을 가지고 청도 한인교회를 한 바퀴 돌며 돈을 구해 온다고 나갔단다. 집 구할 만큼 돈이 구해지면 집을 옮기기로 하고 "내일 저녁 8시에 오겠다"며 아침에 떠났다고 했다. 허 씨는 청도로 떠났다는 곽 씨 친구에게 희망을 걸고 있었다.

오후 6시. 밖은 어두웠다. 곽 씨와 조 씨가 돌아왔다. 곽 씨는 누추한 집을 찾아 주어 고맙다고 했다. 앉을 자리가 없었다. 침대에 걸터앉거나 바닥에 종이를 깔고 쪼그리고 앉았다. 함께 들어온 청년 조 씨는 앉을 자리가 마땅치 않아서인지 안팎으로 들락거렸다.

조 씨를 전에 본 적이 있었다. 그 말투가 내 귀에 익었다. 탈북자들은 대부분 함경북도 출신이 많아 다른 지역 출신 탈북자들 말투는 기억에 남는다. 1999년 꽃제비 아이들을 취재할 때 요령성 심양 서탑가에서 나는 조 씨를 만난 적이 있었다. 하지만 조 씨는 나를 기억하지 못했다.

탈북생활 7년째, 조 씨는 해마다 한 번씩 북송된 경험이 있다고 말했다. 웨이하이시에서만 3년 정도 살아 제2의 고향이나 마찬가지라 했다. 구두닦이 일을 하다 그만두고 한국에 가려다 붙잡혀 강제송환된 뒤 재탈북했다. 예전에 일한 구두닦이 자리에는 다른 탈북자들이 자리를 잡아 일하러 나오지 못하게 한다고 했다.

조 씨는 곁에 앉아 있는 부부에게 제일 미안하다며 고개를 숙였다. 여기와 보니 일거리가 없고 한국 가는 길도 보이지 않아서 "괜히 함께 가자고 했다"며 말을 잇지 못했다. 1년 전, 조 씨가 웨이하이에 살던 때까지만 해도 한국 사람들이 많이 도와주기도 하고, 교회들이 많이 나서서 집도 얻어 주고 생활비도 주고 그랬다. 더러는 한국 가는 길도 열어 주었다. 한국 도착 뒤 정착금을 받아 비용을 치르게 하는 후불제 형식으로 활동하는 브로커들도 많았다. 조 씨는 돈이 아까워 후불제를 마다하고 한국에 먼저 간 친구들 노정을 듣고 그 길대로 나서다 그만 붙잡혀 강제송환되었던 것이다.

조 씨는 지금 탈북자에 대한 주변 여건이 예전과는 너무나 다르다고 했다. 일거리를 잡자 해도 신분증이 없다는 이유로 일을 시키지 않는다. 한국 사람들을 만나거나 교회에 찾아가도 저절로(스스로) 살라며 냉정하게 대한다며 투덜거렸다. 나를 이곳으로 안내한 조선족 안내인은 "탈북자들이 거짓말하고, 일하기 싫어하고 여기저기 찾아다니면서 한국 갈 길이나 알아보다 일을 저질러서 탈북자들을 시끄럽게 여긴다"고 귀띔했다.

침대에 쪼그리고 앉아 있던 허 씨는 몸이 불편해 어쩔 줄 몰라 했다. 곽 씨는 허 씨에게 누우라고 이불을 덮어 주었다. 그러고는 프라이팬에다 계란볶음을 만들었다. 조선족 안내인이 그만 가자며 자리에서 일어섰다. 밤 10시였다. 나는 조선족 안내인에게 먼저 가라고 하고 상점에 가 맥주 열병을 사 왔다. 바닥에 쪼그리고 앉아 곽 씨가 만든 계란볶음과 허 씨가 담갔다는 메주콩볶음으로 술안주를 했다. 그들은 모두 한국행을 바라며 연길에서 이곳으로 와 한국 가는 길을 찾고 있었다.

벽에 걸려 있는 조그마한 벽시계가 밤 12시를 가리켰다. 곽 씨는 누추하지만 한쪽에서 자고 가도 괜찮다며 쑥스러워했다. 탈북자들과 함께 생활하며 24시간을 지켜볼 수 있는 기회를 얻은 것이다. 곽 씨는 카메라를 꺼내 취재할 수 있도록 허락도 해 주었다. 새벽 1시가 되자 청년 조 씨가 피시방에 가야 한다며 자리에서 일어섰다. 한국 가는 길을 알아보기 위해 밤마다 피시방에 가 한국에 있는 탈북자 친구들과 이메일을 주고받는다고 했다.

우리 같은 사람이 한국에서 어떻게 사나

부부는 갈등이 심했다. 곽 씨는 한국에 가면 '살 집과 정착금을 주고 일거리도 한국 정부에서 잡아 주는 것'으로 알고 한국 가는 길을 열기 위해 웨이하이까지 왔다. 그런데 여기 와서 알아본 결과 "직업은 탈북자 스스로 찾아야 한다"는 말을 듣고 망설여진다고 했다.

"한국에서 대학 졸업해도 좋은 일거리 잡기 바쁘다 들었단 말입니다.

여기에 들어오는 한국 따이공들 한국에서 생활하기 바빠서 오는 것이겠지요. 따이공들을 보면서 느끼는 게 많습니다. 국가에서 일자리를 의무적으로 주지 않으면 우리처럼 지식 없는 사람들이 한국에서 어떻게 살란 말입니까. 정착금 주는 거나 생활비 받아먹고 고시고시(그때그때) 산다면 중국에서 떠돌이 생활하는 것과 똑같잖습니까."

허 씨는 얘기를 듣다 잠이 들었다. 곽 씨는 약봉지를 꺼내 들며 설명해 주었다. "왕청현 깊은 산골에서 꽃씨와 꽃잎을 뜯어 말린 거"라며 "이게 현재 삶을 지탱해 주는 생명줄"이라고 말했다. 일거리가 없어 시장에 나가 팔거나, 아는 한국인들에게 한 봉지에 인민폐 50위안씩 받고 판다며 약재 보따리를 들어 보여 주었다. 허 씨가 몸이 불편해 3년 동안 산속에서 생활하면서 약초를 채취해 말려 팔았다고 했다.

곽 씨는 1997년 처음 두만강변에서 중국과 북한을 오가는 밀수를 하다 안면이 있는 조선족을 찾아가기 위해 탈북을 하게 되었다고 했다. 탈북한 뒤로 살길을 찾아 산속에서 생활하게 되었다.

3년째 되었을 때, 가을걷이 수확물에 욕심이 난 한족 주인이 신고하는 바람에 2003년 9월 24일 추석날 공안에 붙잡혀 강제송환되었다. 부부는 너무도 원통했다. 가을걷이 살림들이 눈앞에 어른거렸다. 중국 도문 변방대에서 북조선 남양 보위부로 이틀 만에 인계되었다. 거주지가 국경 지역과 가까우면 곧바로 거주지로 이송된다. 곽 씨 친구가 재판관이었다. 한국 가려다 잡혔다는 꼬리표가 없어 다행히 별 탈 없이 일주일 만에 풀려났다.

부부는 그날 밤 두만강을 건너 중국에 살던 집으로 갔다. 한족 주인은 밥상을 차려 주고는 공안에 신고했다. 풀려난 지 하루도 지나지 않아 또 다시 붙들려 강제송환되었다. 곽 씨는 다시 얼굴을 맞댄 재판관 친구 얼굴을 쳐다볼 염치도 없었다. 친구와 안면이 있는 곽 씨는 한 달간 노동단련대 처분, 부인 허 씨는 석 달을 받았다. 허 씨는 노동단련대에서 지내다가 자살하려고 옷핀 두 개를 먹어 버렸다. 허 씨가 고통을 호소하자 간수들이 중환자로 취급해 병원으로 이송됐다.

곽 씨는 병보석으로 풀려나온 부인을 집으로 데리고 와 2003년 11월, 북조선에서 또다시 두만강을 건너게 되었다. 부부는 산속을 택했다. 왕청현 백초구진 면전촌 마을이었다. 산나물을 캐 시장에 나가 팔았다. 주변에 탈북자들이 많았다. 지금 함께 생활하는 탈북자들도 그때 만나게 되었다.

부부 둘이서 생활하기에도 비좁은 집에서 네 명이 생활한다는 게 편치는 않은 일이다. 일거리도 많고 공안 단속이 없어 편하게 살 수 있다고 해 웨이하이로 올라왔지만 세 사람 모두 일거리를 찾지 못하고 집에만 앉아 있었다.

허 씨는 신장질환에 몸이 불편해 얼굴이 자꾸 부어오른다. 하지만 이 집 남자들을 위해 매일 밥하고 손빨래를 해야 한다. 허 씨는 연변에서 올라온 것을 후회하고 있었다. 불편해도 산속 생활은 신경 쓸 것이 없었다. 약초를 캐 시장에 팔아도 한 달에 인민폐 1,000위안은 벌 수 있다며 허 씨는 벽에 기댄 채 말을 잇지 못했다. 창문 너머로 아침 햇살이 들어올 때까지 이야기를 나누다 잠이 들었다.

얼마나 지났을까. 나는 곽 씨가 소형 라디오를 틀어 주파수를 맞추는 소리에 깼다. 한국 라디오 방송이 잡음 없이 들려온다. 곽 씨는 날마다 한국 라디오를 듣는다고 했다. 밤새도록 술을 마셨던 바닥이 깨끗하게 치워져 있었다.

부부는 내다 팔 약초를 포장하고 있었다. 곽 씨가 쇠꼬챙이 두 개를 불에 달구면서 꽃씨를 담을 비닐봉지를 똑같은 크기로 만들어 가지런히 자른다. 허 씨는 작은 비닐봉지에 이쑤시개로 마른 꽃잎을 쑤셔 넣고 봉한다. 100가지 약초를 담아 봉투에 담고, 약풀이 가진 효능들을 쓴 종이를 넣고 봉하면 상품이 완성된다. 약초 한 봉지 가격은 인민폐로 50위안이다.

곽 씨는 내가 일어난 것을 보더니 아침 식사를 하자고 했다. 허 씨가 꽃씨를 담던 일을 멈추고 상을 차릴 준비를 한다. 피시방에서 밤을 새운 청년 조 씨는 곽 씨가 잠을 깨우자 부스스 일어난다. 아침 밥상 위에는 달걀, 된장, 마늘, 깻잎 정도가 놓여 있었다. 허 씨는 먹다 남은 찬밥을 먹는다. 곽 씨는 어제저녁 마시다 남은 맥주를 따라 주었다. 밤새도록 얘기할 때는 몰랐는데 석탄가스를 맡아서인지 속이 더부룩하고 어지러웠다. 밤에 잠을 자지 못한 곽 씨는 나에게 "이제 조 씨랑 이야기하라"며 침대에 누워 곤한 잠에 빠졌다.

조약돌이나 가로수만도 못해요

청년 조지창 씨는 1997년 6월 탈북했다. 조 씨는 부모님이 없고 형과 단둘이라 했다. 중국에 나와 꽃제비 생활을 시작으로 한국 교회를 전전하다 식당일이나 구두닦이를 하며 지냈다. 지난 7년 동안 한 해에 한 번꼴로 붙잡혀 강제송환된 경험이 있었다. 빌어먹고 살지 말고 스스로 살라며 한 한국인이 구두닦이 통을 만들어 주고 닦는 기술을 가르쳐 주었다고 했다.

조 씨는 마음이 답답할 때면 혼자서 바닷가를 찾아 북에 있는 형님을 불러 본다고 했다. 조 씨가 "여기서 바다까지 10분밖에 안 걸린다"며 밖으로 나가자고 했다. 조 씨와 함께 바닷가를 걷는데 해가 떨어지기 시작했다. 바람이 세차고 차가웠다. 한참 걷다가 집으로 돌아오니 저녁밥이 차려져 있었다. 하지만 나는 먹을 수 없었다. 온몸이 가렵고 피곤했다.

그들은 청도에 갔다 온다는 곽 씨 친구가 약속 시간이 다 되었는데 오지 않는다면서 시계를 보며 걱정했다. 저녁 8시가 되자 누군가가 방문을 열고 들어왔다. 체구가 작달막한 사람이 웃음을 띠며 자리에 앉았다. 그는 한 푼도 얻지 못하고 돌아왔다고 말했다. 기다리던 사람들 얼굴에는 실망한 기색이 역력했다.

탈북자 임노규(가명, 40세, 함북 무산) 씨가 찾아간 교회마다 '스스로 알아서 해결'하라는 냉정한 반응을 받았다고 말했다. 예전처럼 알고 있는 한국인들을 찾아가면 무조건 돈을 주는 일이 없다고 푸념했다. 임 씨는 생각이 복잡했다. 안전한 곳에 있었으면 좋겠지만 언제나 물음표를 달고 살아야 했다.

임 씨는 "하루하루 먹고 잠자고, 눈을 뜨면 또 살았구나. 내일은 또 어떻게 살까. 매일매일 계획 없이 산단 말입니다. 길가에 있는 조약돌이나 가로수만도 못해요"라며 오직 생각은 한국행이지만 뜻대로 되지 않는다고 했다. 돈이 사람을 이렇게 만든다며 돈이면 뭐든지 해결된다고 말했다.

"한 걸음 걸어가도 돈, 조선에 붙잡혀 나가도 돈 있으면 빨리 뽑지(나가지). 지금이라도 돈이 있으면 한국에도 갈 수 있지. 날마다 '돈' 생각밖에 없다"고 했다.

밤이 깊었다. 막내인 조 씨는 집 안을 두리번거리며 대문을 닫으면 도망갈 곳이 없다고 했다. 도망자로 사는 것이 몸에 밴 듯했다. 나는 지갑을 털어 인민폐 500위안을 주었다. 시내 호텔까지 가는 차비 20위안만 남긴 채. 이틀 뒤 다시 만나자는 약속을 하고 핸드폰 번호를 적어 준 뒤 나는 집을 나왔다.

다음 날 온몸이 가려워 하루 종일 아무 일도 못 했다. 누워서 잠을 잘 수가 없었다. 온몸에 두드러기가 난 것이다. 그렇게 하루를 보내고 있는데 조 씨에게서 전화가 왔다. 내일 몇 시에 올 것인가 물었다. 오후 1시까지 가겠다고 했다.

만나기로 약속한 날 정오가 되었다. 가고 싶지 않았다. 이틀 동안 쌓인 피곤이 가시지 않았다. 간신히 몸을 일으켜 한국 슈퍼에서 생필품을 좀 사 가지고 택시에 올랐다. 도착하니 조 씨가 집 앞 도로에 나와 기다리고 있었다.

조 씨는 나에게 아직도 취재할 게 더 있냐고 물었다. 내가 질문 하나를 던지자 묻지 않은 것까지 마구 이야기를 쏟아 냈다. 조 씨는 탈북생활 6년 동안 연길, 대련, 청도에서 살았다. 세 번 붙잡혀 강제송환되었다. 청도에서 함께 생활했던 탈북동료들은 모두 한국에 가고 조 씨 혼자 남게 되었다. 조 씨는 '세상에 믿을 사람이 하나도 없다'며 말투에서 가끔씩 인간에 대한 적개심이 드러나기도 했다.

2년 전까지만 해도 여기서는 '탈북자'라고 하면 일하지 않아도 사람들이 집도 얻어 주고 생활비도 주었다. 그런데 갑자기 태도를 싹 바꿔서 자기들한테 "스스로 살라"고 외면하자 조 씨는 충격을 받았다. 이해할 수 없다고 했다. 옆에 있던 부부가 핀잔을 주자 버럭 화를 냈다. 잠시 분위기가 싸늘해졌다. 조 씨는 "쥐구멍에도 해 뜰 날이 있다고 하는데 자기한텐 보이지 않는다"며 "시원하게 바닷바람이나 쐬고 오자"고 제안했다.

그 말에 나머지 사람들이 모두 억지로 일어설 준비를 했다. 허 씨는 자기 부부만이라도 몰래 빠져나가고픈 마음이지만 뜻대로 되지 않는다고 했다. 다 같이 아무 말 없이 10여 분 거리에 있는 바닷가로 향했다. 그들은 답답할 때 바닷가에 나간다고 했다. 하는 일 없이 날마다 방구석에 앉아 있으면 의견 충돌만 한다고 허 씨가 말했다.

바닷가가 보였다. 걸어가면서 막내 조 씨와 사소한 일로 언쟁한 임 씨가 혼자서 행동했다. 임 씨는 말문을 열었다.

"바닷가에 나오면 막힌 마음이 풀린단 말입니다. 속이 타거나 답답할 때 파도 소리가 지난날을 씻어 줍니다. 고향 생각해 봐야 부질없는 것 아니겠어요? 막 살다 보니까 성격이 날카로워져 아무나 붙잡고 싸우고 싶습니다."

임 씨는 살기가 더 막연해진다고 했다. 함께 생활하는 데 뜻이 맞지 않아 청도로 떠나겠다고 했다. 부부와 함께 생활하면 몹시 불편할 것이라며 "말은 못 해도 아는 게 인간"이라고 했다. "남의 가정 살림에 폐를 끼치지 않고 떠나겠다"고 했다. 탈북생활이 장기화되면서 임 씨는 지쳐 가고 있었다.

나 기어이 한국 간다

자정이라 거리는 한산했다. 가로등 불빛 아래 멈춰 선 택시들만이 손님을 기다렸다. 10여 분을 걸어가자 길거리에 한인식당 한글 간판이 눈에 띄었다. 조 씨는 간판 불빛이 없는 한 건물 어두운 문을 열었다.

피시방이었다. 손님들은 서너 명뿐이었다. 한글 자판은 2층에 있다고 했다. 2층에는 손님이 한 명뿐이었다. 조 씨가 자리에 앉아 한국에서 친구들이 보내온 이메일부터 열었다. 편지 내용은 다음과 같다.

"하나원에서 알았는데 한국에 오면 정착금 1,000만 원만 주는 게 아니라 2,000만 원이고 일을 더 하면 그보다 더 준다. 길이 열렸다. (줄임) 몽골과 베트남인데 몽골에서는 공식적으로 받기로 했단다. 몽골에서 잡히면 경찰한테 '사우스 코리아(South Korea)'라고만 말하면 한국 대사관까지 데려다준다. 아는 사람이 있는데 후불제가 아니라 현금 300만 원을 줘야 한다……."

조 씨는 고개를 갸우뚱거리며 설명해 주었다. 친구가 돈이 없다면서 선금으로 줬는데 만약 붙잡히게 되면, 돈을 되돌려 받을 수 없고 서로가 손해라고 하면서, 알아서 혼자 들어오라는 말이라며 실망했다며 답장을 쓰기 시작했다.

"메일 잘 받았어. 나 기어이 한국 간다. 죽지 않은 한 꼭 기다려라."

조 씨는 이메일 창을 닫았다. 최신 탈북자 관련 뉴스를 검색하기 위해 탈북 관련 사이트로 접속한다. 화면에 뜬 기사에서 일본인학교에 잠입한 탈북자 다섯 명에 대한 기사를 클릭해 읽으며 한숨을 내쉬며 말했다.

"소리 없이 조용히 나가지 왜 시끄럽게 나갑니까. 자기들만 살겠다고 시끄럽게 하지 말고 뒷사람들을 위해서라도 조용히 나갔으면 좋겠습니다. 복잡하게 대사관 넘으면서 언론에 공개하면 중국에 남아 있는 탈북자들은 어떻게 되겠습니까? 한국에 가서도 조용히 살지 않고 왜 중국에 대고 욕하는지 모르겠습니다. 그렇다고 중국에서 탈북자 단속하던 거 안 하겠나, 더 심하게 단속하지. 남아 있는 탈북자들 단속 안 하는 게 아니라 더 한단 말입니다. 한국 가서 조선에다 대고 욕하면 조선에서는 중국에 나가 있는 탈북자 잡아오라 하고 얼마나 시끄럽습니까. 자기만 살겠다고 복잡하게 떠난 사람들 때문에 북조선에 잡혀가면 '한국 가려 했는가' 심문해 빨리 나올 것도 못 나오게 된단 말입니다. 중국에서 단속이 심해지면 한국 갈 길도 멀어집니다."

조 씨와 함께 피시방에서 나와 바닷가로 향했다. 새벽녘 바닷가에 파도가 출렁인다. 파도타기라도 해야 할 것처럼 파도가 마냥 출렁인다. 우리는 출렁이는 파도를 마냥 바라보고 있을 뿐이다. 언제 어떻게 바뀔지 모르는 그들의 앞날 또한 파도타기가 아닐까.

인권이니 민주화니 모르겠고
그저 한국 가는 게 꿈

빛 때문에라도 한국행 포기 못 해

2005년 9월 중순, 중국 산동성 옌타이 마터우 선착장.

인천항에서 출발한 여객선에서 많은 사람들이 내렸다. 대합실 안은 발 디딜 틈도 없이 사람들이 북적거렸다. 한국말과 중국말이 뒤섞여 알아들을 수 없었다. 인부들은 쉴 새 없이 팔을 휘저으며 사람들 틈새를 헤치고 다녔다. 한국에서 온 따이공들이 가져온 물건을 나르기 위해 짐꾼들이 바쁘게 움직였다.

연길에서 올라와 여섯 달째 일한다는 조선족 강(41세) 씨는 목에 걸친 수건으로 이마에 땀을 닦는다. "어휴 바빠"를 내뱉으며 가쁜 숨을 내쉬었다. 한국에서 배가 들어오는 날이면 강 씨는 하루가 바쁘다. 따이공들이 가져온 짐을 상회(가게)까지 나르고 나면 물건을 찾는 곳으로 또 배달을 가야 하기 때문이다. 그뿐 아니라 오후 3시가 되면 한국으로 돌아가는 배에 따이공들이 주문한 물건을 실어 주는 데까지 마무리해야 그날 일이 일단락된다.

　오후 6시, 하루 일과를 끝낸 강 씨와 부둣가 선술집으로 향했다. 한족 짐꾼들이 술을 마시고 있었다. 부둣가 상회 주인들 가운데는 한국에서 태어난 화교들이 많다고 강 씨가 일러 주었다.

　"조선족들은 짐 나르거나 하찮은 일은 하기 싫어한다"며 그런데 자기는 "어쩔 수 없어서 일하게 되었다"고 말했다. 강 씨는 조선족이라 한국말과 중국말을 할 수 있어 한족 짐꾼들보다 400위안을 더 받는다. 강 씨가 받는 한 달 임금은 1,300위안이다.

　강 씨의 부인은 탈북자다. 조선족 밀수꾼이 소개해 줘 처음 만나 같이 살게 되었다. 부인은 3년 전부터 한국 바람이 불어 생활하기 고달프다며 고개를 가로저었다. 브로커를 통해 한국행을 시도하다 세 번이나 붙잡혀 북으로 강제송환되었다. 그러나 지난 3월 또다시 탈북했다고 한다.

　"한국 가려다 짜피(사기)당했습니다. 빌린 돈만 해도 인민폐 5만 위안이나 된단 말입니다. 이자 돈도 높아서 생활비 빼고 나면 바쁘단 말입니다. 우리 안까이가 꼭 한국에 가야만 정착금 받아서 빚을 갚을 수 있단 말입니다. 그렇지 않으면 연길에도 갈 수 없어요. 빚꾼들이 독촉하니까 살기 바쁘단 말입니다. 아직은 우리 안까이가 한국행 준비하는 걸 아니까 돈 달라는 소리는 하지 않지만 한국 못 간다는 소리만 들리면 난리 날 겁니다."

　강 씨는 연신 술을 들이키며 말했다.

　"허드렛일을 해 생활비로 쓰고 나면 남는 돈이 없어서 5만 위안을 모으자면 몇 년은 걸릴 것입니다. 그러니 모험을 해서라도 아내를 한국에 보내야 한단 말입니다."

부인이 한국에 가면 어떻게 살겠냐고 묻자 강 씨는 "우리 안까이 한국에 도착하면 한국 정부에서 집 주고 돈 준다는 거 압니다. 한국 공민증(주민등록증) 나오면 국제결혼으로 수속해 나도 한국에 갈 겁니다. 그래도 제 민족인데 잘사는 나라에서 사는 게 좋지 않겠습니까"라며 웃었다. 탈북자인 부인 덕분에 자신도 한국에 갈 수 있다는 희망이 생긴 것이다.

술기운이 오른 강 씨는 자기 집으로 가자며 내 손을 잡았다. 한국인들을 많이 만나 본 탓일까, 강 씨는 자기 집에 가서 할 얘기가 많다고 했다. 부둣가에서 나와 10분쯤 걸었다. 강 씨가 속내를 털어놓았다.

"조선족들이 한국에 가려면 인민폐 7만 위안이 필요합니다. 7만 위안을 주고 한국행 티켓을 끊어도 인천공항에서 발각되면 끝이란 말입니다."

강 씨 친누나도 3년 전 머리 까기(여권 사진 바꾸기)로 한국에 들어가려다 발각되었다. 그 뒤 위장결혼으로 수속해 지금은 한국인이 되었지만 전셋집 한 칸도 마련하지 못했다. 그러나 강 씨는 한국에 들어가면 누나보다 빨리 성공할 수 있다고 자신감에 넘쳐 있었다

한참을 걷다 강 씨는 한 아파트를 가리키며 "저 집"이라고 했다. 하얀 칠로 단장된 6층 아파트 건물이었다. 강 씨 집은 3층이었다. 집 안에 들어서자 텔레비전을 보던 강 씨 부인과 딸이 자리에서 일어나서 인사를 했다. 겉모습으로만 봐서는 탈북자라 믿기 어려웠다. 세련된 옷차림에 밝은 표정을 지어 보였다. 방 두 칸에 거실이 딸린 집으로 월세가 인민폐로 500위안이라고 했다. 밖에서 보기에는 허름해 보이는 아파트였지만 내부는 깨

끗하고 깔끔하게 정돈되어 있었다. 탈북여성 배혜정(가명, 35세, 함북 회령) 씨와 딸(18세)은 하루 종일 집에서 생활한다.

모녀는 한국인 선교사가 설치해 준 인터넷과 위성 티브이를 보면서 시간을 보낸다. 주로 한국 목사가 하는 설교를 듣는다고 했다. 배 씨 딸은 티브이 리모컨을 만지작거리며 말했다.

"목사님 설교 들으면 마음이 안정될 때도 있지만 갈피를 못 잡겠어요. 하나님만 믿고 기도하면 모든 게 풀린다고 말씀하시는데 우리 가족 문제는 풀릴 기미가 안 보여요."

다른 탈북자들보다 성경공부를 열심히 하고 기도를 많이 했지만 한국 가는 길이 늦어진다고, 성경공부 하지 않는 사람들이 한국에는 먼저 간다며 투덜거렸다. 한국에 있는 청소년들과 별반 다를 게 없어 보였다. 사춘기에 접어든 나이라 예민해져 있다고 옆에 있던 어머니 배 씨가 말했다. 한국 텔레비전에서 가수들 노래 부르는 것만 나오면 몸을 움직이고 좋아한다며 딸을 끌어안았다. 한국 가수 누구를 좋아하냐고 물었더니 내가 알지도 듣지도 못한 한국 가수와 노래 제목을 술술 말했다. 노래 상식이 부족한 나는 더 이상 대화를 이어 갈 수 없었다.

딸은 한국 친구들과 이메일을 주고받고 메신저로 대화도 한다며 배 씨 가슴에 얼굴을 부비면서 "한국에는 언제 가는 거야"라고 졸라 댔다. 매일 한국 텔레비전을 보며 인터넷으로 탈북자 소식을 접하는 딸을 통해 한국 소식을 듣는다며 배 씨는 빙긋 웃었다.

딸은 텔레비전 밑에 있는 서랍장에서 사진첩을 꺼냈다. 사진첩에는 연길에서 살 때 찍었다는 사진들이 가득했다. 대부분 교회 안에서 찍은 사진들이었다. 여름성경학교 때 한국인들과 함께 백두산에 올라간 일이 제일 기억난다고 했다. 함께 찍은 사람들 속에서 한 탈북자 친구를 손가락으로 짚었다. 작년 말 한국에 간 뒤 연락이 한 번 왔지만 지금은 연락이 끊겼다고 한다. 중국에 있는 자신이 혹시라도 북조선에 송환되면 한국행을 한 그 친구를 밀고할까 봐 연락하기를 꺼리기 때문이라고 한다.

"탈북자들은 의리가 없어요. 중국에서 힘들게 살 때는 그렇게까진 하지 않았는데 한국땅만 밟으면 달라져요. 국적이 바뀐다고 사람까지 달라지나. 지난달에 한국 선교사와 함께 온 탈북자 언니도 그랬어요. 우리 앞에서 조선 사람 아닌 것같이 행동하더라고요. 한국 간 지 1년도 안 됐으면서 말이에요. 같은 북조선 사람끼리 뭐가 달라요? 중국이라서 말은 못 했지만 한국에 가면 꼭 한마디해 주고 싶어요."

딸이 하는 말 속에서 부러움과 질투가 느껴졌다.

중국에 나와서 겪은 새 세상

탈북여성 배 씨는 1998년 8월, 인민반 반장에게 부탁을 받고 처음 중국에 나오게 되었다. 부탁은 단순한 심부름으로 '이산가족 찾기' 쪽지를 전달해 주는 일이었다. 한 건 해 줄 때마다 인민폐 200위안을 받았다. 그렇게 서너 차례 심부름을 해 주다가 북조선 경비병에게 발각되어 15일간 구류소에서 지내기도 했다.

구류소에서 풀려나 집에 돌아와 보니 남편은 술에 취해 누워 있고 어린 남매는 꽃제비 생활을 하고 있었다. 배급을 주지 않는다고 남편은 직장에도 나가지 않고 집에만 줄곧 있었다. 집안 생계는 배 씨 몫이었다. 조선에서는 남자들이 직장을 잃으면 집을 지키는 멍멍이라고 한다. 또 여자들이 먹여 살려야 하기 때문에 남편을 '소비 지도원'이라는 은어로 부르기도 한다.

배 씨는 서너 차례 중국을 넘나들며 안면을 익힌 조선족에게 찾아가 도움을 요청했다. 조선을 떠나지 않고 돈을 쉽게 벌 수 있는 방법은 한국에서 부탁해 오는 '이산가족 찾기' 심부름뿐이었다. 북조선 경비병들 눈을 피해 두만강을 넘나든다는 게 쉬운 일은 아니다. 더구나 한국 사람들과 접촉한다는 게 위험한 일이기도 하다. 그래도 배 씨는 어쩔 수 없이 그 일을 선택했다. 1년 반 정도 두만강을 넘나들며 목돈을 손에 쥐게 되었다. 괴뢰군 억류자(국군포로)를 빼 오면 1만 달러를 준다는 말에 솔깃해 북에 있는 심부름꾼을 시켜 일을 진행하다 보위부에 발각되었다. 배 씨는 자기가 한 일을 숨기기 위해 모아 둔 돈을 다 써 버렸다.

그 일이 있은 뒤 더 이상 이산가족 찾기 일을 하지 않기로 마음먹었다. 그런 과정 속에서 만난 사람이 조선족 강 씨다. 2000년 봄, 배 씨는 조선족 강 씨와 눈이 맞아 두만강 변경 지역을 벗어나 연길시 한 변두리 농촌 마을에 자리를 잡고 살았다. 조선족들이 살고 있는 농촌 마을이었다. 그곳에서 농사를 지으며 세상 돌아가는 물정을 알게 되었다. 배 씨 자신이 얼마나 우물 안 개구리 생활을 했는지 느낄 수 있었다. 배 씨는 강 씨와 만나게 된 사연도 풀어놓았다.

"남편과 자식을 조선에 두고 외간 남자와 산다는 것에 처음에는 양심에 가책도 받았습니다. 아이들이 이 사실을 알면 얼마나 놀랄까 고민도 했습니다. 하지만 이국땅에서 여자 혼자 의지하는 사람 없이 산다는 게 쉬운 일이 아닙니다. 나같이 사는 탈북여성들이 한둘이 아니라는 것을 알게 되었습니다. 중국에서 생활한 지 1년 만에 딸아이를 데려왔습니다. 조선에 있는 제 아버지보다 여기 의붓아버지 말을 더 잘 듣고 따릅니다."

딸아이와 함께 생활하면서 남편 혼자서 벌어 온 수입으로는 생활하기가 힘들었다. 그러던 가운데 한국인들이 자주 찾는다는 연길시 조선족 교회를 방문하게 되었다. 한국인 선교사들을 만나다 보니 교회에 가면 도움을 받을 수 있다는 것을 알게 되었기 때문이다.

"처음 한국에서 오는 선교사들은 다 한 교회 소속인 줄 알았댔습니다. 한국 교회는 무슨 종파가 그렇게 많은지 이해하기 힘듭니다. 성경말씀은 다 똑같은데 말입니다. 우리에게 지원을 해 준 교회나 선교사들이 한곳 사람들만은 아닙니다. 한 곳에서 지원해 주는 것 가지고는 생활하기 바쁩니다. 서로 모르게 지원받고 산단 말입니다."

하지만 교회에서 지원해 주는 게 예전 같지 않게 궁색하다고 했다.

교회에서는 단독으로 거주하는 탈북자들보다 조선족과 함께 사는 탈북여성들을 선호한다. 남편이 중국 사람이니 집세를 보태 주면 한곳에서 오랫동안 머물러 살기 때문이다.

한국인 선교사들은 간혹 한국이나 미국에서 손님들이 오면 그들이 지원해 주는 탈북가정에 데려온다. 선교사들이 보호하고 있다고 보여 주는 그림으로 이용되는 것이다. 외국 손님들이 오면 기도하고 사진 몇 장 찍고는 돌아갈 뿐이라고 아쉬워했다. 어렵게 산다고 주위 조선족들이 외국 손님들을 데려오는 경우도 있다. 그럴 때는 외국 손님들이 돈을 주고 가는데 그 돈의 20퍼센트를 소개자에게 준다. 배 씨는 그렇게 5년 동안 일하지 않고 중국에서 살아가는 방법을 터득했다.

요즈음에 한국인 선교사들을 만나면 북으로 가겠다고 하면 도움을 주지만 한국에 가겠다고 하면 인색하다고 했다. 한국으로 들어가는 탈북자들이 많아졌기 때문이다. 선교사들도 외국에서 손님이 오면 자신들이 관리하고 있는 탈북자가 있다는 걸 보여 주기 위해서라도 탈북자들이 필요한 처지라고 꼬집었다. 탈북자들에게 성경공부 열심히 가르쳐 주고 보살펴 주었는데 어느 날 갑자기 한국으로 가 버리면 선교사로서는 일한 보람이 없을 것 아니냐는 얘기였다.

옆에 앉아 지켜보던 강 씨가 말문을 열었다. 탈북자가 어떻게든 교회를 이용해 살아가는 방법은 있지만 영구적인 것은 못 된다고 말했다.

"우리도 두 교회 선교사들을 통해 지원받습니다. 서로를 몰라서 그렇지 두 군데라는 걸 알면 도와주지 않습니다. 하지만 그들도 우리를 이용하기는 마찬가지 아닙니까. 서로에게 피해를 주지 않고, 좋은 일 하는 데 대상이 되어 주고 산다는 게 나쁜 일이라고 생각하지 않습니다"라고 했다.

배 씨는 강 씨를 만나면서 가정의 행복이라는 것을 알게 되었다. 조선에서는 남편이 하늘이라고 생각했지만 중국에 와서 보니 하늘이 아니었다. 중국인들이 부인을 도와주고 배려해 주는 것에 감명을 받았다. 조선에서는 그런 것을 느껴 보지 못했기 때문이다.

배 씨가 한국 간다는 말에 강 씨는 친척들에게 돈을 빌려서 자금을 마련해 주었다. 한국행을 시도하다 조선에 붙잡혀 나가면 조선으로 돈을 보내 배 씨를 구해 주었다. 그 대가로 강 씨는 빚을 지게 되었다. 배 씨가 강 씨에게 "은혜를 갚을 길이 없다"고 말하자, 강 씨는 배 씨를 사랑하기 때문이라며 싱긋 웃었다.

집 주고 돈 주는데 한국 안 갈 이유 없어

강 씨는 배 씨 별명이 '게거품'이라며 대화 분위기를 바꾸었다. 평소 심장병을 앓고 있는 배 씨가 중국 공안에 붙잡혔을 때 몸을 떨며 게거품을 물면서 쓰러져서 공안이 모른 척하고 가 버린 경우도 있었다. 배 씨가 앓는 병 자체가 약이 될 때도 있다는 것이다. 배 씨는 중국에서 붙잡혀 나갈 때마다 구류소에서 병보석으로 풀려나왔다.

배 씨 모녀는 올해 안으로 꼭 한국으로 가야 한다고 했다. 강 씨에게만 의존하고 산다는 게 미안하다고 했다. 중국에서 계속 살려고 해도 한국 가려다 진 빚을 갚지 않으면 중국에서 살 수 없다고 한다. 배 씨가 한국에 먼저 가 집을 얻고 정착금을 받으면 그 돈을 중국으로 보내 강 씨 빚을 갚아 주겠다고 했다. 배 씨는 강 씨를 버리지 않고 국제결혼으로 초청해 한국에서 함께 사는 게 은혜를 갚는 길이라고 했다.

"조선에 있는 남편 버리고 어려울 때 만난 중국 남편까지 한국에 간 뒤 버릴 수 없단 말입니다. 내 팔자에 남편 두 명 만난 것으로 만족해야지……."

옆에 앉아 이 말을 듣던 강 씨 입가에서는 흐뭇한 미소가 흘렀다.

배 씨가 원하는 최종 정착지는 한국이다. 한국 바람이 가슴속까지 불어와 중국에서 살아도 배 씨 마음은 한국에 가 있다. 일을 해도 손에 잡히지 않는다고 했다.

"중국생활 맛을 보고 한국 바람이 불면 조선에 들어가 살기 싫단 말입니다. 중국에서 북으로 붙잡혀 나가도 수단과 방법을 가리지 않고 다시 탈북한단 말입니다. 한국에서 집 주고 돈 주는데 누가 한국 가는 것을 망설이겠습니까. 우리가 중국에서 평생 벌어도 만질 수 없는 돈을 한국 가면 쥘 수 있단 말입니다."

배 씨는 탈북자 인권이고 북조선 민주화고 아무런 관심이 없다고 잘라 말했다. 오직 잘살고자 하는 것뿐이라고 했다. 배 씨는 자신이 이산가족 찾기 심부름꾼을 하다가 탈북자가 되었지만 세상은 변한다고 자신 있게 말했다. 세월이 흐르면 옛일은 묻히는 게 인간사라고 했다.

"나는 한국에 꼭 갈 겁니다. 조선에 붙잡혀 나가도 돈만 주면 풀려나올 수 있단 말입니다. 한국 가는 길만 보이면 또 움직일 겁니다. 한국 가는 날까지 말입니다."

한국 거쳐 더 잘사는 일본으로 가겠다

한국에 가려면 어쩔 수 없다

중국 연변조선족자치주 연길시 우시장거리 신라원 앞에서 점심 식사를 함께 하기로 약속한 탈북자 부부를 만났다. 나와 만난 건 이번이 다섯 번째다. 만나자마자 그들은 "기자 선생, 날씨도 추운데 찜질방이나 갑시다"라며 몸을 움츠렸다.

찜질방은 뜨거웠다. 온도가 60도다. 모두 하얀 옷으로 갈아입고 있었다. 발목에 번호표를 끼고 제각각 멍석 위에 누웠다. 끼리끼리 누워 소곤거리고 있었다. 아무도 다른 사람들 말에 귀 기울이거나 엿듣지 않았다.

탈북여성 류옥희(가명, 35세, 함북 청진) 씨는 온몸이 쑤신다며 땀을 흘렸다. 그리고 10여 분이 지나자 뜨겁다고 일어났다. 한 시간 간격으로 에어로빅 강사가 나와 손님들을 위해 10분 정도 에어로빅 체조를 가르친다. 한국 노랫소리가 귀를 찢는다. 정수라의 '아, 대한민국'이다. 더 이상 누워 있을 수 없어 2층 휴게실로 올라갔다.

탈북여성 류옥희 씨와 이승헌(가명, 42세, 황남 해주) 씨는 동거생활을 한다. 서로들 힘든 처지에서 만나 의지하며 살고 있다. 중국에서 함께 생활하지만 평생을 함께 살지는 모르는 일이라고 했다. 둘은 저마다 자식이 있다. 아이들은 조선과 중국에 각각 살고 있다. 그들이 갖고 있는 희망은 한국행이었다. 상처가 많아서일까, 이야기를 하는 동안에도 둘은 티격태격 싸웠다.

"야, 이 나그네. 목소리 좀 작게 하란돼 어째 이리 떠듭니까."

류 씨는 조선 사투리를 들킬까 조심하면서 주위 사람들 눈치를 살폈다. 휴게실에는 모두가 똑같은 하얀 옷을 입고 많은 사람들이 쉬고 있었지만 평상시 말과 행동을 얼마나 조심스럽게 하는지 엿볼 수 있었다.

이 씨는 중국생활이 10년째가 넘었다고 했다. 중국말도 능통하고 연변에 아는 사람도 많다고 했다. 중국 호구와 조교(조선국적 중국 동포) 신분증도 보여 주었다. 최근 1년 사이에 이 씨가 도와줘서 한국으로 간 탈북자가 세 명이라고 했다. 한국행을 알선하는 브로커 조직과 브로커들도 알고 있었다.

"조선에 사람 내보내는 것이나 한국으로 사람 보내는 일을 내 친동생 동미(친구)들이 하고 있단 말입니다. 노실하게 말해서 내 동생도 브로커지."

이 씨는 갑자기 울리는 핸드폰 소리에 말을 멈췄다. 브로커에게서 걸려온 전화라며 눈을 깜박거렸다. 류 씨는 옆에서 전화 통화 내용에 귀를 기울였다. 이 씨는 "베트남 국경선을 넘어 태국 주재 한국 대사관으로 갈지 모른다"고 말했다. 류 씨는 눈을 크게 뜨며 조심스럽게 물었다.

"단독으로 가는 겁니까, 조직을 꾸려서 가는 겁니까. 아니면 한국 사회 단체나 종교단체가 한답니까. 들은 대로 알려 달란 말입니다."

류 씨가 꼬치꼬치 캐물었다. 이 씨가 귀찮은 표정을 지었다. 류 씨는 얼마 전 한국 사회단체에서 꾸린 조직을 통해 한국행을 시도하다 실패한 경험이 있다. 구사일생으로 빠져나와 연길에 다시 오게 되었다. 처음부터 조직 형태를 알았으면 참가하지 않았을 것이라고 한숨을 내쉬었다.

사회단체에서 꾸린 조직은 돈이 조금 덜 들지만 실패한 일이 많다고 했다. 한국인들이 중심이 된 조직 선은 숫자가 많고 위험부담도 크다고 했다. 돈이 들어가더라도 개인적인 브로커 조직과 연결해 소수로 움직이는 선을 택해야 안전하다고 했다.

이 씨는 아무 선이나 가면 되지, 말이 많다면서 투덜거렸다.

"이 안까이, 선을 놔 주면 시키는 대로 하란 말이야. 어째 따지는 게 그렇게 많아. 관둬 버릴까 보다, 씨팔."

이 씨는 혀를 차며 담배를 피웠다. 그러곤 피주(맥주)를 마시자며 류 씨 말을 끊었다. 우리는 식당으로 자리를 옮겼다. 식당에는 사람들이 없어 조용했다. 벽면 모서리 끝에 앉았다.

주거니 받거니 꽤 많은 생맥주를 마셨다. 이 씨는 중국에 나온 지 10년이 넘어 한국에서 탈북자로 인정해 주지 않는다고 화를 냈다. 1년 전 중국 여권으로 한국에 다녀간 적이 있었다. 류 씨를 한국에 보낸 뒤 결혼 수속 초청장을 보내 주면 한국에 가기로 약속했다면서도 류 씨가 배신하지 않을까 불안해했다.

"내 한국 가 보니까 참 좋습디다. 이 안까이 한국 보내면 모른 체할 수 있단 말이야. 나는 좋은 일 해 주고 이용만 당해. 미국에서 탈북자 받아 준다는데 그쪽으로라도 가 버릴까."

이 씨는 술에 취한 듯 혀 꼬부라진 말을 했다. 류 씨가 허튼소리 한다며 먼저 자라고 하자 이 씨가 일어섰다. 식당은 술을 먹는 사람들로 붐비기 시작했다. 이 씨가 잠이 든 사이 많은 이야기를 나누었다. 류 씨는 중국에 와 성매매도 했다고 털어놓았다.

"중국에 와 살자니 여자가 할 수 있는 게 뭐겠습니까. 그것도 공안이 온 다 하면 이리저리 숨고 지치는데. 하는 수 없이 농촌으로 시집갔단 말입 니다. 애가 지금 세 살이에요. 조선에도 남매가 있지요. 중국 애는 지 애 비 있고 할매 있어 괜찮단 말입니다."

류 씨는 끝내 눈물을 흘렸다. 이 씨와 함께 생활하는 것 또한 어쩔 수 없 는 일이라고 가슴을 두드렸다.

"내 한국 갈려면 어쩌겠습니까. 저 남자 말 잘 듣고 있다가 가야 한단 말 입니다. 중국 남편도 내가 한국 가서 초청해 준다고 해 저 남자와 동거 하는 것을 이해받았단 말입니다. 저 남자와 몇 개월 동거하다 한국 간 탈북자가 두 명이나 됩니다. 저 나그네 한국 선을 까는 동미들이 많단 말입니다. 그래서 꽉 잡겠단 말입니다."

류 씨의 구구절절한 사연을 들으며 가슴이 답답했다.

술을 마시다 꾸벅꾸벅 졸음을 이기지 못해 휴게실로 가 깊은 잠에 빠 졌다.

진짜 브로커는 인권을 팔지 않는다

다음 날 오전 9시. 류 씨는 이 씨와 내 코고는 소리에 잠을 자지 못하고 뜬눈으로 밤을 샜다고 했다. 이 씨는 핸드폰 벨소리에 깨어나 휴게실 복도로 나가 전화를 받고 돌아왔다. 밖에 나가 브로커를 데려오겠다며 쏜살같이 1층으로 내려갔다.

류 씨는 모르는 사람들 여럿 속에 끼어 혼자서는 절대 움직이지 않겠다며 몸을 떨었다. "많은 사람이 움직이다 붙잡히면 탈북자들에게는 비밀이 없단 말입니다. 저 살기 위해서 옆 사람 물어 먹는 게 조선 사람들 심보"라며 "한두 명이서 움직이는 것이 가장 안전하다"고 했다.

한 시간 뒤, 이 씨는 브로커와 함께 휴게실로 왔다. 브로커는 류 씨 얼굴을 보며 나이를 물었다. 내일부터 일을 진행할 수 있다면서 당사자를 만나기 위해서 왔다고 했다. 30대 후반쯤 되어 보였다. 평범한 인상이었다. 최 씨라고 했다. 나를 경계하지 않고 자연스럽게 이야기를 주고받았다. 이 씨는 브로커 최 씨와 나눈 이야기를 류 씨에게 알려 주었다.

"난닝에 가면 베트남 쪽에서 사람이 나온단 말이. 그쪽에서 인도해서 안전하게 안내해 준다고. 그렇게 태국까지 무사히 도착했단 소식 오면 여기 최 선생한테 3만 위안 주니까 일없다고."

류 씨는 믿기지 않는 듯 고민스러워했다. 브로커 최 씨는 중국인 신분증을 만들어 떠나기 때문에 말을 못해도 문제없다고 했다. 이 씨를 잘 알고 지내기 때문에 만나러 왔다며 다른 사람들이 부탁한 탈북자들은 만나 주지 않는다고 류 씨를 달랬다. 안내자들은 현지에 사는 중국 출신 화교들이라고 했다. 그리고 한 달 전 한국에 보낸 한 탈북여성에 대해 이야기를 했다. 대련공항에서 다섯 명을 한국으로 보내려다 혼자만 붙잡혀 북으로 강제송환되었지만 두 달 만에 풀려나 얼마 전 무사히 한국으로 보냈다며 류 씨를 안심시켰다.

나는 브로커 최 씨에게 한국으로 가는 방법과 금액을 물었다. 신분증을 만들어 중국보다 못사는 나라를 통해 비행기로 가는 길은 인민폐 4만 5천 위안, 한국으로 곧바로 가는 길은 7만 5천 위안이라고 했다. 최 씨는 한국 민간단체나 종교단체와 연결되지 않은 전문적인 알선조직이고 모집책이라고 했다. 한국 민간단체에서 탈북자들을 데려가는 것을 보면 어설프기 짝이 없다면서 웃었다. 최 씨는 한국 선교단체에서 부탁을 해 오지만 함께할 사람들이 못 된다고 잘라 말했다.

"사람 장사 아닙니까. 위험한 일은 조용히 소리 없이 해야 합니다. 일이 끝나면 흔적을 남기지 말아야 합니다. 한국 사람들은 왜 설칩니까. 비디오 찍고 기자회견하고……. 이해할 수 없습니다. 돈 받고 하는 일, 안전하게 해야지 왜 문제를 더 복잡하게 하는지 모르겠어요."

일은 은밀히 진행해야 실수를 해도 조용히 빼낼 수 있어 다른 사람들에게 피해를 주지 않는다고 했다. 브로커 최 씨는 2년 전까지 한국인 선교사와 함께 몽골 국경으로 탈북자들을 넘기는 일을 했다. 그러나 한국인 선교사가 어설프게 행동하는 것을 보고 절교했다. 위험한 일을 사서 한다는 생각이 들었기 때문이다. 최 씨가 한국인 선교사와 함께하지 않는 이유를 밝혔다.

"한국 사람들은 붙잡히면 인권운동 했다고 댄스에 나오고 유명해지던데, 우리는 그 사람들 그렇게 안 봐요. 어쨌든 탈북자들에게 돈 받으면서 장사하는 거지, 그게 인권운동인가요. 그 작은 나라에 탈북자 돕는다는 인권운동가가 많아요. 한국식으로 표현하면 연변 조선족들은 대부분 인권운동가가 될 겁니다."

최 씨는 한국 사회에서 탈북자 문제를 떠들지 않아야 브로커들이 더 안전하게 잘할 수 있다며 고개를 흔들었다. 돈을 받는 브로커가 지켜야 할 수칙은 "안전하게 끝마치고 꼬리를 숨기는 것"이라고 강조했다.

브로커 최 씨가 떠난 뒤, 나는 피곤한 몸을 가누지 못해 또다시 잠을 잤다. 시간이 흘러 하루가 훌쩍 지났다. 휴게실 벽에 걸린 벽시계를 보았다. 오후 4시 30분이었다. 찜질방에 들어온 지 28시간이 지난 것이다. 휴게실 모퉁이에 달린 창문을 열었다. 찬바람이 얼굴을 스쳤다. 중국은 한국보다 한 시간이 늦다. 해는 지고 어둠이 깔리기 시작했다. 바지 주머니에서 핸드폰 진동이 울렸다. 한 탈북자에게 온 전화였다.

"지금 어딥니까?"

"찜질방."

"야, 팔자 좋다. 찜질방에서 뭐 합니까. 거기 있지 말고예, 한 시간 뒤에 서시장 앞에서 봅시다!"

"무슨 일 있어요?"

"일없슴다. 돈 달라고 하지 않을 테니까 꼭 나오시오."

서시장 인근 아파트에서 도배일을 하고 있다며 전화를 끊었다.

조용했던 휴게실 안은 새로 들어온 사람들 말소리로 요란했다. 오랫동안 머물러서인지 몸이 가볍지 않았다. 잠을 잤던 휴게실로 들어갔다. 이 씨는 코를 골며 곤한 잠에 빠져 있었다. 류 씨는 눈을 비비며 잠에서 깨어났다. 선잠을 잔 탓일까. 류 씨 눈이 피곤해 보였다. 내가 먼저 떠나야 된다는 말을 꺼내기 힘들었다. 식당에서 밥이나 먹자는 말로 대신했다. 류 씨는 꾸벅꾸벅 졸며 말했다.

"배고프지 않습니다. 이런 곳에서 아무 생각 없이 잠이나 실컷 자고픕니다. 기자 선생 바쁘시면 먼저 나가서 일 보십시오. 우리 땜에 시간 빼앗기지 마시고, 일 있으면 따그다(핸드폰)로 하란 말입니다."

류 씨는 날씨가 추워 오늘 밤도 이곳에서 잠을 자고 싶다고 했다. 집에는 불을 넣을 수 없어 냉기가 심하다고 했다. 나에게 오늘 밤 찜질방 값을 계산해 달라며 미안한 표정을 지었다.

이 부부가 탈북자로 사는 법

오후 5시. 찜질방을 나왔다. 밖은 어두웠다. 한국보다 한 시간이 늦은 이곳 연길은 해도 빨리 떨어진다. 전화가 왔다. 탈북자 조 씨가 서시장에서 기다리고 있다며 빨리 오라고 재촉했다. 10분 늦게 도착했다. 조 씨는 가방을 들고 다가오며 웃었다. 조용히 할 이야기가 있다면서 사람을 밖에다 세워 놓고 늦게 왔다고 핀잔을 주었다. 그러고는 일하다 만나 친하게 지내는 탈북자 부부 이야기를 꺼냈다.

"함께 일하다 기자 선생 얘기를 했지. 그래 만나 보고 싶다 해서 전화했단 말입니다. 그 언니 머리가 총명하단 말입니다. 한국 갈려고 준비하고 있습니다. 한국 사람들 하도 만나서 두려워하지 않습니다."

그러면서 만나면 그 부부가 도와 달라고 부탁할 것이라며 알고 만나라고 귀띔해 주었다. 인근 다방에서 나를 기다린다면서 그곳으로 안내했다. 조 씨는 자기 체면을 봐서라도 만나 달라는 부탁과 함께 돈은 뜯기지 말라는 언질도 했다.

다방에 들어섰다. 부부는 40대 초반이었다. 부인은 머리 스타일이나 옷 입은 맵시가 세련되어 보였다. 남편 또한 건강한 체구에 신사복을 입고 있었다. 탈북자라 믿어지지 않을 정도였다. 부부는 내가 질문할 내용과 답을 알고 있는 듯 먼저 말을 꺼냈다.

그들은 "궁금한 것 있으면 물어보세요. 탈북자들 생활도 좋고 조선 정세도 괜찮아요"라고 운을 뗀 뒤 30분 동안 쉴 새 없이 말을 했다. 나는 한 마디도 묻지 않았다.

부부는 연길 노무시장에 나가 새로 지은 집에 페인트칠을 하거나 집수리를 하며 생활한다고 했다. 연길에 사는 사촌에게 도움을 받아 중국에서 기반을 잡았다고 한다. 그들은 1999년에 탈북했다. 그러나 연길 노무시장 사람들조차 부부가 탈북자인지 모른다.

그들 고향은 김책시라고 했다. 고향에서 생활 형편은 좋은 편이었다. 일본에 사는 친척 도움으로 큰 집에서 살아 남들이 부러워했다. 아는 사람도 많고 생활하기에는 편했다. 그러나 북조선 내부에 '돈 바람'이 불기 시작해 한국에 있는 이산가족과 북조선에 있는 이산가족을 연결시켜 주는 일을 하다 적발되었다. 당시 보위부에 근무한 동무로부터 곧 붙잡힐 것이라는 정보를 듣고 탈북하게 되었다.

그들은 노무시장에서 일해 제법 돈을 벌었다고 했다. 그러나 친척이 배가 아파 주위 사람들에게 탈북자라고 소문을 내버려 더 이상 일을 할 수 없게 되었다. 남편은 일을 못해서인지 날마다 술을 마신다. 부인은 힘들어 했다. 일을 하지 않고 생활한 지 석 달째다. 그래서 부부는 한국행을 결정했다. 부인의 친오빠가 1년 전 몽골을 통해 한국에 입국해 경기도에서 살고 있다고 했다. 그녀는 오빠가 간 노정을 통해 한국으로 가겠다고 말했다. 그들은 한국에 입국해 정착하는 과정이나, 한국 내 탈북자들이 어떻게 생활하는지를 훤히 알고 있었다.

함께 탈북했던 딸아이를 집에 두고 일을 할 수 없어 조선에 있는 친척 집으로 보냈다. 한국행 또한 안전을 확신하지 못해 부부가 먼저 한국에 간 뒤 정착금을 받아 안전하게 데려오겠다고 했다. 부인은 나에게 부탁이 있다고 했다. 두만강변에 나와 있는 딸과 통화를 자주 하는데 핸드폰 비용이 떨어졌다며 좀 도와 달라는 거였다. 나는 인민폐 500위안을 주고 자리에서 일어났다. 남편은 신세를 꼭 갚겠다며 손을 내밀어 악수를 했다.

그런데 부부는 "기자 선생, 오늘 밤 긴밀히 할 얘기가 있습니다"라며 시간을 함께 보내자고 사정하며 뒤를 따라왔다. 내가 머무는 숙소로 갔다. 호텔에서 밥을 시켜 먹었다. 남편은 냉장고 문을 열고 술을 꺼내며 마셔도 괜찮은지 물었다. 처음 한두 잔 마시던 술이 나중에는 그 양이 꽤 많아졌다. 남편은 핸드폰을 꺼내 만지작거렸다. 손목시계를 보며 조선에서 전화가 올 시간이라며 더 기다려 보겠다고 했다.

밤 11시, 전화가 왔다. 함북 회령이라고 했다. 두만강을 사이에 둔 국경지역이다. 탈북자들이 도강하기 위해 모여든 곳이라 이들을 은밀하게 재위 주는 집들이 많다고 했다. 딸과 전화 통화를 한다. 딸아이 목소리도 가느다랗게 들려왔다.

"○○아, 아버지다. 니 으쩨 고모 말 잘 듣고 있제. 아부지가 지난번에 돈 부쳐 준 것 얼마 받았나?"

"아버지."

"○○아, 내 말 깊이 새겨들어라! 고모 말 잘 듣고 집에 가 있어. 아부지 저 아래쪽 동네(한국) 간다. 거기 가서 자리 잡고, 너 꼭 데리러 올게. 걱정 마라."

아이가 흐느끼는 울음소리가 들렸다.

"시끄럽다. 울지 말라, 응."

옆에 앉아서 지켜보던 부인은 긴장된 표정으로 아이 안부부터 물었다. 눈물을 닦으며 전화를 바꿔 달라고 했다.

"○○아, 엄마다. 아버지 말 잘 들었제. 근심하지 말고 잘 있어야 한다. 내 무슨 수를 써서라도 너 데리러 올게. 앓지 말고 집에 가서 고모 말 잘 듣고 있어야 된다."

남편은 도청된다며 빨리 끊으라고 재촉했다. 부인은 말을 제대로 잇지 못하고 전화를 끊었다. 부부는 한참 동안 말없이 한숨만 내쉬었다. 그리고 한국에 도착하면 이름을 바꿔 살겠다고 했다. 북에 있는 가족들이 살아가는 데 지장을 주지 않기 위해서라고 했다.

"우리 나그네 이름은 고향에서 모르는 사람 없습니다. 내 아는 탈북자도 북에서 일 치고 중국에 넘어와서 한국에 갔단 말입니다. 중국에 있을 때 불안해했습니다. 조선에 잡혀 나가면 감옥에 가야 하니까, 한국에 가서 이름도 바꾸고 국적도 새로 발급받아 가지고 중국에 와서 만난 적이 있습니다. 처음에는 별나게 생각했는데 제가 직접 한국에 가고자 맘먹으니까 그게 좋은 방법인 것 같단 말입니다."

그들은 한국에서 2년 정도 머물다 친척이 있는 일본으로 건너가겠다고 했다. 일본은 한국보다 잘살고 돈을 더 모을 수 있다는 것이다.

"한국에 가는 탈북자들이 많아지니까 한국 정부에서 정착금도 줄이고 생활보조금도 줄였다고 합디다. 2년 정도 머물러 보다 돈 벌기 힘들 것 같으면 친척이 있는 일본으로 또 갈 겁니다."

남편은 벽에 기대어 담배를 피웠다. 부인은 눈물을 글썽이며 나에게 부탁할 말이 있다고 했다. 그녀는 한참을 머뭇거리다 입을 열었다.

"한국 도착하면 갚아 줄게요. 중국 돈 3만 위안만 빌려 달란 말입니다. 각서도 써 줄게요."

나 역시 한참을 머뭇거렸다. 그리고는 "미안하다"고 정중히 거절했다. 대신 지갑에 있는 300달러를 꺼내 부인에게 건네주었다. 지켜보던 남편은 버럭 화를 냈다.

"받지 마. 슬픈 얘기 다 해 주니깐 우리를 깔보는 거야. 그딴 도움은 안 받아도 돼. 이제까지 우리 삶을 다 얘기해 주고 보여 주었는데, 당신 그렇게 살지 말란 말이야. 연길 바닥에 내 친한 쌀개(깡패)들 많아!"

부인은 남편을 말리며 조용히 하라고 화를 냈다. 나는 아무 말도 하지 못했다. 한참 뒤 부부는 300달러를 들고 "미안하게 됐다"며 호텔을 떠났다. 그날 밤 나는 잠을 이루지 못했다. 무엇을 위해 탈북자를 취재하고 있는 것인지 나 자신에게 물었다. 그러나 그 해답을 얻지 못했다.

한국에서 돈 벌어 다시 조선 가면 돼

조국을 버리지 않고 돌아오면 기쁜 일

2013년 9월, 중국 연길시 국자가에 있는 체신호텔 507호로 탈북자 젊은 부부가 찾아왔다. 지난 4년간 30여 차례 만난 30대 중반 부부다. 나와는 허물없이 터놓고 얘기하는 사이다.

한국에 가겠다며 나에게 아는 선이 있으면 알아봐 달라고 부탁했다.

"일이 손에 잡히지 않아 일하고 싶은 생각이 없습니다. 여기서 일해 봐야 뭐 하나, 한국 가면 집 주고 돈 준다는데. 돈 벌어서 중국에 다시 나오면 되지 않습니까. 한국 정부에서 이름도 나이도 고쳐 주고 신분도 공개하지 않는다고 들었습니다."

남편은 한국에서 돈 벌어 중국으로 나와 다시 북한으로 들어가겠다고 했다. 이유는 간단했다. 한국에 가면 이름도 나이도 세탁할 수 있어 조용히 중국으로 나오면 아무도 알 수 없다고 했다. 부인도 옆에서 같은 입장을 말했다.

"단속해서 잡히면 셋집 주인도 숨겨 주었다고 벌금을 내야 한단 말입니다. 불안하게 살기 싫단 말입니다. 탈북자들이 한국에 들어가면, 저 사람들은 다 들어가는 데 나는 왜 못 가는가 화가 납니다."

부부는 한국에 가서 돈 벌고 싶다고 했다. 중국에서 일한 만큼만 하면 한국에 가서 살 수 있겠다고 자신했다. 부부는 한국에 가겠다는 뜻을 같이했다.

부인은 일을 하지만 남편은 하는 일 없이 술 마시고 놀기 좋아해 자주 다툰다고 했다. 예전에 보던 모습과는 달랐다. 나는 밖으로 나가 맥주나 한잔하자고 일어섰다.

부부는 자기 어머니가 집에 와 있다고 했다. 머리가 빨갛게 물들었다고 농담을 했다. 북한에서 처음 나왔다고 했다. 어머니는 추석날 전까지는 다시 북한으로 들어갈 것이라고 했다. 만나 보고 싶으면 집으로 찾아오라고 했다. 나는 알았다고 말은 하고는 약속 시간을 따로 정하지 않았다.

다음 날, 한밤중에 무턱대고 부부가 살고 있는 연길시 우시장거리 셋집으로 찾아갔다. 나는 평상시와 마찬가지로 카메라를 들었다. 부부는 한국 드라마를 보며 저녁밥을 먹고 상을 치우고 있었다. 가족도 두 명 늘었다. 여섯 살 난 어린 딸과 어머니가 있었다.

부인은 자기 친정어머니라며 소개해 주었다. 한국 기자라고 말하자 어머니 표정이 굳었다. 부인은 태연하게 말했다. "이분은 우리 어머니, 빨간 물이 가득합니다. 이 사람은 남조선 기자입니다"라고 소개하면서 키득키득 웃었다. 어머니와는 처음 만난 거지만 딸과 잘 아는 사람이란 걸 알고 있어서인지 편안하게 대화할 수 있었다. 어머니가 먼저 말을 꺼냈다.

"나는 눈을 뜨면 장마당에 나간단 말입니다. 비가 오나 눈이 오나 바람이 부나 장마딩에 나갑니다. 이렇게 놀아 보긴 처음입니다. 내가 오지 말아야 할 곳에 와 가지고 큰 죄를 졌단 말입니다."

추석날이 가까워지자 고향 생각이 더 난다고 했다. 명절마다 회령시 오산덕에 올라가 두 조로 나누어 논다고 했다. 조선으로 하루빨리 나가야 한다고 했다.

"함께 놀던 사람들이 있기 때문에 무조건 나가야 합니다. 죽어도 내 조선에 나가야 된다 말입니다."

어머니는 36년 만에 중국에 사는 시부모를 만나러 중국에 나온 거라 했다. 중국이 잘 먹고 잘살아도 중국에서 살고 싶은 생각은 없다.

"죽어도 자기 조국 버리고 여기에 와서 산다는 건 도저히 이해할 수 없다"며 "인간은 죽어도 자기 조국에 나가서 죽어야 된다"고 강조했다.

딸과 사위가 중국에 나와 사는 걸 어떻게 생각하는지 물었다.

"우둔하니까 내 말을 듣지 않는단 말입니다. 어머니가 말하면 뉘우치고, '죽어도 살아도 내 조국에 나가겠다' 이런 각오가 있어야 하는데 이런 게 없으니까 나도 가슴이 아프고 끝이 없습니다."

딸과 사위는 한국에 가려고 결심했다. 어머니는 절대로 한국에 가면 안 된다고 설득했다. 어머니는 나에게 하소연했다.

"사람이 되먹지 못했단 말입니다. 사람이라면 되먹어야 되는데 아무리 교양해도 아니 됩니다"며 한숨을 쉬었다.

딸은 중국에 살면서 열 번을 두만강을 건너다녔다. 두 번은 중국에서 붙잡혀 강제송환된 적도 있다. 한국 선교사들과 탈북 브로커들을 만나면서 생각이 변했다. 어머니는 딸과 사위가 중국에 사는 것이나 한국에 가는 것에 반대했다. 중국에서 잘산다고 해도 마음에 들지 않는다. 한국에 가는 건 더욱 반대한다고 했다.

"일주일 동안 함께 지내 보니, 야, 기가 딱 막힙니다. 남의 나라에 와서 이거 뭡니까. 발을 가두고 살고, 아무리 잘 먹고산다 해도 도저히 이해할 수 없습니다"며 혀를 찼다. 그러면서 조심스럽게 자신의 마음을 전했다.

"그러지 말고 어찌 하나 조선에 돌아오라. 조선이 일시 난관이 있다 해도 너희가 여기 살면 어떡하나. 조선에 들어오라. 조국을 버리고 여기서 이렇게 산다는 것은 이해할 수 없는 일이다. 어느 때나 발을 가두고 살면 안 된다. 못 먹고 죽을 먹어도 내 나라에 와서 먹고살아야 된다."

조선에서 사는 건 영광이지

어머니는 가족 가운데 노동당 당원이 있다는 것을 명예롭게 생각하고 있었다. 조선에서 태어나 산다는 게 영광으로 생각한다고 했다. 회령땅에서 태어나 살면서 '김정숙 어머니' 고향에 산다는 자부심을 갖고 있었다.

항일무장투쟁 시기에 나라를 찾고자 백두밀영 속에서 한 홉의 미숫가루를 먹고 투쟁했기 때문에 나라를 찾아 오늘날까지 살고 있다고 했다. 그래서 자신은 부모 자식보다 수령님과 김정숙 어머니를 존경한다고 했다.

"어머니 배 밖으로 태어나 조선에서 사는 거 영광으로 알아야지"라며 선전하듯이 또랑또랑 말했다.

"남편이나 자식들은 나를 먹여 살려 줄 수도 없습니다. 나를 낳아 준 어머님은 몸뚱이만 세상 밖에 낳았지, 이때까지 먹여 주고 내 가족을 키워 주고 입혀 주고 교육시켜 준 건 오직 우리 수령님, 장군님, 김정숙 어머님이란 말입니다."

어머니는 계속 말을 이어 갔다. "자신의 살점은 뚝뚝 뜯어서 매달아 놓고 죽을 수 있어도 사상은 변하지 않는다"고 했다.

"내가 가장 존경하는 사람은 수령님, 김정숙 어머님, 장군님"이라고도 했다. 딸은 피식 웃었다. 어머니가 하는 말이 지겹게 들린 것일까 하품도 했다. 기지개를 하며 피곤한 기색이다. 방바닥에 다리를 펴고 누웠다.

어머니는 "야! 이야기하고 있는데 그러지 마라. 어른이 말하는데 버릇없이 사람 앞에 누워서!"라며 야단을 쳤다. 어머니는 딸과 사위가 진지하게 듣기를 바랐다. 하지만 딸은 시종일관 딴지를 걸고, 사위는 텔레비전 리모컨을 만지작거리며 듣지 않았다.

나는 "말을 듣지 않는 딸 때문에 고생이 많았겠다"고 했다. 어머니는 손사래를 쳤다. 학습을 열심히 하지 않기 때문에 이런 날이 생긴 거라고 했다. 긴 한숨을 쉬며 말했다.

"학습을 자기 가슴 깊이 했으면 이런 날이 없었겠는데, 머리 관계란 말입니다. 학습하든 안 하든 자기 머리 관계지."

말을 하다가 딸이 끼어들고 화내면 어머니는 말을 멈추고 나를 보았다. 의견이 다르고 화가 나도 자식 안 좋은 모습을 남에게 보여 주지는 않으려고 꾹 참는 게 보였다. 자식이 결정한 일을 수긍할 수는 없지만 어느 정도 단념한 듯했다. 자식 눈치를 보고 있는 어머니를 보고 있자니 젊은 시절 내 어머니나 꼭 같아 보였다. 나도 부모님 속을 썩이고 하고 싶은 대로 하고 살았다.

다시 보지 못할 것 같아 가난해도 함께 살자는 어머니, 다시 보는 일은 이다음 일이라는 딸. 누구의 판단이 옳은 걸까. 지켜보는 나도 답답했다.

"딸이 한국으로 떠나면 못 보잖아요."

어머니가 단념하듯이 내게 말을 던지자 딸이 대꾸했다.

"못 보면 못 보고. 죽겠으면 죽고 할 수 없지. 하지 말라는 일을 하면 관계없다고……. 내사 엄마가 하지 말라는 일은 악을 쓰고 했지."

"사위나 딸이 우둔해서 도깨비처럼 놀아 야단이야. 야들이 어리기 때문에 죽어도 살아도 내 땅에서 묻혀 죽어야 된다는 각오가 있어야 되는데, 없다."

어머니는 안타까워했다. "그저 어쨌든지 중국에서 이렇게 있지 말고 조선으로 나와라" 하고 누워 있는 딸한테 부탁했다. 딸은 몸을 비틀며 한마디 던졌다.

"한국이나 조선이나 매한가지지."

어머니는 깜짝 놀랐다. 화내려다 멈추고 타이르듯이 입을 열었다. "야! 그러지 마라. 우둔하기 끝이 없네! 더 할 말이 없다"며 한숨을 쉬었다. 딸 입에서 '한국' 말이 나올 때마다 가슴이 철렁거린다고 했다.

나는 어머니한테 "중국에서 오래 살다 보면 한국에 가고 싶은 충동을 느낄 수도 있을 거라며 생각뿐일지 모른다"고 했다. 탈북자들 가운데는 한국에 가지 않겠다고 하다가 가는 경우도 있었고, 한국에 꼭 가겠다고 하다가 조선으로 들어가는 사람들도 있었고, 그때그때 상황에 따라 마음이 바뀌는 탈북자들을 많이 만나 보았다고 했다.

어머니는 단호하게 "아니다"고 잘라 말했다.

"아무리 돈이 많이 있어도 그게 무슨 소용이 있겠습니까. 속병 앓고, 자기 나라를 버리고 잘 먹고 잘살겠다는 건 도저히 이해할 수 없습니다. 그렇게 살면 안 된단 말입니다. 후회하게 될 겁니다."

아빠 옆에 앉아 있는 여섯 살 딸아이는 할머니가 무슨 말을 하고 있는지 이해할 수 있을까. 할머니 목소리가 높아질 때마다 할머니를 힐끗 쳐다보았다. 아이는 인형을 껴안고 있었다.

"은지(가명)는 어디에 가고 싶어?"

"조선에."

"어째 조선에 가고 싶은가?"

"나쁜 놈들(중국 공안)이 찾아다니며 붙들어 가니까."

할머니가 웃었다. 은지를 다독거리며 "조선에 가서 장군님이 주시는 것 먹으면 되지"라고 말했다. 은지는 엄마 눈치를 보며 고개를 숙이고 인형만 만지작거렸다.

어머니는 "기자 선생, 우리 딸 잘 교양해서 한국에 못 가게 해 주십시오" 하고 나에게 부탁했다. 딸은 어머니 말을 못마땅해하며 끼어들었다.

"그렇다고 가던 길을 멈출 줄 알아?"

어머니는 속이 탄다고 했다. 조선에서 딸을 생각하면 눈물이 나고 속상하다고 눈물을 흘렸다. 딸이 철이 들지 않아서 막 덤벼든다고 걱정했다. 나는 딸에게 어머니가 하시는 말씀에 대해 어떻게 생각하는지 물었다. 딸은 곧바로 대답했다.

"빨간 머리하고 노란 머리는 다르지 않습니까."

어머니는 딸이 하는 말을 듣고 고개를 갸우뚱거렸다.

"다 달아나면 됩니까. 한 사람 두 사람이 뭉쳐서 전체가 되는데, 일시 난관을 극복하지 못하고 달아나면 조선은 어떻게 되겠는가 말입니다. 하나둘 다 뭉쳐서 조선을 지켜 내야지."

어머니는 한 사람만 남을 때까지라도 조선을 지켜 내야 한다고 했다.

"조선에 가면 처벌받을까 두려워서 가지 못하는 것 아닙니까."

"죄를 지었으면 죗값을 받아야지. 벌을 받는 게 아니라 교화를 받는 겁니다. 교화소에 가서 교화를 받고 나오지 감옥에 가서 처벌을 받지 않는단 말입니다."

몰래 들어오면 문제가 없다 했다. 붙잡히면 돈 벌려고 나갔지만 조국이 그리워서 다시 돌아왔다면 문제 삼지 않는다는 것이다. 딸도 두 번 붙잡혀 왔지만 처벌을 받지 않았다고 했다.

"죄를 짓고 도망가거나 한국 가려다 붙잡혀 오면 문제가 된다. 생활이 힘들어서 돌아오는 사람들을 감옥에 보내지는 않는다"고 설명했다.

딸이 일어나 더 이상 말을 하지 않았다. 어머니는 딸을 지그시 바라보다 눈을 감았다. 딸은 어머니에게 투정은 했지만, 가난하다고 부모를 탓하거나 원망하지 않았다. 어머니는 딸이 조선으로 돌아왔으면 하고 중국에서 살다가도 나오기를 바랐다.

"잘살 때는 내 조선이고, 난관이 좀 생겨 곤란하다고 조국을 버리고 달아나면, 사람이 아니 된단 말입니다. 자기 조국을 버리지 않고 들어오면 더 기쁜 일이 어디 있겠습니까."

2부

탈북자를 둘러싼

이야기

탈북의
메커니즘

한국으로 오려는 탈북자들

민간단체, 외국 언론 도움 요청

2001년, 두만강을 사이에 둔 탈북 현장은 사뭇 달라졌다. 두만강을 건너 탈출하는 탈북자들의 수는 눈에 띄게 줄었다는 게 현지인들 전언이다. 내 느낌으로도 2000년 상황과는 다르다는 것을 느낄 수 있었다. 반면 탈북해서 중국에 숨어 지내면서 한국으로 밀입국하는 탈북자 숫자는 늘고 있다.

1999년 12월, 러시아에서 국경수비대에 체포되었던 탈북자 일곱 명이 중국을 통해 북으로 송환되었는데, 그 가운데 한 명이 북한에서 재탈북해 제3국에 머물다 한국으로 입국했다는 소식이 들렸다.

또, 장길수 군 가족이 지난 2001년 6월 26일, 중국 주재 유엔난민고등판무관실(UNHCR) 사무소에 들어갔다는 소식이 전 세계 언론을 타고 소개되었다. 오랜만에 탈북자 문제가 부각되는 듯했으나 얼마 지나지 않아 세인들 관심에서 멀어졌다.

2000년 6월, 남북정상회담 이후 남북관계는 빠르게 진전되는 양상을 보였으나 탈북자 문제나 조선 동포들이 처한 상황은 별로 나아진 것이 없다는 게 전문가들 지적이다. 오히려 상황이 악화되고 있어 탈북자들이 감당해야 할 생존 게임은 더욱 치열해지고 있다. 탈북한 지 오래된 사람들은 북한으로 돌아가는 것을 포기하고 한국행을 선호하고 있다. 실제로 탈북자들이 한국으로 입국하는 숫자가 해마다 급증해 2001년 7월 말 현재, 270여 명에 달하고 있다. 하루 평균 1.3명꼴로 탈북자들이 한국으로 오고 있는 상황이다.

탈북자 문제에 있어서 국내 언론들 반응은 냉담한 편이다. 오히려 외국 언론들이 더 많은 관심을 보였다. 탈북자 문제에 외국 언론이나 민간단체가 한국보다 관심이 더 많은 것일까? 그렇지는 않다. 그렇다면 외국 언론은 어떠한 경로로 탈북자 문제를 국내 언론보다 먼저 보도하는 것일까?

탈북자들을 돕는 종교단체나 민간단체가 가진 성향을 보면 두 부류로 나눠 볼 수 있다. 한 부류는 탈북자들 인권 문제를 국제여론에 호소해 실상을 알리고 한국행을 돕는 일을 한다. 또 다른 부류는 탈북자들을 중국 또는 제3국에 정착하도록 돕거나 일정 기간 보호하다 북한으로 돌려보내는 일을 한다.

한국행을 돕는 NGO 소속 관계자는 "과거 탈북자 문제를 공론화하기 위해서 한국 정부가 '가치 있는 탈북자'만 데려왔듯이, 상징적인 탈북자들을 국제여론에 호소해 떠들게 되면 우리 정부가 그제서야 도움을 준다. 그런 점 때문에 어쩔 수 없이 외국 언론의 힘을 빌리는 게 현실"이라고 토로했다. 이 단체와 다른 견해를 가지고 3년째 중국 연변 지역에서 활동하고 있는 한 선교사는 "탈북자들을 한국으로 데려가는 것은 이해하지만 중국에 머물고 있는 다른 탈북자들도 고려했으면 좋겠다"고 말했다.

탈북자들 대부분은 조선족이 거주하는 지역(동북 3성)에 한국인들이 많이 왕래하는 곳에 있다. 가장 활발하게 움직이는 종교단체들은 여러 정파로 나뉘어져 비밀리에 활동한다. 어떤 단체에서 문제가 생겨 철수를 하면 다른 곳에서 피해를 본다.

중국 내에 남아서 활동하는 선교사들은 피난처를 옮기거나 중국당국의 감시를 피해야 하는 부담을 떠안을 수밖에 없다. 이 때문에 선교단체로부터 도움을 받는 탈북자들 또한 신변의 위협을 받는다.

이번 장길수 군 가족들의 한국행으로 대대적인 검거 조치가 이루어지는 바람에 중국에 있는 탈북자들은 피난처를 옮겨야만 했고 많은 탈북자들이 검거돼 북한으로 강제송환되었다.

수단과 방법을 가리지 않는 한국행

1999년 11월 10일, 중국을 거쳐 러시아로 들어간 탈북자 일곱 명을 러시아 국경수비대가 체포했다. 모스크바 주재 유엔난민고등판무관실은 이들을 난민으로 판정했으나, 러시아 정부는 난민으로 보지 않았다. 12월 30일, 그 탈북자 일곱 명을 러·중 국경조약에 따라 이들이 넘어온 중국으로 되돌려 보낸다며 중국 흑룡강성 밀산 변방대로 넘겼다.

2000년 1월 12일, 중국은 러시아에서 추방된 이들을 전격적으로 북한에 송환해 버렸다. 그 뒤 밀산 공안국에서는 그 일곱 명이 중국에서 머물렀던 연길 시내 은신처를 추적해 탈북자들을 붙잡아 공안국에 넘겼다.

탈북자 일곱 명을 강제송환한 것에 대해 유엔난민고등판무관실에서는 러시아와 중국 당국에 강력히 항의했다. 한국 NGO와 종교단체에서도 중국 정부와 러시아 정부에 강력히 항의하는 사태가 벌어졌다.

2001년 6월, 한 탈북자가 "자신이 러시아에서 강제추방되었던 7인 가운데 1인"이라고 밝혀 화제가 되었다. 박충일(23세) 씨가 그 주인공이다. 박 씨는 2001년 4월, 민간단체의 도움으로 동남아 국가로 가 〈뉴스위크〉지 같은 외국 언론을 통해 '북으로 송환되어 감옥에서 겪은 참상'을 알리는 기자회견을 했다. 국내 〈월간조선〉에서 입수한 박 씨의 수기는 〈조선일보〉를 통해 기사화되어 관심을 끌었다.

그러나 문제는 박충일 씨가 러시아에서 강제추방된 일곱 명과는 무관한 사람이라는 사실이었다. 박씨는 한국으로 망명하기 위해 그 일곱 명 가운데 한 사람인 '김운철(23세)' 씨로 가장했던 것이다. 박 씨를 데리고 한국에 오기까지 한국과 일본 반북 NGO 관계자가 깊숙이 개입했다. 그들은 탈북자 문제를 유럽연합(EU)에 알리기 위해 일본과 프랑스 언론에 취재를 주선해 박 씨를 전략적으로 이용했다.

2001년 7월 17일, 국정원에서 발표한 자료에 따르면, 박 씨는 1997년부터 중국을 드나들며 돈벌이를 해 왔다고 한다. 다섯 차례나 중국 당국에 체포되어 북한으로 송환된 경험이 있고, 보위부에 수감되었다가 2001년 4월에 다시 탈북했다. 탈북자 문제를 총괄하는 국정원에서조차 박 씨가 한국에 입국한 지 20여 일이 지나서야 김운철이 아니라는 것을 밝혔다. 나는 박 씨를 데려온 한·일 반북 NGO 관계자들을 만나 사정을 물었다. 그들은 "모른다"며 답을 피했다.

이에 따라, 언론을 통해 공개된 박 씨의 증언 내용은 그 신빙성에 의문이 제기될 수밖에 없게 되었다. 한국으로 데려가 준다고 하면 어떤 일이든 할 수 있다는 탈북자들의 사고방식과, 무조건적으로 한국행을 돕는 NGO에게 시사한 바가 큰 사건이라고 할 것이다.

탈북자들은 '한국행'이 최종 목적인가?

탈북자들은 북조선 체제에서 살다 나온 사람들이다. 생활총화나 상호비판이 생활화되어 있고 편하게 살기 위해서 원칙을 지키지 않는 습관들이 있다. 그것은 개인 문제라기보다는 북조선 체제가 가지는 속성이다.

중국으로 탈북한 많은 탈북자들을 만나 이야기를 하다 보면 자기 진실을 말하기보다 보고 들은 남의 얘기를 자기 체험담처럼 말하는 경우가 많다. 또, 말은 잘하지만 의심이 많다. 심리적 불안감이 많기 때문이다. 탈북자들이 진실을 얘기할 때까지는 오랜 시간과 신뢰가 필요하고 그 과정에 이르기까지는 내부적으로 마찰이 잦다.

중국 단동에서 탈북자 지원단체에서 일하는 선교사 김 모 씨를 만났다. 김 씨는 열 달 동안 탈북자 세 명과 함께 생활해 오다가 헤어졌다고 했다. 탈북자들이 한국행을 계속 고집해 더 이상 설득할 방법이 없었단다. 탈북자 두 명은 다른 탈북자 지원단체로 가고 한 명은 취직해서 돈을 벌겠다고 나갔다고 한다. 김 씨는 자신의 한계를 인정하면서도 "한국행에 도움을 주는 길만이 능사가 아니다"면서 눈물을 흘렸다.

취직하겠다고 나온 탈북자 박 모(33세) 씨는 "처음 중국에 나와 오갈 곳이 없어서 교회 사람들에게 의지했지만 하나님을 믿는 것은 아니다" 하고 잘라 말했다. 박 씨는 처음에는 안전하게 숨어 지낼 수 있어 좋았지만 시간이 지나면서 돈을 벌거나 한국으로 갈 수 있다는 희망도 없이 무작정 다른 탈북자들과 함께 은신처에 숨어 산다는 게 고통스러웠다고 심경을 토로했다.

단동을 떠나 일거리를 찾겠다는 박 씨에게 "신변의 위협을 느끼지 않느냐"고 묻자 박 씨는 탈북생활 2년 동안 동북 3성 지리는 어느 정도 파악하고 있어 괜찮을 것이라고 했다. 박 씨는 함께 탈북한 동료가 한국행에 성공해 서로 전화 연락을 주고받고 있다며, 기회가 되면 한국으로 갈 것이라고 덧붙였다. 박 씨는 지금도 한국행을 꿈꾸며 한국 돈 1,000만 원에 가까운 돈을 모으기 위해 막노동을 하고 있다.

중국에 정착하는 탈북자 많아져

탈북자들 가운데는 중국 또는 한국, 해외에 친척들이 있는 경우가 많다. 탈북을 하게 되면 그들은 여러 가지 경로를 통해 친척들과 연락을 취하고 도움을 요청하게 된다. 그러나 그 도움에는 한계가 있기 마련이고, 점차 시간이 흐르면서 스스로 살아가는 방법을 모색해야 한다.

조선족 친척 소개로 청도에서 한국인이 운영하는 중소기업에 들어가 일하는 탈북자 이 모(42세) 씨는 셋집을 얻어 부인과 함께 살고 있다. 부인은 밤에 노래방에 나가 주방일과 영업 뒤 청소를 맡아서 하고 있다. 돈도 제법 모아 중국 호구도 만들었다. 그들은 처음에는 한국으로 갈 것을 결심했지만 시간이 흐르면서 한국행 꿈은 포기했다고 한다. 까닭인즉, 북한에 남아 있는 가족들 생계가 더 중요하다는 것이다. 석 달에 한 번씩 북한에 있는 가족들과 전화 통화도 한다. 전화 통화는 중국인 장사꾼이나 화교를 통해서 한다고 일러 주었다. 이 씨 가족들은 국경 지역에 살고 있기 때문에 내륙 쪽보다는 연락을 취하기가 수월하다.

최근에는 종교단체에 맡겨 둔 아들을 데려와 중국 소학교에 입학시켰다. 이 씨는 앞으로 중국에서 살아가는 사람들이 늘어날 것이라면서, 시간만이 탈북자 문제를 해결해 줄 것이라고 단정했다. 결국 자기 생활은 자기 자신만이 책임지고 개척해 나가야 한다는 것이 이 씨 생각이었다. 종교단체나 민간단체가 도와주는 것은 한시적일 뿐 근본적인 해결 방안이 아니라는 것을 깨달은 듯했다.

연길시에 있는 한국인 집에서 가정부로 일하는 탈북자 최 모(39세) 씨는 가족 네 명이 함께 살다가 탈북생활이 장기화되면서 생활고를 이기지 못해 뿔뿔이 흩어지게 되었다. 처음에는 한국행을 목적으로 탈북했지만 여의치 않아 남편은 북한으로 다시 돌아가고 아이들 두 명은 탈북자를 지원하는 선교단체에 맡겨 두었다.

최 씨는 3년 동안 모은 돈과 중국 조선족 친척에게 빌린 돈을 가지고 한국으로 가기 위해 브로커들과 접촉하고 있다. 최 씨는 먼저 한국으로 가서 정착금을 받아 두 아이를 한국으로 데려가겠다고 했다. 한국으로 가기 위해 조선족이라 속이고 한국인 두 명과 맞선을 보았다고 털어놓았다.

중국 조선족이면서 위장결혼해서 한국인 신분으로 이중국적을 가지고 한국을 오가는 여성 이 모(50세) 씨는 북조선에 들어갈 때는 중국인 신분증을 가지고 들어간다고 한다. 이 씨는 최근 탈북한 조카를 재일교포와 결혼시키기 위해 중국인 신분증을 만들어 주었다. 결혼 수속은 일본 측 결혼 상대자가 서류를 가지고 오기 때문에 아무런 걱정이 없다고 한다. 이처럼 탈북자들이 중국인 신분증을 위조해 한국 또는 제3국으로 결혼해서 출국하는 경우가 늘어 가고 있다.

연길 시내 유흥업소에서 일하는 탈북자 김 모(35세) 씨는 중국 호구와 신분증을 샀다. 중국 여권도 발급받았다. 김 씨는 귀순하지 않고 한국에 가서 돈을 벌겠다고 한다. 귀순했다는 소식이 북조선에 알려지면 가족들이 다칠까 봐 귀순은 하지 않겠다는 뜻이었다.

2001년 2월, 탈북자 최 모(34세) 씨는 브로커를 통해 한국으로 입국하는 과정을 알아냈다. 중국에 있는 친척과 한국에 있는 친척들에게 돈을 빌리고 브로커를 통해 수속을 했다. 일주일밖에 걸리지 않았다. 최 씨는 무사히 서울에 들어와 있다.

한국행만이 살길은 아니다

지난 1990년 중반부터 시작되었던 대규모 탈북 행렬은 북한 사회의 실상을 알리기에 충분했다. 그들은 중국 공안의 눈길을 피해 생활을 하면서도 북조선으로 돌아가기를 꺼려 하고 있다. 북조선 사정이 좀처럼 나아질 기미가 보이질 않기 때문이다. 비록 도망자 처지이지만 인간답게 살 수 있다는 소박한 희망을 가지고 있다.

갖은 수모와 냉대 속에서도 그들은 정착을 꿈꾸거나 돈을 모아 북한이나 한국으로 가기를 희망하고 있다. 탈북 역사가 길어짐에 따라 그들은 중국땅에서, 이방인이 아니라 정착민으로 변해 가고 있다. 그들에게는 조선족 동포들의 도움이나 한국 민간단체들의 도움이 절실하다. 그들이 바라는 것은 몇 개의 빵보다는 인간답게 살아갈 수 있는 길을 찾는 데 도움이 되어 달라는 것이다.

또, 한국행이 지상낙원을 찾는 것이라는 환상에서 벗어나도록 노력해야 한다. 그들이 살아왔고 앞으로 살아가야 할 곳은 자신의 고향이라는 것을 잊지 않도록 해 주어야 한다. 탈북자 문제를 근본적으로 해결하기 위해서는 북한 체제의 근본적인 변화와 함께, 그들이 인간답게 살 수 있도록 보장받는 사회를 만들어 가도록 해야 한다. 이는 어느 한두 단위가 아니라 우리 모두가 노력해야 할 일이다.

탈북 경로의 유형 및 실태와 현황

-생계형 탈북에서 삶의 질 향상을 위한 탈북으로

탈북의 경로들

2001년 6월, 탈북자 장길수 군 가족이 중국주재 유엔난민고등판무관실에 진입해 한국행에 성공한 뒤로 한국행을 꿈꾸는 탈북자들이 외국 공관으로 진입하는 일이 줄을 이었다. 외국 공관 진입을 통해 망명을 시도하는 탈북자들 뒤에는 대부분 외국 NGO들의 도움이 있었다. 하지만 공개적으로 표면화된 기획망명은 전체 망명 가운데 극히 일부분일 뿐이다. 탈북자들 대부분은 NGO의 도움 없이 탈북 브로커들을 통해 다양한 방법으로 한국행이라는 꿈을 이룬다.

브로커를 통해 한국에 오는 길은 두 가지다. 중국에서 직접 한국으로 오는 방법과, 중국에서 몽골 등 제3국을 거쳐 오는 방법이다.

직항 경로

중국이나 한국에 친인척이 있거나, 먼저 한국에 도착한 탈북자가 있는 가족은, 경비가 많이 들긴 하지만 시간 절약과 안전성 때문에 중국에서 한국으로 오는 직항을 선택한다.

2002년 2월, 나는 탈북자 김 모(36세) 씨의 탈북 경로를 취재할 수 있었다. 김 씨는 함께 탈북생활을 하다 먼저 한국에 온 친구 도움으로 브로커와 연결될 수 있었다. 친척들 도움으로 중국 돈 6만 위안을 마련한 김 씨는 평소 잘 아는 조선족 주인을 브로커에게 보증인으로 세웠다.

브로커는 보증인이 담보를 확실히 할 수 있는지 여부를 알아본 뒤 일을 시작한다. 현금 6만 위안이 입금된 통장을 확인하고 나면 열흘 안으로 모든 수속을 끝낸다. 위조 여권과 비행기표를 브로커가 마련해서 비행기가 뜨기 한 시간 전에 전달한다. 일은 일순간에 진행되었다. 비행기가 뜨자마자 브로커는 보증인을 데리고 은행으로 가 현금을 받은 뒤 사라졌다. 김 씨는 무사히 한국에 도착한 뒤 하나원에서 교육 생활을 했다. 현재는 서울에 정착해서 살고 있다.

그가 중국에서 빌린 돈은 정착지원금으로 받은 돈으로 갚았다. 북에 있는 가족들에게도 도움을 주고 있다. 정착지원금 일부가 더 나오는 연말쯤에는 북에 있는 가족들을 중국으로 탈북시켜 한국으로 데려올 계획을 세우고 있다. 친인척과 보증인이 있는 탈북자들은 이러한 방법을 선호한다. 탈북자들이 주로 이와 같은 직항 경로로 한국에 입국한다. 이 방법은 비용은 많이 들지만 안전하게 입국 수속을 마친 뒤 비행기가 이륙해야만 돈을 지불하기 때문에 브로커들에게 돈을 빼앗길 일은 없다.

사업화된 브로커들 역시 불법으로 한국에 오려는 중국인보다는 탈북자들을 선호한다. 중국인들이 적발되어 중국으로 다시 돌아오는 경우, 이중 부담이 되지만 탈북자는 비행기만 뜨면 모든 것이 해결된다. 탈북자와 오랜 시간 접촉할 필요도 없고, 중국 공안 당국에 적발되어도 브로커 점조직을 알아내기란 무척 어렵다.

제3국행 경로

비용이 적게 들어서 탈북자들이 많이 시도를 하지만 그만큼 위험부담도 따르는 것이 제3국행 경로이다. 이는 브로커를 통해 이루어지기도 하고 탈북자들이 독단적으로 선택하기도 한다. 이 유형에서 나타나는 특징은 개별로 이루어지기보다는 그룹으로 이루어진다는 것이다. 2000년대 초부터 선교단체에 의해 몽골행 루트가 비밀리에 이루어지다 브로커들에게 알려지게 되었다.

브로커들은 1인당 2만 위안을 받으며 탈북자를 모집한다. 중국 호구가 있는 탈북자들을 중심으로 모집을 하고 있지만, 육로를 통한 국경선을 넘어야 하기 때문에 안전을 담보하지는 않는다. 단체 관광객 차림으로 위장을 하지만 최근 들어 적발된 사례들이 많다. 게다가 안전하게 국경선을 넘어 제3국으로 들어간다고 해도 제3국에서 도움을 주지 않으면 한국 대사관까지 진입하는 데 어려움이 많다.

지난 4월 조 모(30세) 씨는 중국 조선족 남편 도움으로 다른 탈북자들과 함께 제3국을 거쳐 한국에 입국했다. 조 씨는 탈북한 뒤 중국 조선족과 결혼하여 아이도 낳고 중국 신분증인 호구도 만들었다. 주위 다른 탈북자들보다는 나은 생활을 했지만, 더 나은 생활을 하기 위해 미국으로 입국을 계획하였다.

그러나 중국 주재 외국 공관을 통한 기획망명으로 탈북자들에 대한 단속이 심해지는 바람에 어쩔 수 없이 아이를 데리고 한국에 왔다. 그래도 중국 호구는 버리지 않을 생각이다.

국내 입국 탈북자 가운데 조 씨와 같이 이중국적자나 삼중국적자가 늘어가는 추세이다. 신변 안전을 위해 세 나라에서 각기 다른 이름과 생년월일을 사용한다. 북에 있는 공민증은 가족들을 시켜 안전원에게 돈을 주고 새로운 신분증을 발급받아 유지하도록 한다. 그리고 중국에서 만든 호구는 유지하는 데 어려움이 없다. 한국에서 국적을 취득한 뒤 중국에 가면 중국 신분증으로 북에도 갈 수 있기 때문이다.

한 탈북자의 소개로 중국에서 어렵게 만난 국내 입국 탈북자 김철호(가명) 씨는 탈북생활에서는 벗어났지만 "여러 나라 국적을 갖고 있으면서 중국에서 지낼 필요가 있다. 이것은 북에 있는 가족들 안전을 위해 어쩔 수 없는 선택"이라고 말했다. 가족 가운데 중국으로 돈을 벌러 나갔다고 하면 북에서도 이해를 하지만 한국으로 도망을 갔다고 하면 낙인이 찍히기 때문이다. 개인으로도 유리한 점이 많다고 했다. 김 씨는 한국에 오기전에 중국으로 밀수를 했다. 지금도 그 선을 유지한다며 돈이 되는 일이라면 어떤 일이라도 할 수 있다고 소리를 높였다.

개별적 그룹으로 제3국행 시도 늘어나

2002년 9월 20일, 중국 길림성 연길시에서 만난 탈북여성 정 모(40세) 씨는 함께 생활하던 탈북여성 세 명과 함께 몽골행 루트를 통해 한국으로 망명하려다 중국 변방대에 붙잡혀 북으로 송환되었다. 그러고는 재탈북했다. 정 씨가 조사를 받은 변방 구류소에는 정 씨와 같이 개별적으로 국경선을 건너다가 붙잡혀 온 탈북자 20여 명이 더 있었다.

정 씨는 중국 신분증과 여권을 빼앗긴 뒤 집중적으로 추궁을 받았다. 여권을 만들어 준 선을 대라며 주머니에 숨겨 둔 중국 돈 2만 위안까지 빼앗기고 길림성 도문 변방대 구류소로 이송되었다. 도문 변방대 구류소에서도 신문이 심했다. 한국 사람이 만들어 준 것이라고 잡아뗐다. 정 씨는 위장결혼해 한국으로 시집간 사람의 신분증으로 여권을 위조했기 때문에 당사자나 공안 당국에서는 더 이상 확인을 할 수 없었다.

도문 구류소에서 지낸 20여 일간은 힘들었다. 차라리 빨리 북으로 송환시켜 주기를 간절히 바랐다. 중국 공안에 붙잡혀 두 번이나 송환된 경험이 있는 정 씨는 이번처럼 정신적인 고통이 큰 적은 없었다고 했다. 정 씨와 함께 망명하려다 붙잡혀 온 탈북여성 김 모(28세) 씨도 마찬가지였다.

도문 구류소에서는 중국 각지에서 붙잡혀 오는 탈북자들로 넘쳤다. 정 씨처럼 한국행을 시도하려다 들어온 사람들이 30여 명이나 되었다. 한국행을 원하는 탈북자들이 늘어나는 원인은 탈북생활이 장기화되면서 시장경제의 맛을 본 탈북자들이 북으로 돌아가 생활하기에 힘들어진 데 있다는 해석이다. 북한에서 먹는 문제가 해결된다 해도 적응하기 힘들다.

초창기 탈북 행렬은 식량난으로 인한 생계형이었다. 그러나 이제는 삶의 질을 높이고 안전하게 살기 위한 인간의 기본욕구형으로 바뀐 것이다.

정 씨는 북으로 송환된 뒤 한 달간 구류소 생활을 하다 함께 송환된 탈북여성 세 명과 지난 7월 다시 탈북했다. 정 씨는 북한에서의 구류소 생활이 먹는 문제를 제외하고는 중국에서의 구류소 생활보다 덜 힘들었다고 말했다. 예전과 달리 단순 탈북자에 대한 처벌도 완화되었다. 탈북자들이 가진 소지품도 압수하지 않는다. 가지고 있던 돈도 구류소를 나올 때까지 보관했다 돌려준다. 탈북자들에게 돈이 있는 냄새가 나면 간수들이 먼저 접근해 오기 때문에 돈을 주고 구류소를 나올 수도 있다.

돈을 쓰고서라도 하루라도 빨리 구류소에서 나와 중국으로 재탈북해 돈 버는 것이 재탈북자들 대부분이 가진 바람이다. 한국으로 가는 꿈과 희망도 있다. 정 씨는 여권을 새로 구입해 북경 주재 한국 영사관에 진입할 준비를 하고 있다. 취재하면서 정 씨와 같이 한국망명을 꿈꾸는 사람들을 많이 만난다. 그들은 내가 도움을 줄 수 없는 질문을 똑같이 반복한다.

"기자 선생, 한국 돈 천만 원만 빌려주기요. 한국 도착하면 정착금 받아 이자까지 쳐서 갚아 줄게요."

"없어요."

"그럼 한국 데리고 가는 사람들 선 좀 연결해 주기요."

"몰라요."

내가 탈북자 망명을 도와 한국으로 데려간다고 해도 달라질 것이 하나도 없다. 탈북자들을 장기적으로 취재하다 보면 얼굴도 익숙해지고 친구처럼 지내는 사람들도 있다. 언제나 만나고 헤어질 때마다 반복된 대화를 나눈다. 지푸라기라도 잡고 싶은 심정에서 하는 말이겠지만 탈북자들에게 "알아보겠다"거나 "생각해 보겠다"라고 대답하면 탈북자들은 대부분 상대방이 자기 뜻을 받아들인 것으로 판단하기 때문에 나는 정확하게 거절하는 표현을 해 준다.

재외공관 진입 늘어날 전망?

2002년, 한국행을 원하는 탈북자들이 재외공관 인근으로 몰려들고 있다. 재외공관을 통해 망명에 성공한 탈북자들 이야기만 듣고 위험을 자초하고 있는 것이다. 재외공관을 어떻게 들어갔는지에 대한 어려운 상황은 생각하지 않고 공관에 들어가기만 하면 한국으로 보내 준다는 것만 인식할 뿐이다.

2002년 8월 북경 시내 재외공관과 가까운 민박집에서 일주일 동안 취재를 했다. 한국 영사관 주위를 배회하거나 조선족이 운영하는 민박집에서 외국 공관 진입을 준비하는 탈북자 10여 명을 만났다. 그들 모두 브로커나 NGO 도움 없이 스스로 판단해 독단으로 재외공관에 진입하려는 탈북자들이었다.

한 탈북자는 "북경에 가서 외국 공관에 진입하는 것이 불안한 탈북생활을 청산하는 길"이라면서 "흑룡강성 하얼빈에서 올라왔다"고 했다.

민박집에서 일주일째 머물고 있다는 일가족 여섯 명은 몇 해 전 한국에 먼저 간 가족의 도움으로 중국 호구를 만들었다. 호구를 만들어 준 중국 조선족 친척과 언쟁을 하다 진입을 포기했다. 중국 호구만 보이면 영사관 안으로 들어갈 수 있다고 판단해 조선족 친척을 데리고 공관 근처로 올라왔다. 하지만 공관 주위 경비도 강화되고, 영사관에 진입하기 위해서는 신분 확인 절차를 두 번이나 받아야 하기 때문에 조선족 친척이 만류하면서 중국 호구를 빼앗아 버린 것이다. 이 친척은 문제가 발생하면 신분증을 만들어 준 사람들이 다친다며 손을 떼고 말았다.

일가족 가운데 큰아들 이 모(31세) 씨는 조선족 친척을 데리고 온 것을 후회했다. 가족이 많아 경비가 많이 드니, 한국 가족이 중국에 오면 부분적으로 재진입을 시도하겠다며 북경을 떠났다.

NGO는 자체 프로그램 개발이 시급

내가 만난 탈북자 가운데는 북조선으로 송환된 경험이 있는 재탈북자들이 많다. 함께 탈북생활을 하다 먼저 한국으로 들어간 탈북 동료들도 있다. 북조선에서 국경을 넘는 탈북 행렬은 재탈북 행렬로 바뀌어 가고 있다. 이제는 배고파서 밥 먹고사는 것만이 문제가 아니었다. 중국땅에서라도 돈 벌고 자유롭게 살고 싶어 했다. 시간이 흐를수록 더 자유롭고 풍요로운 삶을 살 수 있는 곳이 한국이라고 생각한다.

이런 인식이 자리 잡게 된 것은 기획망명 사건 이후부터다. 중국 공안이 단속을 강화한 것이 중국에 정착해 살고자 하는 사람들까지도 한국병에 물들게 만들었다. 일자리를 잃고 날이 갈수록 불안해서 중국에서는 계속 돈을 벌 수가 없기 때문이다.

만약 중국이나 제3국에 난민수용소가 설치된다 해도 "한국에 데려간다는 조건이 없으면 가지 않겠다"고 말한다. 이제는 먹여 주고 재워 주는 공간은 도움이 되지 않는다.

일정 기간 보호하다 북조선 경제가 완화되고 탈북자 문제를 해결해 준다는 북조선의 공식 입장이 있어 그들을 북으로 '자발적 귀환'시킨다 해도 현실과는 거리가 먼 대안이다. 보호 기간 동안 중국에서 돈을 벌고, 당장이라도 제3국으로 들어가면 한국에 올 수 있다. 탈북자들은 NGO에서 말하는 난민수용소가 탈북자들이 한국으로 오는 길을 막을까 두려워하고 있다.

탈북자들을 가장 가까이에서 돕는 선교단체나 NGO들은 그동안 현장 경험이 풍부함에도 한국 정부에 원론적인 대책만 요구한다. 중국 내에 탈북자들을 위한 자체적 프로그램 개발이 필요하다. 프로그램 부재로 인해 '떴다방'식으로 지원하는 활동은 오히려 많은 탈북자들에게 불이익을 준다.

기획망명은 탈북자 문제를 국제적 이슈로 부각시키고, 여론을 형성해 국가의 정책 전환을 강제할 수는 있겠지만, 이로 인해 중국 당국은 탈북자들을 대대적으로 단속한다. 북으로 강제송환하는 일이 심해지면 심해질수록 탈북자들이 한국행을 꿈꾸는 욕망을 더욱 부채질하는 결과를 초래하게 되는 것이다.

또한 이벤트성 기획망명으로 인해 중국 공안의 단속이 강화되는 일은

'현지 정착자'나 '자발적 귀환'을 원하는 탈북자들에게 치명타를 입힌다. 그들은 일자리를 잃고 단속과 강제송환에 대한 불안감으로 거주지를 옮겨다녀야 하는 어려움을 겪는다. 이들에게 도움을 주었던 중국 조선족들도 자기가 불이익을 당할까 봐 탈북자들을 외면하는 현실이다. 선교단체나 NGO들은 이런 점을 염두에 두어야 한다.

탈북자 문제는 북한 경제가 회복되어도 통일이 될 때까지 계속 지속될 것이다. 최근 북한의 경제개혁 조치 뒤 신의주가 특구로 지정되어 변화가 있긴 하지만 이와는 별도로 시민단체나 종교단체는 거시적인 관점에서 탈북자들이 처한 다양한 실정을 파악해 그에 맞는 대책을 세우는 노력을 기울여야 한다.

북한인권법이 노리는
탈북 메커니즘의 실상

'가짜 김운철'이 탈북자 문제를 키웠다

2004년 9월 28일, 미국 상원의회는 '북한인권법'을 통과시켰다. 북한 체제에 반대하는 대량 정치 망명을 유도해, 북한 정권을 붕괴시키겠다는 정치적 의도를 표면화한 것이다. 미국 정부 의도대로라면 '탈북자' 문제에 이른바 '새로운 전기'가 마련된 셈이다.

그러나, 오랜 기간 탈북자 문제를 취재해 온 나는 미국이 가진 의도가 그대로 관철될 것으로 보지 않는다. 조·중 국경을 넘어선 북조선 사람들을 과연 '정치적 망명객'으로 바라보아야 할 것인지 의문스럽기 때문이다.

중국 내에서 활동하고 있는 여러 NGO나 선교단체, 그리고 탈북 브로커들은 탈북자를 양산하겠다는 미국의 이해를 그대로 반영하고 있다. '북한인권법'을 통해 미국으로부터 재정적 수혜를 입게 될 대상도, 다름 아닌 이들 탈북 지원단체들이다. 이들 존재는 탈북 문제가 인권을 개선하려는 의도가 아니라 다분히 '정치적 기회주의'의 소산임을 입증하고 있다.

탈북자 문제가 외교적인 현안으로 부각되기 시작한 것은 지난 2000년 1월, 중국 연길에서 생활하던 탈북자 일곱 명이 중국 흑룡강성 밀산을 거쳐 러시아 연해주로 넘어갔다가 러시아 국경수비대에 체포된 사건 때문이었다. 우여곡절 끝에 이들 일곱 명은 모스크바 유엔난민고등판무관실에서 '난민' 지위를 인정받았다. 그러나 결국 중국을 거쳐 북한으로 되돌려 보내졌다.

그 뒤 국내 몇몇 NGO들이 나서서 '북한 인권과 난민 문제'를 다루는 국제회의를 개최하여 탈북자 문제를 국제사회 이슈로 부각시키기 시작했다. 이 문제를 유엔(UN) 같은 국제기구에서 의제로 다룰 것을 요구하고 나선 것이다.

그런데 정작 유럽연합이 탈북자 문제에 관심을 보이자, 이들 NGO는 북한으로 송환된 일곱 명 가운데 한 사람이 중국으로 탈출했다는 정보를 흘렸다. 그러나 이 사건은 NGO와 한 탈북자가 꾸민 연극에 불과했다.

그 탈북자는 박충일 씨다. 박 씨는 "북으로 송환된 뒤, 지하 고문실에서 쇠줄이나 가죽벨트, 각종 전기봉 같은 것으로 구타와 고문을 당했다"고 폭로했고, 국내 언론은 이를 대서특필했다.

박 씨는 "북으로 송환당할 때 48킬로그램이었던 몸무게가 병보석으로 나올 때는 28킬로그램으로 줄었다"는 자필 수기를 〈월간조선〉에 건네기도 했다. 그 뒤 박 씨는 한국과 일본 NGO들의 도움으로 태국으로 들어갔다. 그곳에서도 박 씨는 〈뉴스위크〉와의 인터뷰에서 "북한으로 송환된 뒤 혓바닥으로 변기를 핥고 팔과 성기에 담뱃불로 지짐을 당했다"고 밝히는 등 충격적인 폭로를 했다.

한국 정부는 2001년 6월 26일, 박 씨를 한국으로 데리고 왔다. 박 씨와 함께 '가짜 김운철 행세'라는 연극을 끝낸 한국과 일본 NGO는 여론 조성에 성공했다. 그들은 또 다른 기획망명을 준비해 국제사회에 탈북자 문제를 이슈화했다.

같은 날 장길수 군 일가족 일곱 명은 치밀한 준비를 마치고 한국과 일본 NGO의 도움으로 중국 북경 주재 유엔고등판무관실에 진입했다. 다음 날인 27일, 프랑스 대표 일간지 〈르몽드〉는 장길수 군 사건과 함께 박 씨가 한 증언을 토대로 '북한 강제수용소의 집단 처형과 굶주림'이라는 기사를 내보냈다. 박 씨가 한국으로 들어오기 사흘 전에 이루어진 인터뷰 기사였다. 박 씨는 "북한에서 1,000명이 처형되는 것을 목격했으며 그 가운데 열다섯 차례는 교수형이었고 두 차례는 산 채로 화형하는 것이었다"고 진술했다. 또한 "희생자 95퍼센트는 죄가 없었으며, 처형장에서 개들이 인육을 먹고 해골을 굴리는 것을 봤다"는 엽기적인 잔혹 행위를 증언했다.

그러나 정작 박충일은 가짜였음이 드러나고 말았다. 박충일 씨가 한국에 가기 위해 '가짜 김운철' 행세를 한 것이었다. 한국에 데려가 준다면 무슨 일이든 할 수 있다는 탈북자, 자기 목적을 위해서는 무슨 짓이든 할 수 있다는 탈북 관련 반북 NGO와 선교단체의 비도덕성을 보여 준 대표 사례였다.

그러나 유럽연합과 유엔인권위원회(UNCHR)에 보고된 '가짜 김운철'의 증언은 수정되지 않았다. 때마침 장길수 군 가족 망명 사건이 터지고 여론의 관심이 가족 망명으로 쏠리자 '가짜 김운철'과 그를 연출했던 NGO 관계자들은 기사회생한 듯 숨을 죽이고 어떤 공식 논평이나 사과를 하지 않은 것이다. 박충일 씨가 자신이라고 주장한 김운철 씨는 러시아에서 체포되었을 당시, 국내 신문과 방송에 얼굴과 이름이 보도되었기에 누구나 얼굴을 분간할 수 있었다. 쓴웃음을 짓지 않을 수 없는 대목이다.

그 뒤 국제여론을 등에 업은 NGO와 선교단체들은 유럽연합이 탈북자 문제와 관련해 정식으로 북한 결의안을 채택하도록 하기 위해 온갖 애를 썼다. 탈북자 문제를 정치적 방식으로 해결하려 했던 것이다. 이들 NGO들은 '인권단체'라기보다 차라리 '정치단체'에 가까운 행보를 보였다.

그 서막은 2002년 3월 14일, 주중 스페인 대사관에 탈북자 스물다섯 명을 진입시킨 사건이었다. 당시 스페인이 유럽연합의 의장국이었기 때문에 진입 장소를 스페인 대사관으로 택했다. 유럽연합 회의 일정은 2002년 3월 14일부터 15일까지였다. 그들의 의도는 적중하는 듯 보였다.

스페인 대사관에 진입한 탈북자 스물다섯 명을 계기로 유럽연합은 3월 16일에 북한인권법 결의안을 채택하려 했다. 그러나 기자회견을 자청했던 독일인 폴러첸 씨는 현장에 뒤늦게 도착해서는 적절치 못한 행동들을 했다. 이 때문에 중국 당국은 대사관에 진입한 탈북자들을 27시간 만에 제3국으로 추방시켰고, 결국 결의안이 채택되지 않은 채 사건이 일단락되었다. 이 사건을 계기로 중국 공안 당국에서는 탈북자 검거를 대대적으로 시작했다.

이와는 별도로 스페인 대사관 사건 이후로 탈북자들은 각국 대사관에 진입만 하면 한국으로 올 수 있었다. 이때부터 브로커들이 금기시해 왔던 대사관 진입 사건이 꼬리를 물기 시작했다. 브로커들은 그 대가로 탈북자 1인당 300만 원을 받아 챙겼다.

10여 차례 대사관 진입 사건이 더 있었지만 중국 정부와 한국 정부는 협상을 통해, 각국 대사관에 진입한 탈북자들을 조용히 제3국으로 보내 한국으로 데려왔다. 그리고 탈북자 문제는 더 이상 부각되지 않았다.

기획망명의 그늘, 브로커와 선교단체

여론이 잠잠해지자 NGO들은 탈북자 문제를 다시 이슈화하기 위해 이른바 '옌타이항 사건'을 기획하였다. 이 사건은 2003년 1월 20일, 탈북자 80여 명이 중국 산동성 옌타이 항에서 보트를 타고 한국과 일본으로 건너가려다 실패한 사건이다.

기획망명이란 성공하든 실패하든 국제 이슈화하는 것이 목적이다. 치밀한 사전 준비 없이도 정치적 이득을 취할 수 있다면, 기획망명을 밀어붙일 수 있다는 '주먹구구식의 결정판'이 바로 '옌타이항 사건'이다. 국내외 일곱 개 NGO들이 연합해 계획했다는데 처음부터 계획 자체가 허술하기 짝이 없었다. 계획을 주도한 단체 관계자는 현장에 참가하지도 않았다. 한국인 현지 사업가와 조선족이 일을 진행했고 한국인 프리랜서 사진작가 한 명이 동행했다. 한국에서는 전화로 지시를 내렸을 뿐이다. 불과 다섯 명에서 얼굴도 모르는 탈북자 80여 명을 모집하고 인솔했다.

나는 이 사건 10여 일 뒤, 중국 옌타이항에서 밀입국하려다 피신한 두 사람을 연길에서 만났다. 한국에 보내 준다는 조선족 모집책 말만 믿고 따라나섰던 이춘성(가명, 37세, 함북 청진) 씨는 "모집책이 한국 사람을 소개시켜 주었기 때문에 아무런 의심 없이 따라나섰다"고 했다.

이 씨는 한국 여권을 만들어서 데려가니까 무사하다는 모집책 말을 믿었고, 모집책에게 한국 입국에 성공하면 정착금을 건네주기로 약속을 했다. 그러나 모집책은 함께 동행할 한국인에게는 "정착금을 주기로 했다는 이야기를 하지 말라"고 당부했다.

이 씨는 연길에서 한국인 두 명과 함께 기차를 탔지만 아무도 행선지를 알려 주지 않았다. 함께 동행한 한국인 프리랜서 사진작가는 이 씨를 비디오로 촬영만 했다. 별 의심이 없었던 이 씨는 대사관으로 들어가서 비행기를 타고 한국으로 갈 것이라고만 생각했다.

이들은 대련에 도착해서 여객선으로 갈아타고 옌타이 항으로 향했다. 또 다른 탈북자 10여 명이 합세하는 걸 보고 이 씨는 놀랐다. 그걸 보더니 한국인은 "이제 옌타이에 가면 사람들이 많이 모인다"며 "죽을 각오까지 했냐"고 물었다.

그 배 안에는 여든 살 된 노인도 있고, 아이도 있고, 장애인도 있었다. 새벽 3시 옌타이에 도착하자 동행한 한국인 가운데 한 사람이 "1인당 10위안씩 내면 타고 온 배 안에서 아침 6시까지 잠을 잘 수 있다"고 말했다. 이 씨는 미심쩍어 같이 간 탈북자와 함께 여관에서 잠을 자고 아침 일찍 다시 오겠다고 말하고 배에서 내렸다.

한국인 한 명도 내렸다. 한국인 사진작가만 탈북자들과 함께 배에 남았다. 그러나 몇 시간 뒤 배에 남은 사람들은 모두 중국 공안에 체포되었다. 이 씨는 정말 운 좋게 사건 현장에서 빠져나올 수 있었던 것이다. 이 기획망명을 허술하게 주도했던 NGO와 선교단체들은 그 어떤 '사과 성명'이나 '반성'도 표명하지 않았다. 실패한 기획망명은 실패한 대로 국제 문제화하기에 골몰했을 따름이다.

이처럼 기획망명 주최자들은 문제를 부각시키는 '이벤트성' 기획 능력은 뛰어나지만 탈북자 문제를 근본적으로 해결할 능력이 없다. 또한 기획망명에 조직적인 브로커까지 결합해 여러 가지 부작용을 일으키고 있다. 일부 NGO나 선교단체들은 '소영웅주의'에 사로잡혀 지나치게 언론에 의존하는 편협성마저 드러내고 있다. 다음은 그 대표 사례들이다.

일가족 세 명과 함께 기획망명에 참가하려다 체포되어 강제송환 당한 뒤 재탈북한 김진주(가명, 38세, 함북 회령) 씨는 애초에는 조선족 남편과 생활하면서 형편이 나아지면 북한에 가서 살 생각이었고 한국에는 갈 생각도 하지 않았던 사람이었다. 주위 사람들이 하나둘씩 한국으로 떠나도 용기가 생기지 않았다.

그러나 중국 조선족 모집책이 "탈북자가 열 명 정도만 더 모이게 되면 사흘 안에 비행기를 타고 한국에 도착할 수 있다"고 권유해 와 일가족 세 명과 합류하기로 결심했다. 모집책에게 선금으로 3,000위안을 건네주고, 한국에 도착하면 정착금 일부도 떼 주기로 약속했다.

모집책은 김 씨 일행을 북경에 있는 한 민박집으로 안내했다. 민박집에 들어서자 또 다른 탈북자들이 있었다. 그곳에서 한 민간단체 소속이라고 말한 탈북자 안내인은 '난민 신청서' 작성 요령을 알려 주었다. 난민 신청서를 쓴 뒤 외국인 기자들과 기자회견을 했다. 기자회견 뒤 안내인은 독일학교 담을 넘으라며 담을 넘기 위한 의자도 준비해 주었다.

다음 날 모집책은 택시 두 대를 잡아 주면서 안심하라고 했다. 기자들이 뒤따라가면서 카메라로 찍기 때문에 만약에 붙잡히게 되면 더 좋다고 하면서 언론에 공개하면 16일 안에 풀려날 수 있다고도 했다. 택시가 독일 학교 담장에 다가서자 중국 공안이 나타나 탈북자들을 체포하기 시작했다. 큰소리치던 탈북자 안내인과 외국인들은 자취를 감췄다. 김 씨는 체포되어 강제송환되는 순간까지도 외국인이 개입된 기획망명이라 그들이 도와줄 것으로 믿었다고 했다.

종교단체가 관련된 부작용도 있다. 2004년 7월 25일, 국내에 정착한 탈북자 10여 명이 외교통상부에 항의 방문한 사건이 있었다. 억울함을 하소연하기 위해서였다. 이들은 지난 5월 북한을 빠져나온 가족들을 한국으로 데려오기 위해, 기획망명을 추진하고 있는 '두리하나'라는 이름의 선교단체를 찾았다. 외몽고 국경선 철조망 아래까지 직접 바래다준다는 말을 믿고 가족 1인당 200만 원에서 300만 원까지 비용을 지불했다. 이들이 부탁한 가족은 모두 열여덟 명이었다.

'두리하나' 측은 탈북자 출신 김 모 간사 한 명을 중국에 보내 사업을 추진했다. 김 간사는 중국 내몽고 국경도시로 가, 한국말도 모르는 중국인 운전수에게 탈북자 가족들을 외몽고 국경선까지 데려다줄 것을 부탁하고 그냥 한국으로 입국했다.

하지만 운전수는 탈북자 열여덟 명을 국경선 철조망 아래에 내려 주지 않고 중국인 목장 철조망 옆에 내려 주고 사라졌다. 탈북자 열여덟 명은 그곳이 국경선인 줄 알고 철조망을 넘어 중국인 목장으로 들어갔다. 이를 수상히 여긴 목장 주인이 신고하는 바람에 이들은 곧바로 체포되어 한 달 가까이 중국 변방에 있는 구류소에 수감되었다.

'두리하나' 측은 수감된 가족들이 북으로 강제송환될 때까지 한 달이 넘도록 이 소식을 한국의 가족들에게 알려 주지 않았다. 가족들이 강력하게 항의해 '두리하나' 측은 기획망명 입국 비용으로 받은 돈을 돌려주는 조건으로 사건을 일단락시켰다. 피해자 가족 김인걸(가명, 40세) 씨는 격앙된 감정을 감추지 못하고 울분을 토했다.

"우리처럼 나서지 않았다면 이런 사건을 누가 알았겠습니까? 400명도 넘게 데려왔다고 큰소리 뻥뻥 치고, 그 뒤에는 소리 없이 붙잡혀 죽어 나가는 사람이 얼마나 많았겠어요. 브로커한테 당했다면 그런 인간이라고 생각할 수 있는데, 하나님을 믿는 NGO라는 선교단체에 당해서 격분한단 말입니다."

한국행을 원하지 않는 탈북자들?

탈북자는 한국행 희망형, 중국 정착형, 북조선 귀환형 세 부류로 나눌 수 있다. 일반적으로 한국행을 원하는 사람들 일부만 NGO나 선교단체들에 의해 크게 부각돼, 이들이 마치 '탈북자들의 전부'인 듯한 여론이 형성되었다.

나는 지난 2년간 중국에 장기체류하고 있는 탈북자 100명을 상대로 설문조사를 벌여 왔다. 이들 탈북자들이 원하는 최종 정착지가 어디일까라는 궁금증을 풀기 위해서였다. 설문조사 결과 한국행을 원하는 탈북자가 41퍼센트, 북조선 귀환을 원하는 탈북자가 34퍼센트, 중국에 정착하기를 바라는 탈북자가 21퍼센트였다.

한국으로 가고자 하는 탈북자 수가 가장 많긴 하지만, 우리는 여기에서 한국행을 바라지 않는 탈북자가 절반이 넘는 55퍼센트에 달한다는 사실에 주목할 필요가 있다. 기획망명 여파로 가장 큰 피해를 보는 부류가 이들 중국 정착형과 북조선 귀환형이기 때문이다. 이들은 돈을 벌기 위해 중국에 머무르고 있거나, 북한이 개방되기를 기다리고 언젠가는 북으로 가 잘 살아 보겠다고 생각하는 사람들이다.

이들 가운데는 정치에도, 인권에도 아무런 관심이 없는 부류가 많았다. 이미 중국에서 결혼을 하고 아이를 낳거나 일자리를 얻어 생활하는 사람들도 많다. 결국 정치적인 난민이 아니라 불법체류자인 셈인 것이다.

기획망명 사건이 터질 때마다 이들이 가장 먼저 타격을 받는다. 농촌에서 농사를 지으며 생활하다 자녀와 생이별하고, 일자리를 구해 일하다 중국 공안에 체포된다. 중국 공안 눈에는 모든 탈북자들이 똑같아 보이기 때문이다. 내가 만나 보았던 중국 정착형과 북조선 귀환형 탈북자들은 하나같이 기획망명을 주도한 한국인과 이에 동조한 탈북자들을 크게 원망하고 있었다.

한편, 한국행을 원하는 탈북자들 또한 대부분 중국 공안의 단속을 피해 한국에서 국적을 얻어 안전하게 돈을 벌기 위해 한국행을 선택한 경우가 많았다. 정치적인 이유에서가 아니라 그들을 유혹하는 환경이 조성되어 있기 때문이다. 한국에 가는 방법이 예전처럼 어렵지 않은 데다가 기획망명을 하는 모집책이나 탈북 브로커들의 권유, '후불제'라는 말에 혹해서 한국행을 선택하게 된다. 또한 북조선에서 처벌 없이 관대하게 받아 준다면 다시 돌아갈 의향이 있는지에 대해서는 58퍼센트가 귀향 의사가 있다고 답했다. 이유는 "고향, 조국, 자식과 가족이 있기 때문"이라고 했다.

이런 사실은 미국 정부도 매우 잘 알고 있을 것이다. 2004년 9월 27일, 중국 상하이 국제학교에 진입했던 탈북자 아홉 명이 미국의 보호를 받지 못하고 중국 공안으로 넘겨졌다는 사실이 이를 잘 입증해 주고 있다. 탈북자 인권 보호는 물론, 망명까지 허용하겠다고 나선 미국이 자국 시설에 진입한 탈북자들을 문전박대하여 중국 공안으로 인계했다는 사실은, 탈북자 모두를 난민이 아니라고 스스로 인정한 것과 다름없기 때문이다.

2002년 5월, 중국 심양 주재 미국 영사관에 진입한 탈북자 세 명도 당초 미국행 의사를 밝혔지만, 영사관 측이 미국행을 주장할 경우 중국 공안에 인계하겠다는 입장을 취해 결국 탈북자들은 한국으로 행선지를 바꿨다. 미국의 이중성을 엿볼 수 있는 또 다른 대목이다.

이처럼 미국은 앞으로도 탈북자의 인권 보호에는 별 관심이 없을 것으로 보인다. 미국은 정보 가치가 높은 탈북자에게만 망명을 허용할 뿐이다. 일반 탈북자들은 한국 정부가 떠안아야 할 것이 불 보듯 뻔하다.

결국, '북한인권법'의 최대 수혜자는 탈북자들이 아닌, 탈북 문제를 이슈화하기에만 급급한 반북 NGO와 선교단체일 뿐이다. 그들은 브로커들과 함께 북한에 살고 있는 사람들까지 기획탈북 대열에 합류시키기 위해 열을 올릴 것이다. 물론 그 뒷감당은 한국 정부가 해야 한다.

궁극적으로, 탈북자들 인권 문제보다는 탈북자 자체를 양산하기에 여념이 없는 미국과, 탈북 브로커들의 꼬리는 자르지 못한 채 애꿎은 탈북자들 잡아 가두기에만 바쁜 중국 당국의 대응은 '불법체류자'들만 무더기로 양산할 따름이다.

재중 탈북자 실태와 NGO의 문제

누구도 돕지 않는 탈북자의 현실

일제 강점기 이후 조선과 중국 사람들은 압록, 두만강 국경을 넘나들며 살아왔다. 이는 지리적인 근접성뿐만 아니라 친인척들이 살고 있었기 때문이다.

오늘날 탈북자 문제가 이슈화된 것은 1990년대 중반 북조선 식량난이 심각해지면서 수많은 이들이 탈북하게 된 뒤부터이다. 국내외 선교단체 및 NGO에서 탈북자들에게 관심을 갖고 이들에 대한 지원을 해 왔다. 하지만 초기 탈북자 지원단체들의 순수성은 시간이 흐르면서 많은 부분이 변질되었다. 특히 NGO나 선교단체는 자기 활동에 대한 명확한 인식 없이 열정만 갖고 사업을 추진하는 과정에서 많은 문제를 일으켰다.

한 NGO가 시행한 설문조사에 따르면 중국에 있는 탈북자 수가 30만 명이라고 한다. 하지만 이 조사는 한 사람에게 설문지 수십 장을 줘서 탈북자 한 명이 수십 명을 대신하여 응답을 한 경우가 많았다. 그래서 그 수치가 뻥튀기 되었던 것으로 보인다. 2004년 연길시 전체 인구가 40만 명이었던 점을 고려한다면 탈북자가 30만 명이었다는 것은 납득하기 어렵다. 탈북자들은 대개 은둔적인 행동 특성을 보이기 때문에 탈북자들이 몇 명인가 하는 정확한 수치를 아는 것은 거의 불가능한 일이다.

탈북자 관련 NGO들은 선교단체가 대부분이다. 탈북자들을 위한 활동은, 그 목적이 복음화인지 아니면 인권이나 봉사인지가 불분명하고 상황에 따라 변한다. 그리고 저마다 많은 경험에도 불구하고 정보를 공유할 수 있는 네트워크가 연결되어 있지 않아 의견 차이가 심하다.

중국 내 탈북자와 관련된 사건이 터지면 그 비난과 비판은 주로 한국 정부가 받고, 정작 무책임하게 일을 벌인 NGO나 선교단체에 대해서는 언급이 없다. 최근 NGO들이 일으킨 기획망명 사건들을 보면, 이들이 하는 활동이 진정 탈북자들을 위하는 것인지 의문을 갖게 된다. 목적이 분명한 인권활동이라도 한 사람을 살리기 위해 또 다른 인권을 유린하는 행위는 인권운동이라 할 수 없다. 또한 탈북자를 바라볼 때, '굶주림과 배고픔'에 지친 '동정'의 대상으로만 바라보는 인식이 바뀔 필요가 있다.

탈북자 유형

북조선은 중국과 오랫동안 일상적으로 국경을 넘나들었다. 중국 한족이 북한 화교가 되거나 북한 사람이 중국 조교가 되기도 하였다. 일정 기간이 지나면 양국은 이들을 서로 받아들이는 정책을 취해 왔다. 크게 보면 중국에 사는 조선족도 일제강점기에 먹고사는 문제를 해결하기 위해 중국으로 넘어간 사람들이다. 조선과 중국 양국 백성들이 경제 흐름에 의해 양국을 오고 갔던 역사가 오늘날까지 이어지고 있음을 알 수 있다. 탈북자들은 함경도 출신이 대부분인데, 이런 역사적 맥락과 지리적 요인 때문에 유랑민 같은 특성도 발견할 수 있다.

1960년 초반 중국에 '3년 재해'가 닥쳤을 때부터 중국인들 가운데 압록, 두만강을 건너 조선으로 간 사람들이 15만 명 정도로 추정된다. 1980년부터 중국의 경제가 일어서기 시작하고 북한 경제가 쇠퇴하자 중국으로 들어오는 사람들이 늘기 시작했다. 1990년대 이후에는 북한에서 일어난 식량난으로 대량 탈북이 이루어지면서 오늘날 탈북자 문제로 부각되었다.

탈북생활이 장기화되고 한국으로 가는 길이 열리면서 탈북자들의 생각이 초기와는 달라지는 현상이 나타났다. 탈북자들이 최종으로 정착하고자 하는 곳은 한국, 북한, 중국 순으로 나타났다. 그밖에 미국과 일본으로 가고자 하는 이들과 아직 결정을 못 했다고 답한 이들도 있었다.

여기서 북한으로 돌아가고자 하는 사람들은 신변 보호를 위해 모습을 잘 드러내지 않는다는 점을 감안해서 조사결과를 바라봐야 할 것이다.

지금까지 내가 만나 본 탈북자들은 탈북해 최종적으로 어디서 살고자 하는지에 따라 크게 세 가지 유형으로 나누어 볼 수 있다. 중국에 머물고자 하는 유형, 한국으로 가고 싶어 하는 유형, 북조선으로 돌아가려고 하는 유형이다.

중국 정착형

중국 정착형은 중국에서 머물면서 북한이 개방될 때를 기다리며 돈을 버는 탈북자들이다. 이들은 한국에는 가기 싫고 북한으로 가는 것은 두려워한다. 탈북생활이 장기화되면서 다시 북한으로 돌아가 그곳 생활에 적응하기 어렵다는 것도 중국생활을 고수하는 이유 가운데 하나다.

중국 한족이나 조선족과 결혼을 하여 아이를 낳고 살고 있는 여성들도 중국 정착형이 많다. 이들은 신변 안전을 위해서 자의로든 인신매매에 의해 타의로든 결혼을 한다. 가정이 꾸려지고 결혼생활이 장기화되면 중국에 머무를 수밖에 없게 된다.

중국에서는 중국인과 탈북여성이 결혼하는 것을 법적으로 인정하지 않기 때문에 단속으로 붙잡히게 되면 탈북여성들은 북으로 강제송환된다. 그 결과 가정이 해체되어 자식과도 생이별을 하게 된다. 공안 단속이 심해지면서 이를 피하기 위해 한국으로 오는 탈북자가 늘고 있는 추세다.

문화혁명같이 중국에서 일어난 정치적인 소용돌이에 휘말려 북으로 건너갔다가 다시 중국으로 온 사람들도 많다. 중국 정부는 중화인민공화국이 성립된 뒤, 중국에서 살았던 조선인을 1980년대까지는 받아 주었는데 1990년부터는 외면하고 있다. 그러나 화교(한족) 같은 경우에는 북한에서 태어난 2세도 받아 주고 있다.

북조선 귀환형

'조선 귀환형' 탈북자들은 먹고살기 위해 중국에 나왔지만 돈을 벌면 다시 북으로 돌아가겠다는 사람들이다. 이들이 탈북해 중국으로 온 것은, 돈을 벌어 북한에 있는 가족들을 부양하기 위해서다. 북으로 돌아가야 하는 까닭은 북조선이 자기 나라이며, 고향에 가족과 자식이 있기 때문이다. 가족과 조국을 배신할 수 없다는 것이다. 중국생활이 처음 탈북했을 때 생각과는 달라 시간이 흐를수록 탈북을 후회하고 있는 이들도 있었다.

북으로 가고 싶지만 가지 못하는 가장 큰 까닭은 처벌받을 것이 두렵고, 아직 돈을 벌지 못했기 때문이다. 북으로 강제송환된 탈북자들에 대해 처벌이 많이 완화되긴 했지만 중국에 계속 머물러 있는 까닭은 북한 정부가 관대한 처벌을 할 것인지에 대한 의문 때문이다. 또한 북한 사람들 시선이 두려워서이다. 처벌 없이 관대하게 받아 준다면 다시 돌아갈 의사가 있느냐는 질문에 대해 절반 이상이 귀향 의사가 있다고 답했다.

한국행 희망형

한국행을 희망하는 탈북자들의 동기는 다양하다.

첫째, 경제적인 이유 때문에 한국으로 오고자 하는 사람들 비율이 높다. 탈북자들 사이에서는 한국으로 가면 집을 주고 정착금과 생활비도 지원해 준다는 것이 알려져 있어, 좀 더 편하게 살기 위해 한국으로 오려고 한다. 한국에 가면 더 잘살 수 있을 것이라는 막연한 환상을 갖고 있다. 탈북자 오은미(가명, 39세) 씨는 다음과 같이 말했다.

"결국 한국 갈려는 목적은 다른 목적 없어요. 돈을 벌자는 목적이지. 돈을 벌어서 잘 먹고 잘살자는 거지 다른 의미는 없어요. 돈이 원수지. 옛날에는 몰랐는데 이렇게 고난 겪고 보니까 그놈의 돈이라는 것이 가족도 갈라 놓고 부모형제도 갈라 놓고, 나라도 망하게 하고 못 하는 짓이 없잖아요. 돈을 벌기 위해서 가는 길이지 다른 목적으로 가는 건 없잖아요."

둘째, 브로커에 의한 한국행 기회가 많아지면서 탈북자들 사이에 한국에 가면 돈을 많이 벌 수 있다는 '한국 바람'이 불기 시작했다. 이 때문에 탈북해 중국에서 정착하고자 하는 사람들 마음에 변화가 생기기 시작한 것이다. 중국 당국이 단속을 강화하면서 강제송환에 대한 불안 때문에 어쩔 수 없이 한국으로 오고자 하는 사람들도 많아졌다. 조사 대상자들 가운데서도 처음 면담을 할 때에는 중국에서 살고 싶다고 했지만, 시간이 흐르자 한국행을 원하거나 이미 한국으로 들어온 사람도 있었다.

셋째, 북에서 죄를 짓거나 중국에서 인신매매, 밀수와 같은 범죄 행위를 한 사람들이다. 이들은 탈북여성들이 강제송환되는 과정에서 이러한 범죄 행각이 탄로가 나서, 북으로 들어가면 처벌을 받는다. 그렇다고 중국에 있으면 공안 당국에 쫓기는 처지가 된다. 때문에 이들은 한국으로 오는 것만이 유일한 탈출구가 되는 것이다.

넷째, 한국으로 이미 들어온 탈북자들이 북조선이나 중국에 남아 있는 가족들을 한국으로 빼내 오려고 하는 경우이다. 이 경우 남아 있는 가족들이 한국행을 희망하기도 하지만 이미 한국에 와 있는 가족이나 브로커들의 설득에 의해 생각 없이 한국으로 가려는 사람들도 많다.

다섯째, 일부 중국 한족이나 조선족들이 탈북여성들을 한국으로 진출하는 발판으로 삼는다. 중국인이 한국으로 들어오기 위해서는 기본적으로 한화 1,000만 원 정도 비용이 들지만, 탈북여성 같은 경우에는 300만 원이면 된다. 탈북여성의 중국인 남편은 탈북 루트를 제공하고 재정적 지원을 하여 탈북여성을 한국으로 보낸다. 그러면 탈북여성은 한국 국적을 획득하고 나서 국제결혼 형식으로 중국인 남자를 초청하는 것이다.

여섯째, 자녀 교육을 이유로 한국으로 오고자 결심하고 탈북하는 사람들이다. 이들은 주로 북한에서부터 한국에 대한 정보를 얻어 탈북을 결심한 사람들이 많다.

여기에 더해 한국으로 오는 길이 이전에 비해 많이 쉬워진 것도 한국행을 원하는 비율을 높이는 데 한몫했다.

이밖에도 중국과 북한을 꾸준히 오가며 장사를 하는 사람들이 있다. 이들을 탈북자라고 하기에는 무리가 있다. 이들은 주로 밀수를 하기 때문에 북한이나 중국에서 단속당할 위험에 처하게 되면 탈북자 대열에 합류하여 한국으로 오는 경우가 있다.

한편 탈북자들 가운데서는 북조선에서 중국으로 나올 때 합법적으로 여권과 통행증을 발급받아 나왔다가 중국에 불법체류자로 남게 되는 경우도 있다. 이 경우 중국에서 돈을 더 벌어 북조선으로 다시 들어가기도 하지만 한국으로 오는 경우도 있다.

2004년 2월 초부터 친척 방문 형식으로 중국에 나와 일하는 사람들이 늘어나고 있다. 결국 탈북자 대열에 낄 사람들이 더 늘어날 가능성이 있다.

탈북생활이 가진 문제점

탈북자들은 중국에서 불법체류자 신분이다. 그렇기 때문에 언제든 강제송환을 당할 수 있다. 이들은 노동에 대한 정당한 대가를 받지 못하고 착취, 협박, 폭행, 고발 같은 인권침해를 고스란히 받고 있는 경우도 있다. 이는 한국에 불법체류하고 있는 조선족이나 외국인 노동자들이 당하고 있는 차별 대우와 유사하다.

중국인 친척이나 조선족들은 탈북 초기에 탈북자들에게 도움을 주기도 하지만, 탈북생활이 점점 장기화되면서 도움을 주는 데에는 한계가 있다. 중국 공안의 단속이 강화돼 탈북자를 도왔다가는 벌금을 물어야 하기 때문에 탈북자들을 꺼리고 신고하는 조선족들도 생겼다.

탈북자들은 같은 민족으로서 조선족들이 자신을 돕는 것은 당연하다고 생각한다. 그러나 현실적으로 그렇지 못하기 때문에 조선족들에 대한 시각이 곱지 않다. 일을 해도 정당한 대가를 주지 않고, 같은 민족이면서도 못산다고 천대와 멸시를 하는 것에 분노를 갖고 있다.

탈북자들도 여러 유형이 있다. 스스로 열심히 일을 하고 길을 개척해 생활하는 사람들도 있지만, 쉬운 일이나 힘들이지 않고 돈을 벌 수 있는 길만 찾고 조선족이나 한국 NGO나 선교단체에 의존하여 한국으로 올 궁리만 하는 사람들도 있다.

결손가정이 되어 중국을 떠도는 아이(꽃제비)들은 제대로 된 교육을 받지 못할 뿐 아니라 끼리끼리 일탈행동을 하는 경우가 많다. 성인 탈북자들 사이에서도 살인, 강도, 절도, 마약밀매, 인신매매 같은 범죄를 저지르는 경우가 있어 중국 내에서 탈북자에 대한 인식이 더 나빠지고 있다.

탈북여성들은 많은 수가 탈북생활을 후회한다. 불안한 삶과 중국 공안단속에 대한 두려움으로 우울증이 심한 것으로 나타났다. 탈북한 뒤 겪는 일들이 너무나 험난하기 때문이다.

탈북여성들은 중국에서 기혼상태인 경우가 많은데, 탈북여성들이 중국에서 하는 결혼은 법적인 인정을 받지 못하는 사실혼이며, 경제적 돌파구를 마련하기 위한 수단이거나 신변의 안전을 보호받기 위해서 하는 경우가 대부분이다. 그러나 이러한 결혼은 대부분 인신매매 과정을 거쳐 이루어진다. 그런데 처음 탈북한 여성들은 자신들이 팔려 가는 것을 알지 못하는 경우가 많다. 자신을 숨겨 주고 신변 보호를 해 준다고 생각하기 때문에 오히려 고마워하는 경우도 있다.

탈북여성의 결혼은 자녀 문제와도 이어진다. 미혼여성이 중국에서 결혼해 아이를 가졌을 때에는 한국으로 들어올 때 데려오지 못하는 경우가 생긴다. 기혼여성이 다시 결혼을 해서, 중국 남편과의 사이에서 자녀가 태어나면, 북조선에 있는 남편과 자녀, 중국에 있는 남편과 자녀를 모두 갖게 되는 상황이 발생하기도 한다. 이렇게 되면 탈북여성은 북조선 자녀와 중국 자녀 사이에서 갈등을 겪게 된다.

탈북여성들은 탈북남성들에 비해 중국에서 적응하는 힘이 강하다. 일할 곳을 찾거나 거처할 곳을 마련하기가 상대적으로 쉽기 때문이다. 탈북여성들 대부분은 나이와 관계없이 중국인 홀아비와 동거 형태로 살고 있으며 농사를 짓거나 식당에서 일을 한다. 일부는 유흥업소에서 일하는 경우도 있다.

유흥업소 종사자들 대부분이 강제로 팔려 왔다고 하는 것은 사실과 다르다. 탈북자 단속 때문에 일을 구할 때 '신분증'을 요구하는 다른 직업들에 비해 유흥업소는 '신분증'을 요구하지 않는 경우가 많아 유흥업소를 선호하는 것이다. 또 짧은 기간 안에 돈을 벌 수 있고 단속에 걸렸을 경우 주인도 함께 벌금을 내야 하기 때문에 유흥업소 주인들이 숨겨 주고 보호해 주는 역할을 한다.

범법 행위를 하고 탈북한 탈북자들도 문제다. 이들 대부분은 이미 한국에 왔거나 한국행을 준비하고 있다. 그러나 한국에 온 피해자가 가해자를 신고하여도 제3국에서 이루어진 범죄 행위이기 때문에 처벌받지 않는다.

NGO와 선교단체가 가진 문제점

탈북자들이 처음 중국으로 건너올 때는 '탈북'보다는 '체류' '교류'의 의미가 컸다. 중국에서 돈을 벌어 북한으로 돌아가고자 하는 사람들이 더 많았던 것이다. 하지만 2000년대부터 기획망명 등의 탈북 문제가 발생하면서 탈북자 인권 문제가 국제적으로 이슈화 되었고, 이를 계기로 중국은 대대적인 단속을 벌였다.

중국에 정착하면서 가정을 이룬 탈북자들은 이런 강력한 단속으로 인해 강제송환되면서 가정이 파괴되는 경우가 많아졌다. 탈북 관련 사건이 부각되면서 남아 있는 탈북자들은 더욱 어려운 처지에 놓이게 된 것이다.

탈북자 인권을 이야기하고 주장하는 국내외 NGO나 선교단체들이 많다. 그들이 표방하고 있는 명분과 목적은 그럴듯하지만 실제 하고 있는 행위를 보면 과연 인권에 대한 개념을 제대로 갖고 있는지 의문스럽다. 한 사람의 인권을 보호하기 위해 수많은 사람의 인권을 망가뜨린다면 그것은 진정한 인권 보호가 아닐 것이다.

탈북자들 대다수가 가진 공통점은 기획망명을 비판하고 있다는 것이다. 설문조사에서도 한국 NGO나 선교단체에 대해 탈북자들을 위한 좋은 단체라고 보는 견해도 있었지만, 단체 목적을 위해 탈북자들을 이용한다고 보는 견해도 상당수 있다.

8년째 중국에서 탈북생활을 하고 있는 김경희(가명, 42세) 씨는 NGO들에 의한 기획망명을 비판했다.

"(기획망명은) 탈북자들을 놀잇감으로 여기고 세계적으로 떠들어서 여론을 환기시키고, 북한을 고립시키려는 것이다. 그 사람들이 인권이니 뭐니 하지만 고의적으로 대사관에 들어가게 한 것이 아니라면 어떻게 그 사람들이 들어가는 장면을 찍을 수 있나? 북한 사람이 직접 그런 생각을 했다기보다 한국 사람이나 다른 사람들(브로커 등)이 그런 시도를 했다고 생각한다. 몇몇 탈북자들은 그렇게 해서 한국으로 갔지만, 그 사람들이 남아 있는 탈북자들에게 미치는 영향이 너무나 크다. 갈대처럼 갈팡질팡하는 사람들에게 북조선에 가면 죽고, 한국에 가면 집도 주고 돈도 준다는 환상을 불어넣게 되면, 열 명 가운데 두 명은 기획망명을 통해 자기 목적을 달성할지 몰라도 나머지 여덟 명은 어떻게 되겠나?"

'떴다방' 식으로 활동하는 NGO들도 문제가 있다. 자체 프로그램이 마련되어 있지 않기 때문에 지속적이지 못하다. 일회성 이벤트에 급급하다 보니 무책임하고 탈북자들에게 오히려 피해를 주는 기획망명을 주도한다.

NGO들은 국내 단체들끼리 연대하지 않고 독자적으로 활동하는 경향이 있다. 하지만 국외 NGO와는 유기적으로 연대하고 있다. 자금력을 제공받을 수 있기 때문이다.

앞서 언급한 것처럼 NGO 대부분은 선교단체인 경우가 많다. 그럴 경우 선교를 내세워 자기 교파나 교회 세력을 확대하는 경우가 많다. 또한 탈북자를 현실적으로 이해하지 않고 선교에만 치우치고 물질적인 지원만을 하는 경향이 있다. 탈북자들은 스스로 판단하고 행동할 수 있는 낚시법을 배우지 못하고 물고기만 얻어먹을 뿐이다. 탈북자들이 겨울에는 단체에서 마련해 준 은신처에 머물다가도 봄에 따뜻해지면 떠나는 까닭이 여기에 있다.

오랜 기간 현장 경험이 있음에도 불구하고 NGO들은 한국 정부에 원론적인 대책만을 요구한다. 현실적인 한계나 국제법상 문제 들은 고려하지 않고 탈북자들을 무조건 수용해야 한다거나 인권 보호만을 주장하는 것이 그렇다. 이는 냉전적 사고방식으로, 북한은 나쁘고 이 나쁜 북한에서 탈출한 탈북자들은 모두 옳기 때문에 다 받아 줘야 한다는 사고가 깔려 있는 것이다.

2000년 6월, 남북정상은 '6·15남북공동선언'을 통해 남과 북의 화해

와 협력을 약속했다. 하지만 탈북자 문제만큼은 냉전시대 논리가 그대로 작용하고 있다. 일본 같은 경우, NGO와 민영방송은 '일본인 납북자' 문제를 부각시키기 위해 탈북자 문제를 상업적으로 이용하여 북한을 '악의 축'으로 몰아세웠다.

이 일에 직간접으로 개입하는 국내 NGO와 선교단체들도 있다. 일본 언론들은 북한 관련 영상물과 정보를 빼내 오기 위해 한국과 중국 등지에서 조직적으로 활동하고 있다. 탈북자 인권을 부르짖는 NGO들이 일본 언론과 중국 내 브로커들과 손을 잡고 돈에 따라 움직이는 것이다. 탈북자들에게 한국행에 대한 대가로 각서를 쓰게 하고 일정 액수를 받는 경우에서부터, 외국 공관에 진입하는 장면을 담은 동영상을 언론에 파는 데 이르기까지, 그 내용은 탈북자들을 대상으로 인권을 팔아 장사를 하는 듯한 혐의를 지울 수 없다.

NGO와 선교단체들이 브로커와 공생관계를 유지하는 경우도 있다. 일부 탈북자들이 하는 몸값 부풀리기식 과장된 증언과 브로커들이 갖고 있는, 파장만 크고 불확실한 정보는 반북단체들 입맛에 맞아떨어지기 때문이다. 따라서 이들에게 얻은 북조선 정보나 탈북자 실태를 공론화하는 일은 신중해야 할 필요가 있다.

NGO나 선교단체를 비판하고 감시하는 기관이 없는 것도 문제다. 언론이 이들을 견제할 수 있지만, 언론 또한 NGO나 선교단체에서 제공하는 정보를 돈을 주고 구입해 여과 없이 보도하고 또 특종 만들기를 위해 함께하고 있다.

국정원 직원이었던 이 모 씨와 박 모 씨가 정보를 수집하기 위해 연변

두레마을(이사장 김진홍 목사) 선교사로 위장 활동한 사건, 2001년 6월에 있었던 북으로 송환된 탈북자 일곱 명 가운데 중국으로 재탈북했다고 주장하는 탈북자 박충일의 '가짜 김운철 행세 사건', 2003년 11월에 있었던 국군 포로 전용일 부부라며 가짜 부인 '탈북자 최응희 끼워 넣기', 2004년 2월에 있었던 '북한 생체실험 이관서 문서조작' 의혹, 죽은 사람이 탈북해 중국 단동에 억류되었다는 '의용군 출신 간호사 이주임 사건' 들이 사회적인 파문을 일으켰다.

이런 사건들이 생길 때마다 주요 반북단체들은 들고일어나 기자회견을 자청해 한국 정부에 압력을 넣거나 해외 언론에 공개해 북을 압박했지만, 모두 거짓으로 판명났다. 그런데도 이 일에 책임이 있는 NGO나 선교단체들은 아무런 책임을 지지 않았고 한국 정부 또한 방관하고 지원했다. 정부 관계자들은 NGO들이 언론에 공표한 내용이 가져오는 사회적 파장을 막는 데만 급급해 탈북자 문제를 일관성 없이 처리해 왔다. NGO의 도덕성 결핍과 국가 신뢰도 추락이라는 현실을 직시해야 한다. 결국 피해를 보는 사람은 중국에 남아 있는 탈북자들이다.

더 근본적인 해법

'북한이탈주민의 보호 및 정착지원에 관한 법률'이 실질적으로는 국내에 입국한 탈북자 지원에 집중되어 있다. 탈북자가 한국으로 입국해서 정착해 살기까지 들어가는 비용은 점점 늘어나고 있다. 게다가 한 해 입국하는 탈북자들 수가 2004년 기준으로 1,500명을 넘어섰다. 정부는 탈북자 수용 능력에 대해 점검할 필요가 있다.

하나원에서 하는 교육도 입국하는 탈북자 유형과 상관없이 일률적으로 단기간에 이루어지고 있어 교육의 의미를 찾기 어렵다. 죄를 짓고 탈출구를 찾아 한국으로 온 유형인지, 중국에서 오랫동안 장기체류를 하다 온 유형인지, 아니면 가족에 의해 북에서 나와 곧바로 한국에 온 유형인지에 따라 교육 내용도 달라져야 할 것이다.

한국에 입국한 탈북자들뿐 아니라 재외탈북자들 역시 우리가 책임지고 지원해야 하는 대상이다. 시간이 흐를수록 탈북생활이 장기화된 사람들도 많아지게 되어 있는데, 탈북한 지 10년이 넘는 사람에게는 한국 국적 취득만 가능할 뿐, 한국 정부가 지원하는 정착지원금이 없다. 이들에 대한 대비책도 마련되어야 할 것이다. 결혼을 해 자녀가 있는 탈북여성 같은 경우, 중국 정부와 긴밀한 협조를 통한 대책 마련이 필요하다.

장기적으로 볼 때는 한국에 입국하는 탈북자들에게 물질적인 지원을 하기보다는, 대북 경제지원처럼 북한 사회가 경제적으로 자생할 수 있는 힘을 길러 주는 것이 바람직할 것이다. 그러면 자연스럽게 탈북자들이 북한으로 돌아갈 수 있도록 유도할 수 있고, 나아가 탈북자 문제가 더 이상 생기지 않을 수 있다. 이런 정책 방향이 통일 기반을 마련하는 데 더 도움이 될 것이다.

탈북자를
울리는 **사람들**

탈북자들에게 사기 혐의로 고소당한
한기총 산하 기획탈북 NGO

실패하면 돌려준다더니

탈북자를 돕는다는 시민단체 간부가 탈북자들에게 사기 혐의로 고소당하는 사건이 발생했다. 한국기독교총연합회 산하 '탈북난민보호운동본부(본부장 김상철)' 보호국장 임 모 씨가 그 주인공이다.

임 국장은 탈북자들을 상대로 기획입국을 시켜 주겠다며 선불금을 받아 가로챈 혐의를 받고 있다. 실패할 경우 선불금을 돌려주겠다고 계약서까지 썼던 임 국장은 약속을 지키지 않았다. 임 국장은 기획입국이 실패로 돌아가고 이들이 북으로 강제송환될 때까지 기획입국을 의뢰한 가족들에게 이 사실을 숨겨 왔다. 취재하면서 확인한 피해자만도 50여 명이 넘었다.

피해 가족 박철용(가명, 38세, 서울 거주) 씨는 탈북한 가족 두 명을 한국으로 데려오기 위해 수소문하다 탈북난민보호운동본부를 알게 됐다. 박 씨는 언론보도를 통해 탈북난민보호운동본부가 탈북자 인권을 위해 헌신

한다고 믿었다. 또 이 단체가 국가에서 운영하는 곳이라고 알았고 또 한국기독교총연합회 산하단체라 믿음이 갔다.

임 국장은 박 씨에게 "돈 때문에 하는 게 아니라 북한의 민주화를 위해 김정일과 싸우기 위해 한다"며 "중국에 거대한 선교조직이 있다"고 말했다. 임 국장은 또 "지금까지 실패한 적이 한 번도 없다"고 큰소리를 치기도 했다. 심지어 "중국 공안에 붙잡혀도 선이 있어 다 빼 줄 수 있다"며 "실패하면 돈을 다 돌려준다"고도 했다. 임 국장은 선금을 요구했고 박 씨는 1인당 250만 원씩, 두 명 비용인 500만 원을 한국기독교총연합회 계좌로 입금했다.

2004년 9월 15일, 박 씨 가족 두 명을 포함해 탈북자 여덟 명이 연길을 떠났다. 임 국장은 박 씨에게 일주일이면 몽골에 있는 한국 대사관에 간다고 안심해도 괜찮다고 했다. 국가정보원 인맥을 통해 한 달이면 한국에 오는 소식을 알려 주겠다고 했다. 그러나 두 달이 다 돼 가도록 소식이 없었다. 수소문한 결과 이들은 연길을 떠난 지 일주일 만에 붙잡혀 강제송환될 위기에 놓여 있다는 걸 알게 됐다. 뒤늦게 연락이 닿은 임 국장은 박 씨에게 가족들을 빼내 주겠다며 400만 원을 더 달라고 요구했다. 실패하면 선불금을 돌려준다는 처음 약속은 뒷전이었다.

박 씨는 "비영리단체라면서 돈을 왜 받느냐"고 물었다. "탈북자들을 도와주지는 못할망정 사람 생명을 가지고 농락하느냐"며 항의했다. 임 국장은 "함부로 말하지 말라"면서 "험담하면 칼침을 놓겠다"고 협박했다. 박 씨는 고민 끝에 본부장 김상철 변호사에게 전화를 걸어 항의했지만 과거 서울시장 출신이라는 김 변호사의 위세에 밀려 물러날 수밖에 없었다고 했다. 박 씨는 북에 강제송환돼 고통을 받고 있을 가족들 얼굴을 떠올리면 견딜 수가 없다고 하소연했다.

"북한 민주화운동이니 선교니 한다는 곳에서 어떻게 이렇게 인권을 유린할 수 있습니까. 차라리 브로커들에게 당했다면 분하지나 않겠습니다."

2004년 5월, 하나원을 수료한 탈북자 김문희(가명, 경기도 거주) 씨는 한국 실정을 모르는 상태에서 임 국장을 알게 됐다. 김 씨는 한국기독교총연합회 소속이라는 탈북난민보호운동본부가 거대한 조직인 줄 알았다고 했다. 중국에서 탈북생활을 하면서 만난 한국 목사들이 모두 한기총 소속인 줄만 알았다.

그러던 가운데 탈북한 사촌 언니가 도움을 요청해 왔다. 사촌 언니를 비롯해 가족 네 명을 데려오려면 1인당 250만 원씩 모두 1,000만 원이 필요했다. 김 씨가 하나원에서 퇴소하면서 받은 정착금은 임대 아파트 보증금으로 상당 부분 빠져나간 뒤였다. 돈이 부족한 김 씨는 임 국장에게 후불제로 해 달라고 제안했지만 소식이 없었다.

그 뒤 2004년 10월, 중국에서 임 국장에게 전화가 왔다. 김 씨가 돈이 부족하다고 말하자 임 국장은 600만 원을 먼저 입금하고 나머지 절반은 한국에 도착하면 달라고 했다. 김 씨는 탈북난민보호운동본부가 알려 준 한국기독교총연합회 계좌로 600만 원을 입금했다.

김 씨 가족 네 명은 10월 8일 연길에서 심양으로 떠나 임 국장이 알려 준 민박집에서 다른 탈북자들과 함께 머물렀다. 이들이 민박집에서 생활한 지 열흘째 되는 날 중국 공안이 들이닥쳤고 김 씨 가족은 붙잡혔다. 임 국장은 이들이 붙잡힌 사실을 가족에게 알려 주지 않았다. 뒤늦게 알게 된 가족들이 임 국장에게 항의했지만 임 국장은 "일단 강제송환된 뒤 다시 탈북하면 한국으로 입국시켜 주겠다"며 돈을 돌려주지 않았다.

또 다른 피해자 가족 송재헌(가명, 대전 거주) 씨 같은 경우, 2002년 11월 하나원을 퇴소한 뒤 북에 있는 가족이 도와 달라고 해 부인과 가족 다섯 명을 탈북시키기로 했다. 송 씨는 탈북자 출신 브로커 오○○를 통해 임 국장을 소개받았다. 임 국장은 "외상은 안 되고 현금만 받는다"고 했고 송 씨는 1인당 300만 원씩 다섯 명의 입국 비용을 지불했다.

임 국장은 송 씨 가족만 데려온다고 약속해 놓고 또 다른 탈북자 두 명을 기획입국 대열에 끼워 넣었다. 이들은 지난해 6월 연길을 떠나 북경으로 가는 기차에서 모두 붙잡혀 북으로 강제송환됐다. 송 씨가 돈을 돌려 달라고 항의하자 임 국장은 올해 2월까지 돌려주겠다고 둘러댔다. 그러고는 2005년 3월 경찰 조사를 피해 제3국으로 달아났다.

송 씨는 "차라리 그쪽에 돈 부쳐 주고 편히 살 수 있게 해 주는 게 나았을 것 같다"며 후회했다.

후불제는 폭행당해도 하소연할 길 없어

탈북자 장종일(가명, 서울 거주) 씨는 한국에 입국한 뒤, 후불로 주기로 했던 입국 비용을 지불하지 않았다. 브로커들이 협박을 해 와 담당 경찰관에게 연락했다. 그런데 경찰관은 장 씨에게 자기들이 보는 앞에서 브로커들에게 돈을 주라고 했다. 그래서 입국 비용을 지불하고 말았다. 한 경찰관은 "탈북자나 탈북자 출신 브로커들 사이에 개인적으로 이뤄지는 계약 관계를 어떻게 해야 할지 모르겠다"며 어려움을 호소했다. "모른 척하는 게 최선"이라고도 했다.

2005년 2월, 서울경찰청 형사과는 탈북자 스무 명에게 입국 경로를 알려 주고 정착금 1억 3천만 원을 뜯어낸 혐의로 탈북자 김만수(가명, 49세, 서울 거주) 씨를 포함해 모두 열세 명을 입건하고 세 명을 구속했다. 동료 탈북자를 울린 탈북 폭력배들이었다. 탈북자 허 모 씨가 이들에게 집단 구타를 당해 전치 6주 부상을 입었다. 후불제로 기획입국한 탈북자들에게 자주 있는 일이다.

김 씨는 하나원 교육을 받는 동안에도 교육생들을 상대로 브로커 활동을 해 왔던 것으로 드러났다. 김 씨와 함께 하나원에서 교육받은 강철호(가명, 39세, 서울 거주) 씨는 김 씨로부터 임 국장에 대한 이야기를 들었다. 강 씨는 하나원에 있는 공중전화로 북조선에 있는 가족에게 전화해 가족들을 중국으로 탈북시켰다.

하나원을 수료한 강 씨는 가족 네 명의 기획입국을 돕는 소개비로 김 씨에게 400만 원을 건네고 한국에 도착하면 후불로 800만 원을 주기로 약속했다. 그러나 강 씨 가족은 다른 탈북자들과 연길을 떠나 안도현으로 가던 길에 중국 공안에 붙잡혀 북으로 강제송환됐다.

강 씨가 임 국장을 찾아가 돈을 돌려 달라고 하자 임 국장은 "돈은 돌려 줄 수 없고 대신 다른 탈북자 가족을 소개시켜 주면 소개비로 1인당 100만 원씩 주겠다"고 제안했다. 강 씨는 자기가 입은 피해를 다른 탈북자들에게 떠넘기는 일은 양심상 못 하겠다고 거절했다.

구속된 김 씨는 임 국장이 심어 놓은 모집책인 셈이다. 김 씨는 임 국장에게 기획입국을 바라는 가족들을 물색해 넘겨주고 소개비 명목으로 100만 원씩 받았다. 임 국장과 김 씨는 이들을 기획입국 시켜 주고 돈을 받는 공생관계였다. 경찰 조사 결과, 김 씨와 임 국장 사이에 750만 원이 오고 간 사실이 확인됐다.

그동안 임 국장의 계좌에는 모두 4억 4천만 원이 들어왔다. 탈북난민보호운동본부에서 근무했던 한 간사는 익명을 요구하면서, 본부 계좌를 추적하면 다른 내부 관계자들과 임 국장이 어떤 관계인지를 밝혀낼 수 있을 것이라고 했다. 그는 본부 회계를 관리해 왔던 간사들이 모두 여직원들이고 오래 근무하게 하지 않고 자주 바뀐다며 그 이유가 뭐겠냐고 귀띔했다.

한국기독교총연합회 한 관계자는 "한기총의 순수성을 훼손하고 이용한 일"이라며 "불쌍한 사람들을 돕는 교회 속성상 이곳에서 탈북자 구원기금을 얻고 교단에서 활동하기 위해 사무실을 함께 쓸 것을 고집한 것"이라 꼬집었다.

탈북난민보호운동본부는 한기총 산하 특별위원회 소속이라 한기총에서는 관리감독 권한이 없다. 그런데도 많은 사람들이 탈북난민보호운동본부를 한기총이 직접 관리감독하는 것으로 인식하고 있다. 탈북자들도 한기총이라는 말에 현혹돼 기획입국을 의뢰하고 피해를 보는 경우가 많았다.

그렇다고 한기총은 도덕적인 책임이 없을까. 한기총 박천일 총무는 "한기총이 낳은 것은 분명하지만 특별위원회 소속이라 관리할 수 없다. 사용

내역이나 행정적인 체계도 모른다. 보고만 받을 뿐 결재도 할 수 없다. 지난해 탈북난민기금을 1억 원 정도 모았다는 이야기만 들었다"고 말했다.

탈북난민보호운동본부는 한기총과 사무실을 함께 쓰고 있다. 박 총무는 "한기총은 기금을 모으면 탈북자들에게 돈을 받지 않고 데려오는 게 원칙"이라며 "이들이 기금 모금할 때만 한기총 이름을 쓰고 자기네 사업할 때는 한기총의 이름을 쓰지 않는 것으로 안다"고 했다.

임 국장의 도덕성 문제를 거론하자 박 총무는 "동남아시아를 돌며 탈북자 실태를 조사하면서 임 국장의 문제는 인지했다"며 "잘못된 사실을 알고 있지만 운동본부에서 하는 일은 간섭할 수도 없고 외면할 수도 없는 현실"이라며 난처해했다.

탈북자 인권 안중에도 없어

탈북난민보호운동본부는 반북단체다. 2004년 8월 아테네 올림픽 개막 전야에서 독일인 의사 폴러첸과 함께 중국 탈북자 강제송환 정책을 비난하고 베이징 올림픽 불참을 촉구하는 규탄 집회를 여는 등 북한을 비난하는 데 앞장서 왔다.

그들은 북한을 고립시키고 부정적인 인식을 확산시키기 위해 탈북자 관련 사건이나 정보를 취득해 국제사회에 알린다. 그 과정에서 탈북자들 인권은 안중에도 없다.

2002년 11월, 중국 광시광족지구 난닝에서 붙잡힌 탈북자 열일곱 명이 그 대표적인 경우다. 탈북난민보호운동본부 임 국장은 이들에게 1인당 300만 원씩을 받고 연길에서 난닝까지 이들을 직접 데리고 갔다. 임 국장은 난닝에 도착해 대기하고 있던 윤 모 씨에게 이들을 인계하고는 사라졌다. 탈북자 열일곱 명은 국경을 넘다가 베트남 국경수비대에 붙잡혔고 다시 중국으로 추방됐다가 북한으로 강제송환됐다. 이들의 기획입국은 실패로 끝났다.

문제는 이들이 탈북하는 걸 도왔던 탈북난민보호운동본부가 보이는 태도다. 탈북난민보호운동본부는 이날 보도자료를 통해 이 사건을 공개하고 탈북자 열일곱 명에 대해 본명과 나이까지 그대로 밝혔다. 이 명단은 당시 중국 억류 탈북수감자 사례를 수집하고 있던 미국 방위포럼을 통해 미국 의회까지 보고돼 국제사회에 탈북자 문제 여론을 환기시켰다. 그 과정에서 탈북자 열일곱 명은 영문도 모른 채 한 달 반 동안 변방대에서 온갖 조사를 받고 강제송환됐다.

그동안 북한에서는 한국행에 실패하고 강제송환될 경우에도 돈벌이하러 갔다고 둘러대면 적당히 눈감아 주는 경우가 많았다. 증거가 없기 때문에 우기기만 하면 혐의 내용을 줄일 수 있다는 게 재탈북자들이 가진 일반적인 생각이다. 그러나 이들 열일곱 명은 그럴 기회조차 없었다. 이들이 강제송환될 때 북한 보위부는 직접 중국 변방까지 나와 이들을 데려갔다.

이들은 모두 감옥에 갇혀 혹독한 조사를 받았다. 그 과정에서 김옥련(39세) 씨가 사망했고 다른 탈북자들은 10년에서 20년 형을 받고 복역하고 있다. 60세가 넘은 노인 한 명과 어린아이 두 명이 풀려났을 뿐이다.

2005년 2월 23일, 나는 중국 심양 서탑가에서 이들 열일곱 명 가운데 한 명을 만났다. 이정은(가명) 씨는 임신한 몸으로 감옥살이를 하다 아이를 출산하면서 일곱 달 만에 석방됐다. 이 씨가 석방된 것은 이 씨만 유일하게 한국에 건너간 가족이 없기 때문이기도 했다.

재탈북한 이 씨에 따르면 임 국장은 한국 통일부에서 일한다고 탈북자들을 속여 왔다. 여관방에 모인 탈북자들에게 "여러분은 오늘부터 한국 국민이다. 붙잡혀도 일없다. 다 구출할 수 있는 힘이 있다"고 해 다들 한국 사람이 된 것처럼 들떴다고 한다.

이들은 북으로 강제송환될 때까지 한 달 반 동안 임 국장 말만 믿고 한국으로 갈 날을 손꼽아 기다렸다. 임 국장은 자기를 믿고 따르던 이 탈북자들의 뒤통수를 친 것이다.

이정은 씨 남편은 15년형을 선고받고 감옥에 갇혀 있다. 이 씨는 남편 얼굴을 떠올리면 악몽 같기만 하다고 눈물을 흘렸다. 한국에 가족이 없는 이 씨와 같은 탈북자들은 그 어떤 곳에도 항의를 할 수 없다. 이 씨는 두 번 다시 한국행을 시도하지 않겠다고 했다. 중국에서 돈을 벌어 북으로 돌아가겠다며 자신과 같은 또 다른 탈북 피해자가 나오지 않길 바란다고 말했다.

기획입국 실패 사례도, 언론에 공개되면 국제사회에 미치는 파급효과는 크다. 국내 기획입국 NGO와 선교단체에서 관여한 사건들이 모두 그랬다. 탈북 브로커들에 의한 기획입국의 문제점은 감춰진 채 NGO와 공생관계에 있었다. 남북 평화공존의 가능성은 저버린 채 인권을 빙자해 북한의 정권 붕괴를 노리는 반북단체들이나, 남북 화해 협력만 외치며 탈북자 문제를 모르쇠 하는 국내 NGO들은 기획입국 피해자들이 하는 말에 귀 기울여야 한다. 상담소나 피해구제센터 들을 마련해 입국 초기 탈북자들이 입는 피해를 줄이려는 노력이 필요하다.

반북 NGO와 선교단체들에 의한 브로커 문제를 덮어 두고 비호하는 일은 제3국에 흩어져 있는 탈북자들에게 더 큰 고통을 줄 뿐이다. 지난 2004년 12월 통일부에서는 악덕 탈북 브로커를 강력히 단속하겠다고 밝히면서 국내 입국한 탈북자들이 자립 의지를 갖도록 정책을 전환하기로 했다. 그러면서 직업을 구하면 인센티브를 제공하고 대신 정착금을 줄였다.

정부 당국에서는 이제껏 브로커 문제를 소극적으로 대처해 왔다. 향후 정부 당국이 탈북 브로커 문제를 어떻게 해결할지 그 대책이 주목된다. 정부 대책에 따라 탈북 브로커들이 하는 행동이 달라질 것이기 때문이다.

* 2006년 1월 24일, 한국기독교총연합회(회장 최성규 목사) 실행위원회에서는 '한기총의 위상과 품위에 상처를 줬다'고 판단해 '탈북난민보호운동본부'를 폐지했다.

전대미문의 사기극 예랑선교회의 실체 1

탈북자 선교 장사로 20억 편취

거짓 선교활동 꾸며 후원인 모집

　탈북자 선교를 통해 북에 지하교회를 세우고 굶주리는 북녘 동포들을 돕는다며 후원금을 받아 편취한 예랑선교회 대표 진기홍 목사(김영식 목사라는 이름으로 널리 알려져 있음). 진 목사는 1심에서 사기죄 판결을 받은 뒤에도 가짜 증인을 내세워 위증교사까지 하면서 죄를 모면하려 했다. 진목사를 고소한 이들은 예랑선교회 후원인들과 간부들이다. 기독교인으로서 목사를 고발한다는 게 부담도 컸고, 재판 과정에서도 세상에 알려지기를 꺼려해 세간의 주목을 받지 못했다.

　2000년 2월 10일 12시 정각. 함경북도 무산읍 장마당에서 리영희(37세) 씨가 총살당했다. 주민들이 보는 앞에서 "당과 조국을 배신하면 처형당한다"는 경각심을 심어 주었다. 고문으로 하반신이 만신창이가 된 사람을 말뚝에 새끼줄로 목과 가슴을 묶고 눈은 헝겊으로 가렸다. 군 장교가 사격수들에게 "발사 준비"라고 명령하자, 리영희 씨는 "예수를 믿으시오! 주여!"라고 외쳤다. "발사!"라는 명령과 함께 총구에서 불꽃이 튀었고, 리영희 씨는 더 이상 아무 말도 할 수 없었다.

- 예랑선교회가 보낸 '또 한사람의 순교자' 가운데 일부

이 글은 예랑선교회가 발표한 이야기로, 국내 언론에 그대로 기사화됐다. 진기홍 목사 부부 단둘이 시작한 예랑선교회는 이 편지글에 힘입어 세상에 알려지기 시작했다. 후원자들도 나타나고 예랑선교회를 주목하게 되었다.

진 목사 부부는 일산에 오피스텔을 얻어 2002년 2월 예랑선교회를 발족했다. 예랑선교회는 두만강변에서 가조 선교사(십자가에 매달려 죽음을 각오한 선교사)가 보낸 편지라며 선교 현장 소식을 수많은 사람들에게 보냈다. 이 편지를 받은 후원인들은 한결같이 눈물을 흘리지 않고는 읽을 수 없었다고 했다.

사업가 이효승 씨는 "순교한 리영희 씨의 최후가 장렬했고 너무 슬프고 충격적인 일이어서 후원을 했다"고 밝혔다.

그렇다면 리영희 씨 사건은 실제로 있었던 일일까? 예랑선교회는 두만강변에서 가조 선교사가 썼다는 편지를 통해 리영희 씨 이야기를 전했다.

리영희 씨는 1997년 가을, 굶주림 때문에 두만강을 건너와 예랑선교회의 지하교회로 들어왔다고 한다. 리 씨는 3개월 동안 가조 선교사에게서 도움을 받고 성경책을 가지고 북한으로 돌아갔다고 한다. 다음 해부터 리영희 씨는 두만강을 다시 건너와 성경책을 나르는 일을 1999년 말까지

수차례 반복했다. 그러다 2000년 1월에 체포되어 2주 동안 고문을 당한 뒤 처형당했다. 고문을 당하면서도 예랑선교회 선교캠프나 선교사들에 대해서는 일체 함구해 예랑선교회가 선교활동을 계속할 수 있었다고 한다.

그러나 예랑선교회에서 근무한 간사들이나, 진 목사와 함께 중국에 다녀온 간부들 모두 리영희 씨의 실체를 아는 사람을 만나 보지는 못했다.

가조 선교사가 리영희 씨와 3개월 동안 함께 생활했고 중국과 북한을 수차례 오갈 때 리 씨를 도와주었다면, 리 씨를 아는 가조 선교사나 조선족이 한 명이라도 있어야 한다. 그러나 8년이 지난 현재까지 리영희 씨를 아는 사람은 단 한 명도 없다. 진 목사가 북한 선교를 함께했던 중국 조선족 동포 김영걸 전도사도 리영희 씨의 실체를 부인했다.

두만강 인근에서 38년 살았다는 김 전도사는 "사촌이 무산에 살고 있어서 갔다 오기도 하고(합법) 밤에 나가서(비법) 많이 도와주기도 했지만 그런 말을 들은 적이 없고, 무산에서 그런 총살이 있었다는 소리도 못 들었다"는 것이다. "누군가가 두만강 인근에다 토굴을 파고 선교를 했다 하면 그것은 다 거짓말이다. 절대 있을 수 없다"고 반박했다. 오직 글을 올린 진기홍 목사 혼자만 알고 있다는 것이다.

나는 2000년 2월, 당시 무산에 살았던 탈북자와 한국에 온 탈북자 20여 명에게 그때 상황을 물었다. 하지만 그 일에 대해 아는 사람이 아무도 없었다. 더 확인하기 위해 중국을 들락거리며 밀수를 하는 김영호(가명, 함북 무산) 씨에게 예랑선교회 홈페이지에 있던 글을 전해 주고 당시 상황을 알아봐 줄 것을 요청했다.

김 씨는 "그런 일 없었다는데. 조선을 헐뜯으려고 하는 나쁜 사람들이다. 조선법이 예수 믿는다고 붙잡아 2주 만에 사형시키지는 않는다. 그리고 사형대에서 예수 믿으라고 말하는 머저리가 있겠나. 죽기 전까지도 살고자 하는 게 사람인데 다 거짓부렁이다. 예수에 미친 사람이면 입을 틀어막고 총살하지 인민들이 다 듣게 내버려 두겠냐"고 말했다.

두만강변에서 가조 선교사가 보냈다는 편지에는 "햇빛이 들지 않는 땅굴 속에서 죽기를 결심하고 순교의 때를 기다리는 제2의 리영희를 양육해 북한땅에 수십 개의 지하교회를 만들어 후원할 동역자를 찾는다"고 적혀 있다. 예랑선교회는 이를 바탕으로 후원회원을 모집했다. 후원회원은 1만 2천여 명으로 늘어났다.

예랑선교회 이사를 맡은 이석재 씨는 "토굴에서 생활하는 여자 가조 선교사가 화장품이 없어서 얼굴이 튼다"는 진 목사 말에 마음이 아파 화장품 사라고 1,000달러를 주었다며 허탈한 웃음을 지었다. 예랑선교회가 세상에 알려지고 후원자들이 급격히 늘어난 것은 순교와 자기를 희생하며 토굴에서 생활하고 선교한다는 가조 선교사 소식 덕분이었다.

한 탈북소년이 두만강변에 있는 토굴로 찾아오자, 가조 선교사가 토굴 속에서 치료도 해 주고 밥도 먹이면서 복음을 전하는 장면, 그 소년이 예수 영접을 받고, 북으로 돌아가면 죽을지도 모르는데 가서 죽더라도 부모님에게 복음을 전하겠다며 쌀과 성경책을 가지고 들어가는 장면을 읽고, 눈물을 흘리며 후원을 하게 되었다는 남승희 집사는 가조 선교사가 썼다는 편지를 수없이 읽고 분석했다.

남 집사는 "가조 선교사가 쓴 편지는 상황을 따뜻하게 묘사하다 갑자기 긴급 기도로 바뀐다"고 말했다. 탈북자를 돕는 가조 선교사가 공안에 쫓기고 탈북자들이 흩어졌다고 긴장감을 주면 후원인들은 가조 선교사가 보내올 다음 편지를 기다리게 된다. 그다음에는 안전한 곳으로 대피했다는 가조 선교사의 메일이 온다. 이어 북조선에 있는 지하교회에 물품을 지원했다는 이메일이 오고, 갑자기 '긴급 기도'라며 두 번 이상 기도해 달라는 부탁을 한다. 그런 뒤 가조 선교사가 "방금 선교현장에 돌아왔다"며 북에 들어간 물품을 확인했고 북에서 나온 지하교회 성도들을 만났다고 안심시킨다. 마지막 부분에서는 "동역할 후원자를 찾는다"로 마무리하는 이러한 방법으로 재탕 삼탕을 해 후원자들을 속였다고 했다.

예랑선교회는 허상이었다

진 목사는 철저하게 베일에 가려진 활동을 해 왔다. 익명성이 보장되는 인터넷을 활용해 없는 존재를 만들어 냈다. 탈북자를 대상으로 선교활동을 하는 다른 단체들과는 차별성을 두었다. 가조 선교사들이 여러 번 체포를 당했고 모진 고문으로 어려움을 당했다며 언론과의 인터뷰를 꺼렸다.

진 목사는 이와 관련해 예랑선교회 홈페이지를 통해 "북한에서도 보고 있고 중국 당국에서도 면밀히 보고 있습니다. 우리 가조 선교사들을 북한에서는 납치 대상자의 명단에 올려놓고 있습니다. 중국 공안 당국에서는 수배자 명단에 올려놨습니다. 그래서 본명을 쓰지 못하고 모두들 사역명을 쓰고 있으며 신분을 철저히 가리고 있습니다"라고 밝히면서 "보안을 중요시 여긴다"고 강조했다.

반북 선교단체들이 선교활동보다 기획탈북을 조장해 탈북자들을 한국에 데려오는 일에 열을 올리는 행태에 대해 진 목사는 예랑선교회 홈페이지를 통해 이를 비판하면서 주목을 받기도 했다. 말 많고 탈 많던 반북 탈북단체와 비슷한 일을 하는 단체에서 공개적으로 비판한 것은 진 목사가 유일했기 때문이다.

생색내고 자기 이름 드러내기 좋아하는 이들이 또 설쳐 대면 연변처럼 난장판이 될까 심히 염려스럽다. 장길수 사건을 유도한 일부 몰지각한 인사들과 공명심에 눈이 먼 자들이 선교라는 구실로 자기들 공과를 자랑하고자 방송사 기자들을 동원해서 기획 취재하는 바람에 10년을 공들여 구축한 연변지역 선교 기반은 완전히 초토화되었고 수많은 선교사들이 희생된다.

진 목사가 올린 글이다. 진 목사는, 예랑선교회는 탈북자를 한국으로 데려오는 일은 하지 않는다고 밝혔다. 또한 탈북자 선교를 하는 한국 선교단체를 다음과 같이 꼬집기도 했다.

"자기를 드러내기 좋아하는 사람들이 결국 선교를 망치고 있다. 경쟁적인 교세 부풀리기식 선교는 북한 선교를 봉쇄하는 결과를 가져올 뿐이다. 또 선교와는 전혀 상관없이 단기 선교 지원자들을 모집해서 두만강, 백두산 코스를 정하고 관광사업을 해 온 사이비 선교사들도 있었다. 자랑하고 보여 주기 위한 선교를 해 온 일부 단체도 있었다. 남이 열심히 일하는 것을 곁눈질하고 와서는 마치 자기들이 한 것처럼 간증하고 다니는 파렴치한 인사들도 있었다."

그럼 예랑선교회는 어떠했을까? 예랑선교회 홈페이지를 통해 탈북자를 사역하고, 가조 선교사 30여 명이 중국에서 탈북자를 돕는 활동을 한다고 홍보했지만 단 한 명도 실체가 드러나지 않았다.

예랑선교회에서 1년 동안 행정 업무를 맡았던 장선동 목사는 "예랑선교회는 실체가 없는 허상이었다"고 주장했다. 탈북자 선교단체에서 일하면서도 "한국이나 중국에서 탈북자를 한 명도 만나 보지 못했다"고 말했다. 장 목사뿐 아니라 그 후임으로 행정 업무를 총괄한 백홍선 목사도 "두만강에 가조 선교사는 단 한 명도 없었다"면서 예랑선교회에서 사역한 탈북자는 만나 본 적 없다고 했다.

아래는 장선동 목사와 한 인터뷰다. 장선동 목사는 2003년 9월부터 2004년 8월까지 예랑선교회에서 행정간사로 일하다 중국에서 선교활동을 했다.

중국이나 한국에서 탈북자들에게 도와 달라는 전화가 왔었나?

탈북자에게서 전화 온 것은 한 번도 없었다. 1년 동안 탈북자를 만나 본 적도 없다.

중국에는 몇 번 갔었나?

두 번 갔었다. 내가 근무하는 동안에 회원들하고도 갔었는데, 중국에 갔던 코스가 항상 똑같았다. 똑같은 사람 만나고 똑같은 장소에서 사진 찍고, 특별히 비밀스런 일을 한 것도 아니고 똑같은 일을 하고 돌아왔다.

탈북자들이 많은 동북3성에 가조 선교사로 파송된 선교사는 몇 명이었나?

한 명도 없었다.

예랑선교회에서 일하면서 가장 힘들었던 점은?

매달 선교활동 보고하는 것이 힘들었다. 보고할 내용이 없었기 때문이다. 없는 것을 꾸며서 보고하고 예랑선교회를 홍보했다. 실제 선교보다는 홍보를 아주 잘한 선교회였다.

예랑선교회는 2002년에 발족했다. 2002년 이전 상황을 아는 사람은 아무도 없었다. 아는 사람은 오직 진기홍 목사와 부인밖에 없다. 그것을 확인할 수 있는 방법도 없다. 이에 대해 백홍선 목사는 "확인할 방법이 있었다면 거짓인지 알았겠지만 확인할 방법이 없었다"고 말했다.

연길 베이스캠프에 탈북자는 없었다

진 목사는 중국에 가조 선교사 30여 명이 활동하고, 처소교회와 두만강변 토굴 20여 곳이 있었다고 사역 보고를 해 후원을 받았지만, 그곳에서 일했던 사람이나 현장은 없었다. 진 목사가 재판 과정에서 법원에 제출한 관련 자료들이나 증인 진술서는 이번 사건과 관련이 없는, 예랑선교회가 발족하기 전에 진 목사 혼자 활동했던 자료들뿐이었다.

나는 진 목사가 활동했다는 베이스캠프를 취재했다. 베이스캠프는 진 목사가 법원에 제출한 자료 가운데 유일하게 실제로 존재하는 곳이었다. 연길시 의란진 룽연촌에 위치한 베이스캠프는 별장같이 잘 지은 집이다. 진 목사는 10여 년 전 초가집 두 채를 구입해 허물고 새집을 지었다.

그런데 이곳은 탈북자 사역을 하기에는 적합해 보이지 않았다. 두만강과 너무 멀리 떨어져 있어서 탈북자들이 스스로 찾아오기에는 힘든 곳이기 때문이다. 만약 탈북자들이 이곳에서 생활하다가 지하통로로 도망간다 해도 한눈에 다 보이는 집이라서 은신하기에 좋은 곳이 아니었다.

또 이곳은 진 목사가 붙잡혀 고문을 받았다는 연길시 주 공안국에서 택시로 15분 거리밖에 되지 않는 곳이다. 이 집에서 15분 거리 안팎에 있는 파출소를 찾으면 10여 곳이나 된다. 이곳은 두만강변이 아니다. 여기에서 탈북자들을 교육시켜 북으로 파송했다는 '가조 선교사의 편지'를 사실로 받아들였다면, 후원인들은 순진하게 속은 것이다.

그리고 베이스캠프에 상주한 선교사도 없었다. 관리인만이 집을 지키고 있었다. 베이스캠프에는 진 목사 부부만이 방문할 뿐 아무도 방문하지 않았다. 베이스캠프 출입문 앞집에 살고 있는 조선족 김 모 씨와 한족 할머니는 "여기 집주인은 한국 왕 선생(진기홍 목사는 중국에서 '왕 선생'으로 불렸음)이다. 저 집은 8년 전에 지은 집이고 한 해에 두세 번 왕 선생 부부가 들렀다. 관리인도 바뀌었다. 왕 선생이 없을 때 집 지키는 사람 말고는 오는 사람을 보지 못했다"고 말했다. 이곳에서 7년간 관리인으로 일했던 조선족 유미옥 씨도 "왕 선생 부부가 데려온 단체손님 말고는 다른 사람이 다녀간 적이 없었다"고 말했다.

진 목사가 후원인들을 데리고 이곳에 방문한 적이 있기는 했다. 2006년 진 목사와 함께 방문한 이효승 씨는 "집 밑으로 굴을 파 놓은 곳에 들어가본 적은 있지만 선교사나 탈북자는 한 명도 없었다"며 "오랫동안 사용하지 않은 것 같았다"고 말했다.

후원금 20억 5천만 원 편취

예랑선교회 관계자들과 후원인들은 왜 진기홍 목사를 고소했을까. 행정간사 백홍선 목사를 중심으로 이사들은 예랑선교회가 가진 문제점을 지적하면서 진 목사에게 시정해 줄 것을 요구했다. 그러나 5개월이 지나도 받아들여지지 않자, 결국 2006년 10월 10일 진 목사를 고소했다.

수사가 진행되자 진 목사는 "목사라는 사람들이 땀 안 흘리고 거저 얻어 먹고만 살아온 사람들이라 남의 호주머니에서 돈 털어 내는 데 전문가들이다. 이런 부류들이 내 주변에 수도 없이 많았다. 나는 이들에게 참으로 많이 착취당했다"며 오히려 예랑선교회 문제점을 지적한 목사들을 비난했다.

재정 투명성을 요구하다 고소까지 하게 되었다는 고소인들은 경찰 조사를 받을 때까지도 진 목사가 정확하게 얼마를 편취했는지는 알지 못했다. 진 목사 부부 말고는 후원금이 얼마나 들어왔는지 아무도 몰랐다.

2008년 1월 7일 대전지방법원 공소장 판결에 따르면, 진기홍 목사와 부인(재정 담당)은 인터넷을 활용해 북한 동포들을 구호하는 선교활동을 활발히 하는 것처럼 허위 홍보해 후원금을 받아 편취하기로 공모했다. 1995년 8월경부터 연길시에서 북한 선교활동을 한다고 했지만, 후원자들이 보낸 후원금이 제대로 집행되는지 확인이 불가능하다는 사실을 악용한 것이다.

이들은 2002년 2월 15일 예랑선교회가 들어선 오피스텔에서 공산권 국가에서 선교활동을 하고 있는 것처럼 예랑선교회의 허위 실적 보고서를 작성했다. 또 사단법인 한국기독교선교단체협의회에 준회원으로 가입하는 한편, 주소지를 고양시 일산 우체국사서함 51호로 하고 예랑선교회 홈페이지를 개설했다. 비영리 선교단체로서 북한 동포들을 돕고 선교활동을 한다고 가장했다. 그러고는 이를 홍보해 2002년 3월 16일부터 2006년 11월 6일까지 1만 3,259회에 걸쳐 후원금 명목으로 20억 5,100만 원을 받아 편취했다.

법원은 1심에서 사기와 명예훼손 혐의로 진기홍 목사에게 징역 2년, 부인 정 모 씨에게 징역 1년을 선고했다.

재판부 봐주기 의혹

20억 5천여 만 원을 편취해 사기죄로 구속된 진기홍 목사는 보석으로 가석방되었는데 고소인들을 협박하며 또다시 사기극을 벌였다. 진 목사는 무혐의를 입증하기 위해 얼굴도 모르는 사람을 내세워 위증교사를 하며 법을 농락한 것이다.

진 목사는 경찰 조사 과정에서나 법원에서 1심 판결이 날 때까지 유효한 증인을 내세우지 못했다. 그러다 진 목사 측에서 600여 명의 서명을 받아 탄원서를 제출하자 재판부는 진 목사를 보석으로 가석방시켜 주었다. 서명자 가운데는 진 목사를 모르거나 서명한 적도 없는 사람들 명단까지 끼어 있었다.

보석으로 나온 진 목사는 대전지방법원 판사 출신 박광천 변호사를 세워 항소했다. 그러고는 사건 내용과 거리가 먼 참고 자료를 제출하며 시간 끌기 재판을 진행했다. 그 와중에 공판 검사는 두 번 바뀌었다. 재판부는 항소심에서 기일 변경 신청을 네 번이나 받아 주었다.

2심 재판에서는 탈북자 최 모 씨와 캐나다 국적의 한인 선교사를 증인으로 내세웠다. 또 다른 중요한 증인인 중국 조선족인 김영걸 전도사는, 한국에 입국한 탈북자들을 진 목사에게 소개해 사실확인서를 쓰게끔 도와주고 법정에서 진술까지 하게 했다.

2000년 9월 5일, 김영중이라는 사람이 증인으로 나와서 예랑선교회에서 지원을 받아 북한 라진 창평유치원과 남산유치원에 쌀과 학용품을 지원하는 과정에서 연길에 거주하는 캐나다 교민 전 모 씨를 만난 적이 있다고 증언했다.

예랑선교회 관계자들은 갑자기 김 씨가 증인으로 나타난 것에 대해 당황했다. 아무도 김 씨 정체를 모르고 있었기 때문이다. 그러나 전 씨가 증인으로 나와서 그런 사실이 없다며 반대 진술을 했다. 전 씨가 김 씨의 증언을 정면으로 부인하자 김 씨는 "실은 2년 전 예랑선교회에서 2만 위안을 받은 것 말고는 나와 아무 관련이 없다"고 진술을 번복했다.

고소인 가운데 한 사람인 정봉수 씨는 "아예 진실이 없고 거짓말뿐이다. 여러 고소인들이 적극적으로 대처해도 이런데, 고소인들이 소극적이면 무죄로 풀려날 수도 있을 것 같다"며 "사문서를 위조했다는 사실까지 밝혀졌는데도 진 목사가 보석으로 나와서는 계속 위증할 수 있게끔 재판부가 방치하고 있다는 게 석연치 않다"고 울분을 감추지 못했다.

고소인 남승희 집사는 "진 목사에게서 '무죄로 풀려나면 고소인들을 가만두지 않겠다'는 협박을 받았다"고 말했다. 고소인들이 진 목사의 '위증험의'를 밝혀내지 않았다면 재판부는 진 목사를 어떻게 했을까.

아랫글은 진기홍 목사가 쓴 글 가운데 일부분이다.

하나, 거짓은 감출 수 없고, 진실은 언젠가는 드러납니다. 그리고 그 진실은 참으로 힘 있는 것입니다.

둘, 죄보다 더 무서운 것이 있습니다. 그것은 철저히 회개치 못한 것입니다. 죄는 세월이 지났다고 해서 없어지는 것도 아니고 기억에서 잊어졌다고 소멸되는 것도 아닙니다.

셋, 언젠가는 버릴 날이 옵니다. 가진 것이 있으면 버릴 날이 분명 있습니다. 자기 목숨까지도 버릴 때가 옵니다. 임종 때까지 버리지 못하는 것은 죽는 순간까지 짐을 지고 서 있는 것과 같습니다.

진 목사는 자신이 했던 이 말을 지금 기억하고 있을까.

* 진기홍 목사는 2심에서 가짜 증인을 내세우는 등 위증행위를 계속하다 발각돼 1심에서 선고되었던 2년에서, 6개월이 추가된 2년 6개월 실형을 선고받고 법정구속되었다.

예랑선교회 전 행정간사 백홍선 목사의 고백

두만강변에 가조 선교사는 없었다

백홍선 목사는 예랑선교회에서 2005년 11월부터 2006년 5월까지 행정 업무를 총괄하는 행정간사와 이사를 맡았다. 백 목사는 북한 선교를 위해 다니던 교회를 사임하고 예랑선교회에서 진기홍 목사와 한솥밥을 먹으며 일했다.

백 목사 눈에 비친 예랑선교회는 거짓투성이었다. 백 목사는 이사들 몇 명과 의논해 진 목사에게 시정할 것을 요구했지만 받아들여지지 않았다.

백 목사는 예랑선교회의 문제점을 최초로 공개해 세상에 알려지게 했다. 백 목사는 목사로서 같은 목사의 문제점을 지적한다는 것이 힘든 일이지만, "목사는 거짓이 없어야 한다"며 "진기홍 목사의 거짓을 밝혀 달라"고 호소했다.

예랑선교회에서 일하게 된 동기는?

우리 교회에서 예랑선교회에 달마다 20만 원을 지원했다. 그랬더니 진기홍 목사가 한번 찾아오겠다고 전화가 왔다. 2005년도에 우리 교회에 와서 예랑선교회 선교사를 해 달라고 신신당부를 해서 2005년 11월에, 다니던 교회를 사임하고 예랑선교회 행정간사와 이사로 들어가게 되었다.

예랑선교회의 문제점을 지적하게 된 계기는?

진 목사 부부가 브라질 갔을 때 일이다. 후원자들로부터 기부금 납입증명서를 발급해 달라는 전화가 와 컴퓨터를 살펴보다가 우연히 엑셀 파일에 저장되어 있는 것을 봤다.

우리 교회에서 보낸 돈도 많아 확인을 해 봤다. 통장에서 계좌이체해 준 것만도 2,200만 원이나 되었지만 교회 이름도 없고 내 이름도 없었다. 예랑선교회를 지원하던 많은 교회들이 있었는데 찾아보니까 하나도 없었다. 재정이 투명하다고 했는데 이것은 말이 안 된다고 생각을 했다.

예랑선교회가 사단법인인 줄 알고 1억 가까운 돈을 지원했던 기업인 두 명이 세금 혜택을 받기 위해서 기부금 납입증명서를 제출하려다 사단법인이 아니라는 것을 알고 그때부터 대책을 세우기 시작했고 일이 여기까지 오게 된 것이다.

중국에서 가조 선교사들이 보내온 편지가 홈페이지에 많이 올라와 있던데 가조 선교사 몇 명이 활동했나.

한 명도 없었다. 외부에서 메일이 오면, 정보넷이라는 웹호스팅을 통해 메일이 들어온다. 내가 행정을 맡았기 때문에 늘 검색하고 확인하는데, 중국에서 도요새라는 메일이 오는 것을 딱 한 번 봤다. 그것도 나중에 확인을 했는데 가조 선교사가 아니라 순복음교단 소속 목사였다. 그분이 메일을 보내서 단동에 가서 진 목사와 함께 만났는데 진 목사도 처음 만난 사람이었다. 그런 분들 말고는 중국 현지에 가조 선교사는 없었다. 오히려 진 목사가 새벽에 일어나서 사무실에 들어갔다 나오면 어느 날 갑자기 가조 선교사가 보낸 편지가 홈페이지에 올라와 있었다.

진 목사가 새벽에 일어나서 어떤 형식으로 가조 선교사 편지를 올렸다고 보는가.

두만강가에서 가조 선교사가 보낸 메일이 왔으면 그 메일을 내가 올려야 한다. 그런데 그게 아니라, 진 목사가 새벽까지 사무실에 혼자 있었던 때만, 그다음 날 보면 올라와 있었다. 올라온 시간대가 있는데, 아침에 정보넷을 클릭해서 살펴보면 들어온 메일이 없는데 홈페이지에는 가조 선교사의 편지가 올라와 있어 의심할 수밖에 없었다.

진 목사가 가조 선교사 메일만은 직접 관리를 했다면 백 목사가 모를 수 있지 않은가?

이메일이 정보넷을 통해서만 들어왔으니까 내가 모르는 것은 없다고 봐야 한다. 내가 아는 범위에서는 중국에서 들어온 게 없었다.

사이트에 올라온 여러 사람들 글을 진 목사 한 사람이 썼다는 말인가?

다 한 사람이었다. 뿐만 아니라 이철 선교사 이름으로 올라오는 것도 진 목사 본인이 쓴 거다. 행정간사 명의로 올라온 것도 아무도 쓴 적이 없다. 그것 말고도 여러 이름이 있는데, 다 듣도 보도 못한 사람들이었다.

진 목사의 한국 활동은 어땠나.

간증집회 한다면 가고, 인터넷 검색하고, 말 타고, 부인이랑 놀러 다녔다. 주로 인터넷에만 목숨을 걸고 있었다. 늘 관심 갖는 것은 '홈페이지에 몇 사람이 와서 클릭을 했는가'였다. 7개월 동안 내가 옆에서 본 것은 그랬다. 중국에서 활동한 선교사를 만난 적도 없었고 찾아오거나 전화를 받은 적도 없었다.

진 목사가 간증할 때는 사진도 못 찍게 했다고 하던데.

못 찍게 했다. 보안 유지가 되어야 한다는 이유였다. 자기는 중국 당국에서 감시받고 있고, 북한 특무가 언제나 죽이려고 하니까 노출되면 안 된다며 사진도 못 찍게 했다.

진 목사가 탈북자를 돕다가 중국 공안에 붙잡혀 고문받았다고 하던데.

세 번 체포당했다고 말했다. 교회 와서도 그랬으니까. 발가벗겨져 매를 맞았다고 하는데. 중국 공안이 그렇게 바보는 아니지 않나? 발가벗기고 때린다면 인권 문제 아닌가, 그럴 수 있나? 지금 와서 생각하면 사실이 아닌 것 같다. 그 정도면 중국에서 단속하고 입국정지 시켰을 텐데 자유롭게 들락거렸다. 이해가 안 된다.

예랑선교회에서 자체적으로 교육을 시켜서 중국에 파송한 선교사가 몇 명이었나?

내가 있던 7개월 동안 아무도 없었다. 단 한 사람도 없었다.

그런데 어떻게 만 명이 넘는 회원들이 후원을 할 수 있었나.

인터넷 덕분이다. 인터넷에서는 확인이 안 되니까, 떠돌던 이야기를 가져다가 마치 자기 것처럼 포장을 해서 내보낸다. 홈페이지 보면 예랑선교회에서 지원했다는 사진에 이런 게 있었다. 쌀을 싣고 북한으로 들어가는 화물차를 찍었는데 트럭 번호가 다르고 짐 싣는 형태가 다르다. 북한에 대해 모르는 사람들은 "아 이렇게 들어가는구나" 하고 속을 수밖에 없다. 나부터도 속았다.

북한을 자극하는 공격적인 선교활동을 하면서 인터넷을 통해서는 공개적으로 지원한다는 게 이치에 맞나?

당연히 안 맞다. 그때만 해도 북한 주민이 굶어 죽는다는 부담감 때문에 생각을 못 했다. 북한을 너무 몰랐다. 지금 와서 보니까 선교단체에서 이렇게 해서는 안 되는구나 알게 됐다. 당시에 알지 못했다. 부끄러운 이야기다.

중국에 진기홍 목사와 함께 간 적이 있었다고 했는데.

한 번 같이 갔다. 3박 4일로 심양에 내려서 단동에 갔다. 북한 지하교회 함경도 지역 책임자와 평안도 지역 책임자 두 사람을 만나 식량 자금을 지원한다고 해서 후원금 1만 5천 달러하고 내가 헌금한 840만 원을 가지고 갔다. 달러로 바꾸었다고 했지만 달러를 본 적도 환전한 환전표를 본 적도 없다.

누군지 모르지만 단동에서 정순희(말투나 옷차림으로 보면 조선족이나 화교일 가능성이 있다고 의혹을 제기함)라는 평안도 사람을 만나서 봉투를 주었다. 분명히 함경도 책임자를 지원한다고 했는데 도요새라고 메일 보냈던 순복음교회 소속 한국인 선교사에게 주었다. 굶어 죽는 함경도 지역 교회한테 준다고 가지고 왔는데 엉뚱한 사람을 줬다.

그래 놓고는 한국에 와서 선교 보고회에서 양쪽 지역에 쌀을 지원했다고 하더라.

나는 쌀집에 같이 간 적도 없고 시장도 같이 간 적이 없었다. 보고했던 내용 정도로 보내려면 차량을 통해서 가야 하는데, 사람 손으로 가져간 적도 없었다.

진기홍 목사가 사용한 가명은 무엇이었나?

왕 선생, 김영식 목사, 가조 선교사 등이었다.

후원금 관리는 누가 맡아서 했나?

후원금 관리는 진 목사 부부 말고는 아무도 모른다. 나는 행정관리나 회원관리를 하면서 공지메일 보내고, 홈페이지 업데이트를 했다. 홈페이지에 읽을거리가 있어야 된다고 해서 다른 사이트에서 선교 정보를 보고, 그것들을 조합해서 홈페이지에 올리고 관리했다.

7개월간 활동하다 뒤늦게 문제점을 공개한 이유는 무엇인가?

나는 그리스도인이다. 목사이기 때문에 내 삶의 원리는 성경이다. 성경에 보면 이런 말씀이 있다. 마태복음인데 "너희는 '예'면 '예', '아니'면 '아니오'로 가라, '의'에서 그것이 아닌 것은 무조건 '악'을 쫓는다"는 말이 있다.

'예' 해야 할 때 '예' 하지 못하는 것도 죄지만, '아니오' 해야 할 때 '예' 하는 것은 더욱 큰 죄 아닌가. 그냥 두면 또 거짓말을 하고 사람을 속일 텐데, 아닌 것은 아니라고 말해야 한다고 생각했다. 진 목사가 하는 것을 보면 목사라고 볼 수 없다. 이런 사람은 결국 교회를 속이고 사람을 속이고 하나님을 속이니까. 다른 사람은 다 떠나도 나라도 '아니오'라고 가겠다는 것이다. 그리스도인의 양심으로 한 것이다.

진 목사는 재판 과정에서 얼굴도 몰랐던 탈북자들한테서 사실확인서까지 받아 법원에 제출하면서 억울함을 호소하던데.

목사라면 저럴 수 없다. 아니, 목사를 떠나서 기독교인도 저래서는 안 되고. 적어도 도덕과 윤리가 있다면 자기가 한 일에 떳떳하게 책임을 져야 한다. 올바른 사람이라고 보이지 않는다. 거짓말하는 것을 보면 참 황당하다.

북한 선교활동에 대해서 한국 교회가 할 수 있는 올바른 방향이 있다면?

그나마 언론에서 낫다고 보도한 몇몇 선교단체들도 문제가 있는 걸로 밝혀지지 않았나. 정말 어떻게 해야 하는지 참 고통스러운 고민이다.

탈북자 문제도 언론을 통해서 보면 방향성을 잃어버린 것 같다. 정부, 언론, 교회도 제대로 길을 찾고 있지 못하다는 생각이 든다. 이 부분에 대해서는 어떻게 해야 할지 모르겠다. 그러나 해야 할 일이라고 한다면 실제로 현장에 가서 부딪쳐야 한다. 부딪치면서 무엇을 해야 할 것인가 어떻게 해야 할 것인가 파악해서 아닌 것은 아니라고 할 수 있는 게 필요할 것 같다.

기독교인들이 북한 선교에 관심이 많은 이유는 뭐라고 생각하는가?

남북한이 나뉘어 있다는 것 자체가 우리가 하나 돼야 한다는 것에 굉장한 부담을 느낀다. 한국 교회가 엄청난 분열을 경험했지 않나. 형제 간에 싸우고 분열하고 그래서 장로교 감리교로 나뉘고. 교회 신학적인 차원에서 싸운 것뿐만 아니라 장로교 내에서도 각자 이해와 득실에 따라 수십 개 교단으로 나뉘어졌다. 거기에는 성경의 원리나 진리가 있는 것이 아니라 결국 정치논리와 이익이 있었다. 이런 것이 굉장히 아픈 부분이었다. 한국 교회가 하나 되는 것은 불가능하다.

북한 교회는 어찌 보면 한국 교회가 가진 아킬레스건이다. 아픔의 대상이기도 하면서 경원의 대상이기도 하고 미래의 희망이기도 하다. 한국 교회에서는 하나가 되지 못했지만 통일이 되면 북한에서 하나 된 교회를 세우는 것, 그것이 미래에 대한 대안이고 희망이다 보니까 북한 선교는 한국 기독교인들에게는 굉장한 딜레마고 부담이고 꿈이고 미래다.

선교단체에서 북한 정부를 비난하면서 선교하는 게 쉬운 일은 아닐 것 같은데.

그렇다. 지금에 와서 느끼는 건데 정말 어려운 일이다. 북한이라는 사회가 가진 특징이 그렇다. 기아 문제로 북한의 통제력이 많이 약화되었다 하더라도 폐쇄적인 공산주의 사회다. 그래서 지하교회 교인들이 제가 지금까지 들어 왔던 것보다 실체가 너무 다를 것 같다. 진기홍 목사가, 무산에서 리영희 씨가 순교했다고 얘기했는데 마치 자신들이 직접 본 것처럼 이야기했다.

예랑선교회 홈페이지에 올라오는 정보들은 어떻게 알고 올렸다고 보는가.

아마 브로커들에게 정보를 사는 것 같다. 선교를 하는 게 아니라 최신 정보다 하면서 진 목사가 사진기를 가지고 가서 찍어 오고, 선교하고는 무관한 것이다. 두만강에서 망원렌즈로 북한을 찍어서 올려놓으면 북한 사진첩이 된다. 북한에서 발행한 화보 책자에 있는 사진을 카메라로 찍어서 올린 것들이다.

처음에 후계자로 삼겠다고 해서 교회에 사표 내고 예랑선교회로 옮겨와 일했다고 했는데.

그렇다. 하나님을 위해서 북한 사역을 제대로 하게 하시는가 생각했는데 오히려 하나님은 나를 청소하게 하려고 보내신 것 같다.

허탈했겠다.

황당했다. 지금이야 웃지만 그때는 멍했다. 아내에게도 말 못 하고 이것을 어떻게 해야 하나 많이 고민했다. 얻은 것은 없고 잃을 것만 많아질 것 같아 허탈했다. 하지만 나 혼자만이라도 아닌 것은 아니라고 말하자고 생각해서 밝히게 됐다.

더 하고 싶은 말이 있나.

목사로서 선교단체를 정확히 감시해야 할 책임이 있는데 내가 어리석어서 속았다. 너무 몰랐다. 그냥 지원만 하면 된다고 생각한 것이 실수였다. 정확히 집행하는 것을 감시하는 것도 우리 책임이었는데 소홀히 해 사기꾼이 활동할 수 있도록 허용한 것이 잘못이었다고 생각한다.

이것은 진기홍 목사만이 가진 문제가 아니라 우리 전체가 가진 문제고 또 교회가 가진 치부이기도 하다. 하지만 교회가 바르게 나갈 수 있는 기회가 될 수 있다고 생각한다. 이 일을 계기로 많은 북한 선교단체나 NGO들의 행태를 볼 수 있었다. 한국 교회가 자성할 수 있는 기회가 됐으면 한다.

조선족 김영걸 전도사의 양심선언

내가 써 준 사실확인서는 다 거짓말이었다

예랑선교회는 2002년 2월에 북한주민과 중국 내 탈북자들을 돕는다고 발족한 선교단체다. 대표 진기홍 목사는 북한 동포들이 기아와 질병으로 죽어 간다며 모금 활동을 벌였다. 그렇게 2002년 3월부터 2006년 11월 까지 회원 1만여 명으로부터 받은 20억 5천만 원을 편취했다. 그래서 사기죄로 대전지방법원에서 징역 2년을 판결받고 구속됐다.

그 뒤 진기홍 목사는 보석으로 나와 판결의 부당함을 입증하기 위해 얼굴도 모르고 만난 적도 없는 사람들에게 사실확인서를 받아내 법원에 항소했다. 이 과정에서 중국 조선족 김영걸(60세) 전도사가 큰 역할을 했다. 김 전도사는 진기홍 목사한테서 부탁을 받고, 진 목사 얼굴도 모르는 탈북자들까지 동원해 "진 목사에게서 후원을 받았다"는 내용으로 사실확인서를 받는 것을 도운 것이다.

김 전도사는 중국에서는 사실 내용을 인지하지 못하고 진 목사를 구해
야 한다는 심정으로 도와주었지만, 한국에 와서 진 목사에 대한 진실을
알고 자신의 잘못을 뉘우친다며 단독 인터뷰를 통해 양심선언을 했다.

중국 조선족 전도사들은 진기홍 목사를 '왕 선생'이라고 부른다. 진 목
사가 중국에서 왕 선생이라는 가명을 사용해 본명이 알려져 있지 않았다.
이번 사건을 통해 진 목사가 예랑선교회 대표라는 것이 밝혀졌다.

진 목사는 항소이유서에서 김 전도사가 가조 선교사라 했는데, 김 전도
사는 가조 선교사가 뭔지도 모른다고 했다. 그저 진기홍 목사의 부탁으로
사실확인서를 써 주었을 뿐이다. 그전까지는 왕 선생의 본명이 진기홍 목
사였다는 것도 모르고 있었다.

중국에서부터 예랑선교회를 알고 있었나.

예랑선교회는 2008년 한국에 와서 알았다.

왕 선생이 제출한 항소이유서에 김 전도사가 가조 선교사로 활동했다고 했는데?

모른다. 처음 듣는 얘기다.

왕 선생을 처음 만난 게 언제인가.

1998년이었다. 2000년까지 만났다. 어디서 후원을 받자면 증거가 있어야 한다.
그래서 자료를 수집했다. 두만강 인근 강양(북조선)이란 곳에서 조선 화물차가 철길
위에서 탈출해 던져(넘어)졌다. 그걸 사진 찍어 왕 선생에게 줬다. 나는 욕심이 나서
선교비나 푼푼이 가져올 것으로 생각하고 있었다.

그 뒤로, 왕 선생이 와서 자꾸 물으면서 그때마다 인민폐 1,000위안을 줬다. 그래서 두만강 주변에 있는 다른 목회자(조선족)를 소개시켜 주면서 만나게 되었다.

만나면 왕 선생이 어떤 자료들을 요구했나.

북조선이 어떻게 사는가, 북조선 군인들은 어떻게 생활하는가, 북조선에 지하교회가 있는가 없는가 같은 북조선 정보에 대해서 수집했다. 왕 선생은 그냥 정보만 수집했다.

북조선 정보를 수집하거나 사진을 찍어 달라 할 때 어떤 느낌이 들었나.

정보를 수집한다고 하면 좀 섬뜩했다. 왜냐면 나는 공산국가에서 살면서 또 두만강변에서 목회활동을 하기 때문에 불안했다.

왕 선생한테서 돈은 얼마나 받았나.

사진 찍어 주고 그 대가로 300위안 받고 그 뒤에는 때때로 500위안을 받았다. 달마다 500위안 받은 적도 있고, 석 달에 한 번 만나 석 달 치를 한번에 받은 적도 있다. 10여 차례 만나면서 정확하게 계산할 수는 없지만 모두 4,500위안 정도 받은 걸로 기억한다.

왕 선생이 돈을 주면서 영수증을 받았나? 돈을 그냥 주었나.

돈을 주면서 확인증을 썼다. 그런데 확인증을 쓰면서 어색한 태도로 "이건 원래 하나님 돈이라서 안 써도 되는데 내가 후원받는 데서 기록이 있어야 한다"고 말했다. 그래서 이름을 적어 주었다.

그런데 왜 법원에 제출한 사실확인서에는 3백만 위안을 받았다고 했나?

내가 중국에 있을 때 이성춘 전도사한테서 전화가 왔다. 그 전도사가 "왕 선생이 잡혀 감옥에 갔다. 잡혔으니까 구해야 하지"라고 하더라. 나도 감옥에서 아홉 달 반을 있어 봤다. 감옥에 있는 게 얼마나 힘든지 알고 있어서 해 준 거다. 사모님(진 목사 부인, 예랑선교회 재정 담당)도 나에게 전화를 했다. "김 전도사님, 목사님 좀 살려 달라"는 거였다. "마패교회가 중심에 서서 많은 사람들에게 연락을 해서 살려 달라"고 눈물을 흘리면서 이야기하더라. 내가 감옥에 갔던 생각하면서 "구해야 되겠다"고 마음먹었다. 그래서 모든 것을 확장(과장)해서 쓴 것이다.

그렇다고 왕 선생을 모르는 탈북자들까지 연결해 사실확인서를 쓰게 했나?

왕 선생이 나한테 "아는 탈북자들 좀 연결해 달라. 서류를 많이 써 달라. 그렇게 하면 이번 일이 원만하게 끝난다"라고 부탁했다. 그래서 탈북자들에게 그 서류를 쓰게 만들었다. 왕 선생이 지시를 한 것이다. 왕 선생이 시킨 대로 했다.

그렇게 왕 선생에게 소개시켜 준 증인이 몇 명이나 되나.

여덟 명 가운데서 여섯 명은 왕 선생을 모른다.

그런데 왜 안다고 쓰게 했나.

왕 선생이 구속됐으니까. 그리고 왕 선생이 대가로 뭘 줄 거라고 그래서 잘 쓰라고 내가 시켰다. 확장해서 써라 그렇게 된 거다. 왕 선생은 어떻게든지 자기를 살려 달라고 했으니까.

증언자들이 왕 선생 얼굴도 모르고 만난 적도 없는데 어떻게 사실확인서를 쓸 수 있었나?

왕 선생이 서류를 하나 줬다. 비슷하게 우리말에 맞게 쓰라고 해서 내가 받아서 비슷하게 쓰라고 했다. 개네는 내용도 모르고 나를 믿고 한 거다. 다른 목적은 없었다. 나도 감옥에서 아홉 달 반 있었던 것만 생각하고, 그 사람이 무슨 범죄를 했든 간에 구하고 보자는 심정이었다.

사실 내용은 모르니까 확장해서 쓴 거다. 사실확인서는 다 거짓말이다. 취소를 할 수 있다면 취소하고 싶다.

왜 취소를 하고 싶나?

실제 한국에 와서 보니까 왕 선생 말과 달랐다. 왕 선생은 감옥에 있는 게 아니라 좋은 집에 살고 있었다. 구속됐다는 사람이 왜 이렇게 좋은 집에 살고 있는지 의문이었다. 그 내막을 잘 몰랐는데 이제야 알게 됐다.

내가 써 준 내용이 사실이 아니라는 것에 대해 재판에서라도 진실을 밝혀야 되겠다고 마음먹었다. 왜냐면 선교사들이 중국에 와서 이렇게 한다면 기독교단체에 영향을 끼친다. 숱한 사람들이 상처를 입게 되고 숱한 교회가 실망할 것이다.

왕 선생에게 써 준 사실확인서는 깊이 생각하지 않고 내가 감옥에 들어갔다는 심정으로 과장해서 쓴 것이다. 반성하고 있다. 내 자신이 한심하고 부끄럽다.

왕 선생이 법원에 제출한 제2베이스캠프와 토굴은 누가 도와줘서 지었나?

미국에 있는 양 전도사라는 분이 산에 땅을 사 주고 돈 3만 5천 위안 주고 집을 지으라고 해 시작을 했다. 8개 교회가 후원했다.

왕 선생이 산에는 몇 번이나 왔나?

건축할 때 한 번 왔다. 집을 세우기 전에 터를 만들려고 숫돌을 갖다 놨을 때 한 번 왔다 갔다. 그 뒤에 사진 찍으러 한 번 온 걸로 기억한다.

왕 선생이 산에 와서 사역한 적이 있나?

사역은 안 했다. 왕 선생이 성경책을 한 박스 가져와서 하나씩 나눠 주고 기도는 한 번 했다.

산에다 집을 지어 언제까지 관리했나?

1999년 10월에 지어서 2000년 7월까지 운영했다.

왜 그만두었나?

한국 가는 탈북자를 도와주었다고, 내가 조직 주모자가 되어(기획탈북) 2001년 12월부터 내몽골 감옥에서 9개월 동안 수감돼 있다가 병보석으로 나오게 되었다.

산에서 탈북자들을 어떻게 관리했나?

한국 텔레비전과 예수의 생애 녹화를 보게 했다. 자본주의 세계를 보라고 위성 안테나와 발전기를 설치해서 한국 사회를 탈북자들에게 알렸다. 한국이라는 나라는 잘산다고 눈으로 보게 했다. 그래서 탈북자들 마음도 바뀌었다. 성경도 알게 되면서 찾아오는 팀마다 울면서 기도하고 그분들도 감동을 받았다.

교육받은 탈북자들은 북과 남 어느 쪽으로 더 많이 갔나?

2001년도 이후부터 한국에 오는 사람이 더 많았다. 중국에 있는 탈북자들 중에 한국 선교사들의 양육을 받은 사람들은 다 한국으로 왔다. 신앙적으로 말하면 많은 손해를 봤다. 다 한국으로 왔으니까, 북한으로 들어간 사람들은 적다.

두만강 인근에서 몇 년 살았나?

38년 살았다.

두만강 인근에서 토굴을 파고 생활할 수 있나?

내가 두만강 인근에서 38년을 살았지만 토굴을 파고 사는 사람은 못 봤다. 북조선에서는 군인들이 50미터마다 하나씩 토굴을 파서 경비를 서고 있지만 중국에는 없다. 있다고 하면 거짓이다.

왜 있을 수 없나?

중국도 북한처럼 그렇게 경비는 척척 서지 않지만 마을마다 치안대라고 있다. 치안조장, 중년대조장이 있다. 그분들이 감시를 하고 있다. 북한처럼 그렇게 감시는 안 하지만 변방 파출소나 중국 군대에 신고한다.

2000년도에 함경북도 무산 장마당에서 리영희 성도가 순교 총살당했다는 말을 들은 적이 있나.

못 들어 봤다. 그런 얘기는 없었다. 무산에서 그렇게 총살 맞은 건 없다. 무산은 두만강과 코앞이다. 거기에 우리 사촌이 있다. 내 친사촌이 살고 있어서 무산에 합법적으로 갔다 오기도 하고, 밤에 나가서(불법) 많이 도와주기도 했지만 그런 말을 한 적도 없고, 무산에 그런 총살 당했다는 소리도 못 들었다.

왕 선생이 중국 공안에 붙잡힌 적이 있나.

모른다.

그런데 왜 사실확인서에는 왕 선생이 중국 공안에 체포되어 발가벗겨져 고문당했다고 썼나?

계속 말했지만, 내가 감옥에 있었던 고통을 생각하며 확장해서 쓴 것이다. 다른 목적은 없었다. 깊이 생각을 못 했다. 잘못했다는 걸 이제 알게 됐다. 회개한다.

당신은 개신교인으로서 천주교, 불교든 가리지 않고 후원받기 위해 사역장(탈북자 은신처)을 개방한 걸로 알고 있다.

다른 생각은 안 했다. 중국인은 조금 신앙이 깊지 못하다. 입장이 애매하다고 할까. 그래서 나는 우리 민족을 돕겠다는 것은 다 받았다. 접수를 했다. 그러나 신앙을 넘어서지는 않았다. 불교나 천주교에 넘어가지는 않았고 지원은 다 받았다.

여기까지 말을 마친 김 전도사는 갑자기 담배를 꺼내 피우며 말문이 막혀 하늘을 쳐다보며 울기 시작했다.

왜 처음부터 힘든 일을 했나?

모두 내 잘못이다. 그런 데 개입하지 말아야 하는데 아무 생각 없이 했으니까. 교회 일만 열심히 했으면 좋았을 텐데, 한국 선교사들은 자꾸 물질로 다가왔다. 내가 거기에 길들여져 가며 교회일을 크게 하지 않아 후회스럽다.

왜 눈물을 흘렸나.

마음이 아파서 울었다. 내가 중국에서 잡혔을 때도 고통스럽게 보냈는데 또 한국 땅에 와서도 마음이 불안해서 설움이 복받쳐 울었다. 나는 왜 남의 인생을 위해서 이렇게 보내야 하는지 섭섭해서 눈물이 난다. 한국 선교사들은 중국에 와서 추방당해도 그만한 대가를 받는데, 중국 조선족들은 그냥 쫓겨 다니고 핍박만 당하고 이렇게 살아야 하는가? 내가 지혜롭게 일을 못 해서 억울하다.

3년 동안 일하면서 어렵게 교회를 세웠다. 그때 심정으로 교회만 했더라면 아무 일 없었을 텐데, 난 인간이기 때문에 물질의 유혹에 빠졌던 걸 이제 와서 깨닫는 거지. 이때까지 고생한 게 다 무효가 되어 버렸다. 그게 마음이 아프다.

김 전도사는 말끝을 흐리며 계속 눈물을 흘렸다.

한국 선교사들에게 부탁하고 싶은 점이 있다면.

부탁이 있다. 진정으로 중국과 북한 복음을 위해서 물질이나 말씀을 전한다면 진정으로 내 가족처럼 선교를 했으면 좋겠다. 한국 교회에서 선교사를 파견할 때에, 진정한 목회자를 선택해서 헌금 가지고 헛되게 쓰지 않고, 중국과 북한 선교를 하는 데 사용했으면 좋겠다. 또 그렇지 않고 한 푼 두 푼 모은 헌금을 가지고 중국 노래방에나 가고 안마방에나 가고 아가씨들과 놀아난다면 그것은 하나님이 용서하지 않을 거다.

선교사들 가운데 노래방 가고 안마방 가는 사람을 본 적 있나.

많다. 목사님들도 문화가 다르니까 이해는 한다. 여기 오니까 그러더라. 목사님들도 자기 성도들 옆에 끼고 다니더라고. 그런데 중국은 좀 그런 게 낯설다. 왜냐면 중국은 남녀 성에 대해서 발전을 못 했기 때문에 좀 웃는다. 여기는 문화가 다르지만 중국은 그거 수치스럽게 생각한다.

중국 교회에 남자 전도사들도 있다. 그런 일꾼 데리고 다니는 게 아니라 예쁜 여자를 데리고 다닌다. 식당이건 어디를 가도 데리고 다녀서 다르게 생각했다.

진정한 북한 사역은 어떤 것이라고 생각하나.

중국이나 북한 사역을 한다고 하면 중국 정부는 민감하다. 선교사들은 중국 상황을 잘 모르고 한국 상황대로 선교를 하니까 잡히거나 추방당한다. 어떤 선교사는 자기 명예를 알리기 위해서 세미나 할 때 사진 먼저 찍어 놓고 시작한다. 기념으로 찍는다고 하지만 결국 이게 증거다. 중국에서 이런 선교를 했다는 증거를 남기는 거다.

또한 어떤 선교사들은 지하교회를 많이 세운다. 조그마한 처소에 열 명이라도 상관없이 이름 달아서 교회 세웠다가 그것을 사진 찍어서 가져간다. 정말 세밀하게 기도한 뒤에 교회를 세웠으면 좋겠다. 부패하게 한다면 모든 교회가 상처를 받게 된다. 교회에도 득이 안 되고 모든 것에 득이 안 된다. 겸손하게 신앙적으로 조용하게 성경 하나 놓고 한 영혼을 구했으면 한다.

선교는 직업이고 탈북은 사업이다

탈북 선교는 초심으로 돌아가라!

국내 탈북자 정착지원에 앞장선 보수교단의 구영서 목사를 인터뷰하기 위해 많은 시간이 걸렸다. 여섯 달 동안 열 번을 만났다. 인터뷰를 허락하기까지 구 목사는 내 사무실을 방문해 여러 가지 의문점을 확인한 뒤에야 인터뷰에 응했다.

보수교단 소속으로 반북단체 대열에 동참해 탈북자 강제송환 저지 집회에 참가하는 등 탈북자 문제에 앞장섰다고 자부한 구 목사는 인터뷰에 부담을 느껴 망설였다.

인터뷰 도중 쉴 새 없이 탈북자들에게서 전화가 걸려 왔다. 구 목사는 탈북자들이 토로하는 애로사항을 꼬박꼬박 메모하며 상담해 주었다. 구 목사의 가방에는 탈북자들의 애로사항이 적힌 서류들이 빼곡했다. 국내 탈북자들에게서 얻은 '아빠'라는 별명답게 고소 고발에서 진정서까지, 일일이 챙기는 모습에서 탈북자 문제에 애정이 많음을 느낄 수 있었다.

구 목사는 한국 교회의 탈북자 선교 재정립을 위해 "문제점이 많으면 밝혀야 한다"라며 입을 열었다.

한국 기독교 내에서 북한이라는 환상이 무분별하게 확산되어 체계화가 필요하다고 강조한 구 목사는 탈북자 구출사업이 돈벌이 상술로 변질돼 탈북자들이 사람이 아니라 물건으로 전락되었다고 토로했다.

초창기 탈북자 문제를 부각시키기 위해 나팔수 역할에 앞장섰다는 구 목사는 기획망명을 추진하다 중국 공안에 붙잡힌 선교사 띄우기에 앞장 섰다. 당시 탈북자 문제를 여론화하기 위한 이슈가 없었다는 구 목사는 이슈를 잡은 게 "기획탈북의 구속자를 석방하라는 규탄대회였다"고 말 했다.

하지만 탈북자 문제를 가지고 장사하는 것에 역겨움을 느낀다는 구 목 사는 NGO와 선교단체 관계자들 이름을 호명하면서 "진리를 알지니 진 리가 너희를 자유롭게 하리라"고 요한복음 구절을 읊으며 "진실을 알고 진실을 아는 사람은 양심을 속이지 못하리라"고 덧붙였다.

구 목사는 이어 "초기에는 선교가 주된 목적이었지만 지금은 사업이 주 된 목적이다. 선교는 직업이고 탈북은 사업"이라며 탈북자 선교의 문제점 을 지적했다.

다음은 구영서 목사와 한 인터뷰이다.

탈북자 일을 하게 된 동기는?

달동네에서 목회생활을 시작하면서 탈북자를 만나게 됐다. 러시아에서 벌목공으 로 일하다가 한국에 들어온 사람들을 만나면서 복음사역을 시작했다.

구체적으로 설명해 달라.

탈북자들에게 정착교육과 정착지원을 한다. 가장 주된 목적은 관혼상제라고 표현하면 맞을 수도 있겠다. 결혼식, 장례식, 그리고 사고당한 사람들을 챙겨 주고 직장까지 잡아 준다.

탈북자들 가운데 중국에서 선교사를 만나 교회에 다닌 사람들이 많은데 한국에 오면 대부분 교회를 나가지 않더라.

안 나간다. 처음에는 순수한 복음으로 만난다. 안전지대라고 말을 한다. 본인들이 도피할 수 있는 곳, 숨어 있을 수 있는 곳을 찾았다고 표현한다. 기독교 신앙교육이 잘못됐다고 보지는 않는다. 그러나 문제는 거기에서 물질적인 관계가 성립되기 시작한다.

물질적인 관계가 성립이 된다면 선교의 부작용도 따를 것 같은데?

정통 기독교에서 파송된 선교사를 만났을 땐 한국에 들어올 때까지 탈북자들에게 부담을 주지 않는다. 일명 '자칭 선교사'라고 표현하는 자비 선교사들이 센터를 운영하다 보면 자금 압박을 받게 된다.

하지만 이들은 정통 교단에서 파송된 선교사들이 아니기 때문에 교회에서 지원을 받지 못한다. 한국 교회에서 지원을 받거나, 미국이나 캐나다나 제3국에서 지원을 받아야 되는데 지원을 전혀 받지 못한다. 물질적 압박을 받다 보니 탈북자들에게 물질적 요구를 하는 것이다.

중국 내에서 취재하다 보면 탈북자 선교를 하며 돈을 거래하는 행위들이 보인다.

그리고 같은 선교사끼리 서로 비난하고 타 교회 탈북자들을 빼 가는 사례들도 있다.

우리 한국 기독교에서 그걸 '민족성'이라고 말할 수 있겠다. 우리 선조들이 하던 당파싸움이라고 표현해야겠다. 지금도 당파싸움이 있다. 교단싸움이라고 표현해야 겠지. 선교사들끼리 서로 중국 당국에다 고발하는 사태까지 있다는 걸 나도 많이 듣고 있다.

중국 내에서 탈북자 선교를 하면서 탈북자를 북으로 들여보내 북조선 내부 동영상이나 정보를 알아 오게 해 언론에 공개하지 않나. 이런 부분을 어떻게 보나?

그건 한국 기독교를 빙자한 브로커단체들이지, 기독교단체라고 표현하고 싶은 생각은 없다. 현재 그런 일들이 엄청나게 이루어지고 있는 것도 알고 있다. 일본 민영방송국에선 그렇게 해서 돈을 주고 사는 과정이 있다는 것도 알고 있다. 한국 기독교 모 단체도 많은 소스를 팔아먹고 있다.

'기독교 선교'라고 하는 명분하에 이루어지고 있다는 거다. 이건 기독교가 아니다. 사업이고, 좀 심하게 말하면 인신매매라고까지도 표현할 수 있다.

그런 단체들이 기자회견을 자청해 탈북자 인권이나 북의 민주화를 외치고 있다. 같은 기독교인 목사로서 보는 견해가 남다를 거 같다. 구 목사님도 역시 그들과 함께 항의도 하고 동참하지 않나?

같이 항의도 많이 했다. 통일부 앞에서, 국회의사당 안에서 순수한 마음으로 했다. 여기서 이렇게 말씀드리면 그들이 나를 바라볼 때 '아 저 사람도 마찬가지로 순수하지 않기 때문에 저렇게 했지 않았겠느냐'고 할지 모르겠지만 나는 인권이 뭔지 몰랐다. 난 그냥 그리스도의 박애사랑을 가지고 동참했고 탈북자를 구출해야 한다고 하니까 그 일에 같이 동참했던 게 사실이다. 지금도 그런 일이 있다고 하면 동참할 거다.

북한에 납치되었다는 진경숙이라고 하는 이름을 알겠지만, 그 문제도 마찬가지로 나중에 알고 보니 그게 일본 모 기자에 의해 발단이 됐던 거더라. 그걸 알고부터는 참여를 안 했다. 기독교 이름을 건다고 하는 건, 종교를 보호막으로 삼고 있는 것이라고 말하고 싶다.

일본이나 미국에서 탈북자 문제에 관심이 많은데 왜 그렇다고 보나?

일본은 탈북자를 자기들이 얻어야 할 소스, 그 이상도 이하도 아닌 것으로 본다. 탈북자들이 죽든 살든 관심 없다. 자기들이 얻어야 할 정보를 이용하는 거다. 일본에서 탈북자 문제를 가지고 떠들어 대는 거에 대해서 좋게 생각하지 않는다.

그렇지만 NGO나 선교단체들이 일본이나 미국에 가 국제 연대도 하고 있지 않나?

그것은 국제여론화를 하기 위한 액션이다. 일본 방송들은 돈을 주고 한국에 들어온 탈북자들을 다시 북한에 집어넣고 정보를 가지고 오게 하는 역할도 서슴없이 한다. 이것은 어떻게 보면 행복추구권을 말살하는 것이다. 일본은 철두철미하게 자국이익을 위해 움직인다.

'북조선난민기금' 대표인 가토 히로시 그 사람도, 같이 일해 보니까 탈북자에 대해서는 아무 관심도 없다. 탈북자에 대해서 말은 잘하더라. 사과 잘하고 말 잘하고 그렇지만 그 사람들은 일본인 납북자에 대한 소스를 얻어 내기 위해 접근하는 것이지 탈북자 인권을 위해 활동하는 것은 아니다. 그리고 미국이든 일본이든 자국의 이익과 관련된 문제에만 관심이 있지, 탈북자들 문제에 관심이 있는 것은 아니다.

뉴라이트 쪽에 있는 서경석 목사나 김진홍 목사가 탈북자 문제에 관여하는 것에 대해 어떻게 생각하나?

그분들이 탈북자들이 겪고 있는 애환을 어루만져 준 적은 없다. 밑에 직원들이 움직이고 그런 단체의 수장으로서 일을 하는 것이다. 그리고 서경석 목사는 조선족 교회 한다고 하다가 어느 날 갑자기 또 탈북자 관련 일을 한다고 하는데, 이쪽 일은 그렇게 하는 것이 아니다.

물론 서경석 목사나 김진홍 목사, 김상철 변호사처럼 정치하는 분도 기독교에서는 필요하다고 본다. 그러나 탈북자 문제만큼은 본인들이 안 나서는 것이 좋다. 그러면 많은 사람들한테 존경을 받을 수 있는 사람들이, 실제적으로 일하는 사람들을 무너뜨리는 역할을 하기 때문에 그게 문제가 된다. 만약 그분들이 나선다고 하면, 정말로 틀어잡고 모든 것을 규합해서 하나로 일을 해 나가야 한다. 그렇다면 바람직할 수 있다고 본다.

그런데 그게 아니지 않나. 그렇게 하는 것이 아니고 본인들 정치 입지 조건을 내세우기 위한 명분 쌓기일 뿐이라는 거다. 바람직하지 않다고 본다.

탈북자단체에서 하는 일을 보면 내실을 다지기보단 외적으로 언론 플레이 하는 데에 민감해 그쪽으로 치우치는 경향이 있지 않나?

내실이 중요한데 자기 단체를 알리기 위한 퍼포먼스만 하는 단체가 많다. 자기 단체를 알리든가, 자신을 알리든가, 그렇게 해서 자신들이 뭔가 큰일을 하는 것처럼 이야기한다. 실제로 한국에 들어온 탈북자들은 오히려 풍요 속 빈곤을 느낀다. 많은 단체들이 탈북자를 도와준다고 하지만, 실제로 탈북자들은 혼자서 씨름하고 고독과 싸우고 있다.

기독교와 연관된 탈북자단체들이 활동하는 모습을 보면 선교활동인지 NGO 활동인지 구분하기 어렵다. 탈북자들을 중국에서 데려오는 역할에만 치중하고 한국에 데려온 탈북자 문제는 소홀히 한다.

현실이다. 우리 속담에 고기 맛을 알면 빈대도 남지 않는다고 하지 않나? 교회 안에선, 그리스도 복음과 성도라고 표현하고 있다. 그런데 탈북자를 데리고 오는 이유에 대해선, 몇몇 교단에서 일하고 있는 파송된 선교단체 외엔 80퍼센트에서 90퍼센트 정도는 다 물질과 연관돼 있다고 본다.

탈북자를 한국에 데리고 오는 역할만 하면 돈이 안 나가지만, 한국에 온 탈북자를 관리하면 돈을 지출해야 되는데, 그런 일은 안 한다. 선교단체들은 하나같이 데리고 오는 데만 신경 쓰지 막상 들어와 있는 탈북자들을 관리하는 일은 될 수 있으면 안 한다.

선교단체들은 '탈북자들이 구출을 요청하는데 모른 척할 수 없다' 그리고 또 '많은 비용이 든다, 그 비용을 받을 수밖에 없다'고 얘기한다.

그렇게 말들을 한다. 그게 명분이니까. 탈북자들을 받아들이는 가장 좋은 명분이 '많이 밀려온다'고 하는 것이다. 솔직히 탈북자들이 지하교회에 찾아가는 게 아니라 선교사들이 찾아다니는 거다. 선교사들이 탈북자들을 찾아 가지고 오는 거지 탈북자들이 찾아가는 것은 아니란 말이다. 탈북자들이 쉽게 찾아올 수 있다면 그게 지하센터라고 말할 수 있겠나? 소개를 받아서 데리고 오는 경우가 상당히 있다. 초기에는 선교가 주된 목적이었지만 지금은 사업이 주된 목적이라고 표현해야 맞다. 선교는 직업이고 탈북은 사업이다.

다는 아니겠지만 탈북자 선교와 인권이 사업으로 변했다고 말했는데 왜 그런 문제점이 생기나?

처음에는 순수한 그리스도 복음을 가지고 시작했지만 탈북자를 한 사람 두 사람 데려오다 보니까, 단위가 백 단위 천 단위로 넘어가다 보니까, 거기에 마음을 뺏기게 된다. 그러다 보니 많은 교회에 가서 선교헌금을 해 달라고 애걸복걸하는 것보다 탈북자 한 사람 데리고 들어오면 몇백만 원이 손에 잡히니까 손쉽게 선택하게 되는 것이다.

탈북자 인권을 팔아 자금을 확보할 수 있다고 했는데 어떤 방법이 있나?

탈북자들을 데리고 오면서 경비를 요구하니까 그렇게 하면서 기금을 마련하는 거 아니겠나. 그걸 마련 못 하면 어려운 것이고. 탈북자를 지속적으로 데리고 들어오는 사람들은 나름대로 일을 더 크게 확장시킬 수 있다.

데리고 오는 거 말고 자금을 확보할 수 있는 다른 방법은 없나?

탈북자들이 한국에 들어오면서 500만 원 주고 들어왔니, 700만 원 주고 왔니, 1,000만 원 주고 왔니 하고 다 얘기하는데, 그 돈이 다 어디로 갔겠나. 다시 말해서 그냥 통틀어서 500만 원씩만 계산을 하면 1만 명이면 얼마냐. 탈북자가 들여온 돈은 있는데 받은 사람은 없단 말이다.

그러면 그 돈은 공중에 떴고 데리고 온 사람은 있는데, 또 준 사람은 있는데 받은 사람은 없단 말이다. 그러면 500만 원씩 계산해서 1만 명이라고 하면 수십 억 되는 거 아니겠나. 이거보다 더 큰 자금을 확보할 시장이 어디 있겠냔 말이다. 엄청난 시장이다.

중국에서 활동하는 선교사 중에 북조선에 지하교회를 건설해 북한 사역을 하고 있다는 것에 대해 어떻게 생각하나?

부정적으로 보고 있다. 중국에서 북한에 지하교회를 설립해서 지금 운영하고 있다고 인터넷이나 지면을 통해서 선교 편지를 각 교회에 보내는 것을 나도 많이 받고 있다. 이것은 선교헌금을 받기 위한 홍보 활동이다. 탈북자들도 그 일을 했던 사람들이 있다. 자칭 선교사라고, 또 목사님이라고 표현한다. 그 사람들이 돈을 얼마 줄 테니까 들어갈 때 성경책을 갖고 들어가라, 그래서 그걸 사진 찍어 간다고 한다. 그러고 난 뒤 그걸 북한에 들어가면서 끝까지 들어가느냐 하면, 거의 버린다고 한다.

또 들어가서도 마찬가지로 그것을 활용하느냐 하면 그렇지 않고 불살라 버린다고 한다. 거기에 성경책이 들어간다고 하는 건 내 생명이 들어간다는 것과 같은 것인데, 북한에서 지하교회가 움직이고 성경이 들어가고 많은 복음 활동이 이루어진다고 하는 건 있을 수 없다는 거다. 식량이나, 입을 것이 들어가면 그건 묵인이 된다. 왜냐면 당장 생활에 도움 되기 때문이다.

선교사가 중국에서 탈북자를 데려오는 것도 선교에 포함될 수 있나?

탈북자를 데리고 오는 것이 돈벌이지 어떻게 선교라고 표현하겠나? 선교는 그 지역에 가서 그 지역민을 선교하는 것이 선교지, 데리고 온다는 것은 선교가 아니라, 뭐라고 표현할까, 망명도 아니고.

지금 한국에 들어온 탈북자들 가운데서 자기 의사에 의해 들어온 탈북자들은 50퍼센트 정도로 본다. 상당수는 본인 의지와 전혀 관계없이 들어온 탈북자라고 보고 있다. 그 사람들이 한국에 들어오고 싶어서 들어왔냐 하면 그렇지 않다. 돈을 받고 팔려 온 거다. 돈을 브로커에게 주고 한국 정부에서 받으니까 팔려 온 거라고 표현할 수밖에 없다.

지금도 북한에 가겠다고 하는 탈북자들을 종종 만나고 있고, 또 한국에서 살기 힘들다고 한다. 그럴 수밖에 없다. 북한에서는 아무리 배고프게 살았다 할지라도 우리처럼 과한 노동은 없지 않나. 북한에서는 과열된 노동은 없다. 집단농장에서 노동은 할지라도, 어쨌든 간에 참여하고 도장만 찍으면 배급이 나온다. 먹고사는 데 지장이 없다.

그런데 여기서는 일하지 않으면 먹고사는 데 지장이 있다. 또, 유지비 차원에서 상당한 차이가 나지 않나. 북한이라고 하는 사회는 유지비가 필요 없다. 북한이 좋다고 얘기하는 탈북자들이 상당히 있다.

탈북 선교단체나 NGO들에게 해 주고 싶은 말은?

탈북 선교는 초창기 때 만났던 그리스도의 박애사랑, 초심으로 돌아가야 한다. 지금 한국의 NGO도 NGO가 무엇인지 정립이 안 돼 있는 것 같은 느낌을 받는다. NGO라면 비정부기구로서 이슈를 만들고 대안을 제시해야 한다. 누가 맞아서 죽든지 살든지 그냥 돌멩이만 던져 놓는 NGO는 NGO가 아니라고 본다. 보다 성숙하기를 바란다.

돈에 눈먼 탈북 브로커,
그 광기의 인간사냥

아파트에 감금된 채 감시와 협박을 받았다

그곳은 강도들의 소굴이었습니다. 돈을 벌기 위해 우리를 햇볕도 들지 않도록 창문을 가린 아파트에 가두어 놓았다가 대사관에 집어넣는 게 인도주의입니까? 인권을 유린하는 것이지, 인도주의가 아닙니다. 그 굴 안에 들어가면 밖에도 나가지 못하게 열쇠를 걸어 두고 하루에 한 번씩 왔다 갑니다. 큰 소리로 말도 못 하게 하고 말을 듣지 않으면 폭행도 합니다. 철조망이 없는 감옥이었습니다.

2004년 9월 29일, 주중 캐나다 대사관에 들어간 탈북자 마흔네 명과 함께 15일간 생활하다가 거사 직전에 용하게 탈출한 이귀옥(가명, 35세) 씨가 한 증언이다.

이 씨는 조선족 모집책의 권유로 다른 탈북자 세 명과 함께 북경으로 갔다. 북경에만 도착하면 비행기로 안전하게 한국으로 갈 수 있다는 모집책 말에 대해 반신반의하기도 했다. 전에도 두 번이나 한국행을 시도했다가 북에 강제송환된 경험이 있는 이 씨로서는 다른 탈북자들보다 의심이 많을 수밖에 없었다. 두 번이나 실패한 경험 때문에 남에게 당하지 말아야겠다는 마음을 다잡았지만 한국이라는 유혹을 떨쳐 버릴 수도 없는 노릇이었다. 그래서 한시도 불안과 초조감에서 벗어날 수가 없었다.

북경까지 함께 간 한 탈북자는 마중 나온 한국인 모집책(탈북자 출신)들한테 퇴짜를 맞았다. 중풍 기가 있다는 이유에서였다. 몸이 불편한 사람들은 아예 받아 주지도 않았다. 모집책들이 하는 이같은 행위를 보면서이 씨는 그들이 표방하는 인권에 대해 의구심을 가지기 시작했다.

이 씨를 북경역으로 마중 나온 한국인 모집책은 이 씨를 북경 시내 외곽에 있는 한 아파트로 데려갔다. 아파트에 도착하자 이 씨를 맞이한 것은 비디오카메라였다. 이 씨는 찍히지 않으려고 애써 얼굴을 손으로 가리고 집 안에 들어섰다. 집 안에는 다른 탈북자 20여 명이 더 있었다. 이 씨가 깜짝 놀라자 한국인 모집책은 이곳에 들어온 이상 나갈 수 없다고 엄포를 놓았다.

모두의 안전을 위해서 누구든지 이곳을 탈출하려고 한다면 간첩으로여기겠다고 협박했다. 은신처의 비밀이 누설되면 북에 있는 가족을 공격하겠다고 공갈을 하면서, 자신들은 중국 공안에 잡혀도 한국에서 도움을주기 때문에 감방살이를 해 봐야 1년 이내라고 큰소리를 쳤다.

또, 한국에 가서 구속되어도 금방 풀려난다면서 이곳에서 벌어지는 일을 입 밖에 내면 따라가서 죽이겠다고 협박했다. 그들은 '한국 국정원에서 자신들을 보호해 주기 때문에 이곳에서 있었던 사실을 누군가 고발하면 그대로 다 알 수 있다'고 큰소리를 쳤다. 또 한국에 가서 돈 안 낼 생각이면 손을 들라면서 고속도로(즉각 처분한다는 뜻)를 통해 보내 준다고 위협했다. 그들은 비디오카메라는 만약을 위한 대비책이라며, 밥을 먹고 잠을 자는 것까지 찍었다.

이 씨는 모집책들이 처음에는 한국 사람인 줄 알고 안도감을 가졌는데 말투나 행동거지를 보고 모집책들이 탈북자 출신인 것을 알게 되었다. 그것을 안 이 씨는 이곳에 몸을 맡기면 안 되겠다는 생각을 했다.

그 뒤로 매일같이 탈북자들이 들어오기 시작했다. 우선 몸을 수색했고 휴대폰을 압수했다. 외부와 연락을 끊기 위한 수단이었다. 그리고 날마다 한 시간씩 강습을 했다. 강습할 때 강조되는 내용은 입단속과 대사관에 들어가는 방법 따위였다. 교육이 끝나면 한 사람씩 불러 각서를 쓰게 했다. 각서에는 정착금을 받은 뒤 그들에게 줄 돈의 액수와 지불 방식 들이 명시되어 있었다. 대체로 중국에서 생활하다 들어온 탈북자 같은 경우에는 후불제였다.

이 씨는 다음과 같은 증언을 했다.

"각서라는 것은 일종의 차용증이었습니다. 이름, 나이, 집 주소를 쓴 뒤, '한국땅에 도착하면 계약한 돈 500만 원을 꼭 주겠으며 이를 어겼을 경우 법률적인 조치를 취해도 할 말이 없습니다'라고 쓰는 것이지요. 그리고 손도장을 찍었습니다."

탈북자들은 한국행을 감행하면서 각서를 두 번 쓰게 된다. 처음은 북경으로 데려온 조선족 모집책한테 소개비로 한화 100만 원을 준다는 것이고, 다음은 북경에 와 있는 한국인 모집책한테 500만 원을 주겠다고 약속하는 것이다. 다시 말해 600만 원을 지불해야 한국에 갈 수 있는 것이다.

그리고 대사관에 진입하기 전까지 북경에서 체류하는 동안에 드는 경비는 탈북자들한테 강제로 떠안긴다. 처음 모집할 때는 한국까지 가는 데 몸만 떠나면 된다고 약속했지만 나중엔 말이 달라졌다.

탈북자들 대부분은 주머니 속에 들어 있는 돈을 빼앗겼다. 브로커들은 대사관에 들어가면 돈이 필요 없다는 이유를 들었다. 유흥업소나 식당 같은 데서 일을 하다가 온 여성이나 중국인, 조선족과 동거를 하다가 온 탈북여성이라면 중국 돈 몇천 위안쯤을 가지고 있는 것이 보통이다. 브로커들은 탈북자들의 호주머니를 털어서 생활비로 충당했다.

북조선에서 나온 지 얼마 안 되는 사람들은 세상 물정을 몰라 시키는 대로 따랐지만, 중국에 장기체류한 탈북자들은 모집책들이 하는 처사에 대해 불만을 가지고 투덜거리다 폭행을 당하기가 일쑤였다. 결국 모집책들이 베푼 혜택이라고는 아파트뿐이었다. 그것도 한집에 30여 명을 가두어 시루 속 콩나물 신세였다.

탈북자들은 하나같이 후회했다. 탈북자들은 북경에만 가면 비행기 타고 곧바로 한국 간다는 말을 믿고 환상을 가지고 따라온 사람들이 대부분이었다. 70대 할머니는 한국에 있는 아들을 원망했다. 몇 년 전에 탈북해서 한국으로 간 아들이 효도를 한다고 결국 어머니를 이 길에 오르게 만들었다고 했다. 할머니는 "늘그막에 이 고생을 시키려고 북조선에서 끄집어냈느냐"고 눈만 뜨면 아들을 원망했다.

한국행에 나선 탈북자들의 아지트는 두 곳이었다. 지난 9월 1일, 중국 북경 주재 일본인학교에 탈북자 스물아홉 명이 진입에 성공한 뒤, 한 곳을 더 늘렸던 것이다. 탈북자 출신 한국인 두 명이 한 아파트씩 맡아서 관리했다. 그들이 받는 월수입은 3만 5천 위안이었다.

그들이 하는 일이라면 아침저녁으로 아파트를 찾아와서 사람들을 점검하고 돌아가면서 밖에서 자물쇠를 잠그는 것뿐, 탈북자들과 함께 잠을 자지는 않았다. 함께 있다가 중국 공안에 잡힐 것이 두려워 멀리 떨어져 망을 볼 뿐이었다. 탈북자 중에서 힘이 세고 말을 잘 듣는 남자를 골라서 조장으로 지명하고 문을 지키게 했다.

탈북자 62명 강제송환 사건의 진실

한국인 모집책들은 또 전화로 연길을 비롯해 중국 전역 연락망을 통해서 탈북자들을 모집하여 북경으로 오도록 하는 역할을 수행했다. 어떤 때는 '몸소' 지방으로 가서 모집해 오기도 한다. 2004년 10월 26일 붙잡힌 탈북자 출신 한국인 이 모(47세) 씨와 김 모(41세) 씨가 그 주인공이었다. 월급을 주는 우두머리는 탈북자 출신 한국인이지만 아직 붙잡히지 않았다. 사고가 난 뒤에도 그는 여전히 연길을 중심으로 탈북자들을 모집하기에 여념이 없다고 한다.

한국 언론은 "2004년 10월 26일, 중국 공안 당국이 탈북자 62명을 북경에 있는 한 은신처에서 검거해 북한으로 송환할 것"이란 내용을 보도한 바 있다. 그러나 언론에 알려진 사건의 내막과 그 실상은 판이하게 다르다.

이번 사건에서도 브로커들은 탈북자들을 쉴 새 없이 모집하는 과정 속에서 어처구니없는 일을 저질렀다. 중국 각 지역에 흩어져 있는 탈북자들 연락처를 알아내 끊임없이 설득해 북경으로 오게 하려다 붙잡히고 만 것이다. 또한 한국인 브로커들이 탈북자들과 함께 은신해 있다 붙잡혔다는 언론 보도는 실상과 달랐다.

브로커들은 지방에서 올라온 탈북자들을 북경 버스터미널에서 접선하다 그날 새벽 중국 공안당국에 붙잡혔고, 한 시간 만에 탈북자들이 숨어 있는 은신처를 자백해 결국 전원 강제송환되고 말았던 것이다. 그들이 믿고 이용했던 외국 언론도 탈북자 예순두 명이 강제송환되는 것을 막지는 못했다.

한국 손님들에게 팔려 나가는 탈북여성들

나는 연길 시내 중심가에 있는 피시방에서 탈북자 브로커 정길수(가명, 24세) 씨를 만났다. 정 씨는 날마다 피시방을 찾는다고 했다. 한국 소식을 알기 위해서다. 정 씨가 가장 많이 보는 사이트는 한국 선교단체가 운영하는 '북한소식'이다. 정 씨는 한국에 있는 모집책들과 이메일을 통해 정황을 보고하고 지시를 받는다. 그리고 한국에 가 있는 탈북자들과 연길에 관광 온 한국 손님들에게 탈북여성들을 소개시켜 주고 소개비를 챙기고 있었다. 정 씨는 한국에 가기 전에 이곳에 체류하면서 목돈을 마련할 것이라고 했다.

"한국 사람들은 순 색깔꾼입니다. 처음에는 신사 같지만 식사하고 노래방에서 질탕 놀고 나오면 잠자리에 같이 들 여성을 요구해요. 특히 탈북여성들을 말이에요. 뭐 남북통일을 해야 한다면서……. 그리고 돈 벌러 나온 탈북여성들도 한국인에게 소개해 주면 좋아해요. 팁을 많이 주니까요."

요즘 정 씨가 하는 일이라면 한국에 가 있는 동향의 탈북자 형을 도와 일을 해 주고 용돈을 받는 것이란다. 북경으로 가게끔 10여 명을 물색해 보냈다고 했다. 정 씨가 유흥업소나 농촌을 돌면서 물색한 탈북여성들 전화번호를 이메일로 한국에 있는 형에게 알려 주면 한국에서 작업을 시작한다고 한다. 중국에서 직접 작업을 한다는 것은 위험부담이 크기 때문이란다.

정 씨 소개로 한국행에 올랐다가 돌아온 탈북여성 김순녀(가명, 29세) 씨는 얼굴도 모르는 한국인에게서 "북경에 오면 한국에 바로 보내 주겠다"는 전화를 날마다 받았다. "공안에 쫓기는 불안한 생활을 어서 접어야 하지 않겠는가. 한국에 오면 대학에도 갈 수 있고 집도 주고 돈도 준다. 한국에서 살기 싫으면 6개월 뒤 다시 중국으로 가서 살면 되지 않겠느냐"고 말하면서 김 씨를 설득했다고 한다.

결국 김 씨는 북경으로 가기로 마음을 먹었다. 북경으로 가던 중, 김 씨가 합류하기로 했던 아지트에서 탈북자 예순두 명이 10월 26일에 중국 공안에 체포됐다. 그 소식을 들은 김씨는 결국 장춘에서 연길로 되돌아왔다.

탈북자들은 영사관 진입을 위해 4개 조로 조직된다. 1조와 4조는 총알받이 고기밥이다. 그들은 후불제에 속하는 사람들이다. 1조는 중국 공안을 유인하여 길을 뚫는 임무를 맡으며, 제대군인 중심으로 조직된다. 일명 이

것을 '유인조' 혹은 '타격조'라고 부른다. 2, 3조는 선불제 사람들로 조직
되며 대사관 진입 시에 1조가 출격하여 길을 뚫으면 안전하게 뒤따라간다.

후불제인 제4조는 그들을 엄호하며 마지막으로 돌격한다. 선불제와 후
불제는 천당과 지옥을 오가는 통행증이다. 아파트에서도 선, 후불로 나누
어 대우해 준다. 일단 아파트를 나서면 후불팀은 섶을 지고 불구덩이로
들어가는 격이고, 선불팀은 굿을 보고 떡을 먹는 셈이다.

대사관으로 진입하는 순서마저도 돈으로 계산되는, 이른바 기획망명을
추진하는 자들이 가진 비인도주의 실태의 또 다른 한 단면이다.

생과 사는 오로지 '돈'에 달렸다

이처럼 후불제냐 선불제냐로 결정되는 상황 때문에, 서두에 밝힌 증언자
이귀옥 씨는 악몽과도 같은 위험에서 탈출할 수 있는 기회를 만나기도 했
다. 타격조로 사용할 탈북자 수가 모자라는 상황에서, 이 씨는 자신이 알고
있는 탈북자들을 모집해 오겠다고 했고 브로커들은 이를 허락했다. 그래서
이 씨와 또 다른 두 명에게 20여 명을 모집해 오라는 임무가 맡겨졌다.

한 사람은 이 씨와 함께 탈북자들을 모집해 오도록 했고, 다른 한 사람
한테는 북한에 들어가 한국 정보당국에서 요구하는 '문건'을 가져오는
동시에, 보위부 가족을 빼 오라는 명령이 떨어졌다. 경비로 중국 인민폐
3,000위안이 지급되었다.

그렇게 해서 셋은 연길로 왔는데, 한 명은 북조선에 건너가 작업을 진행

하다가 체포되었고, 또 다른 한 명은 탈북자들을 데리고 북경으로 갔다가 아지트에 숨어 있던 예순두 명과 함께 중국 공안에 붙잡혀 북송되었다. 현재 중국에 남아 있는 사람은 이귀옥 씨 혼자뿐이다.

돈만 주면 북한 가족과 통화도 시켜 준다

"미국 NGO 좀 소개시켜 주세요. 우리 식구들 쌔가루(돈) 좀 마련해서 저쪽(북조선)에 총소리(혼란) 좀 나게 해 줘야지. 우리가 자금이 달려서 그렇지, 쌔가루만 넉넉하면 좋은 머리(사람)들은 다 빼 올 수 있어요."

8년째 브로커 일을 하고 있는 중국 조선족 최경모(가명) 씨가 하는 말이다. 최 씨는 부시 미 대통령이 발표한 북한인권법 발효에 고무되어 있었다. 자신은 브로커가 아니라 조국 통일을 하는 심부름꾼이라고 했다. 자기 소개로 한국에 간 탈북자는 50여 명이 넘는다고 했다. 최 씨와 대화한 지 10여 분도 채 되지 않아 한국에서 국제전화가 걸려 왔다. 핸드폰 소리가 요란하게 크게 들려왔다.

"핸드폰 저쪽(북한)에 넣을 수 있어요?"

"오늘 사면 다음 날 보낼 수 있어요. 오늘도 내가 한국에서 부탁해 와 저쪽(북조선)에 핸드폰하고 쌔가루 보냈어요. 일없어요."

"얼마 정도 드나요?"

"핸드폰 중고 300위안짜리 사고, 카드 200위안, 넣고 강 건너가는 것 400위안…… 100달러면 되겠는데."

"그럼 내일 돈 부칠게요."

"나를 믿고 그렇게 해요. 일없게 해 줄게요."

최 씨한테 전화를 건 사람은, 최 씨가 한국에 보낸 탈북자한테 소개를 받고 전화한 사람인데, 얼굴도 모르는 탈북자라고 했다. 한국에서 이런 전화가 날마다 서너 통씩 걸려 온다고 했다. 북조선에 핸드폰을 보내거나 돈을 넣어 주기 위해서다.

최 씨에게는 한국에 간 탈북자들이 중요한 고객들이다. 한국에 온 탈북자들이 가족을 빼내 오기 위해 한국에서 전화를 하기 때문이다. 일을 잘 처리해 주면 기획탈북을 부탁받고 한국행에 관여할 수 있다. 최 씨는 한국에서 부탁하면 북에 살고 있거나 중국에 나온 '화교' 조직을 이용해 일을 한다고 했다. 화교를 중심으로 합법적으로 북조선을 오가게 하고 탈북자를 중심으로 강타기(불법월경)를 시킨다고 했다.

북으로 돈을 보내는 것도 간편하다고 했다. 한국에서 온 돈을 중국에 있는 화교에게 주면 북조선 화교 조직에게 직접 전화를 해 북에서 곧바로 받을 수 있다고 했다. 수수료는 전체 금액의 10퍼센트를 받는다고 한다. 화교와 조교를 이용해 하는 일은 실패율이 낮다고 했다.

최 씨는 이런 방법으로 북경 주재 외교 공관 기획망명 때 진입한 탈북자 가운데 열 명을 북경까지 바래다주었다고 했다. 최 씨가 받는 수고비는 탈북자 1인당 한국 돈 100만 원씩이다. 한국에 있는 탈북자 친구가 수금해서 통장으로 부쳐 준다. 중간 브로커인 셈이다.

얼마 전에는 탈북자들을 모아 북경으로 보내려다 공안 당국에 적발되어 벌금 5,000위안을 내고 가까스로 풀려난 적도 있다고 했다. 북경에 있는 조직들은 탈북자들을 보내 달라며 날마다 전화가 온다고 했다. 연길에는 찬바람이 불어 공안 단속이 심하다고도 했다. 북경에서 일이 먼저 터져 연길에서 작업을 진행하던 많은 조직들이 살 수 있었다는 뜻이었다.

기자들에게 테이프 팔아 '꿩 먹고, 알 먹고'

나는 예전처럼 탈북자들을 조용히 베트남이나 몽골로 보내지 않고 왜 북경으로 보내느냐고 물었다. 최 씨는 베트남과 몽골 양쪽 길이 막혀 북경으로 보낸다고 했다. 몽골 쪽 변방대에서는 지금도 연락이 오지만 현금이 있어야 가능하다고 했다. 열 명 단위로 한국 돈 약 2,800만 원을 주어야 길을 터준다. 개인적으로 몽골 국경선을 넘거나 돈을 내지 않으면 중국 변방대에서 붙잡는다고 했다. 돈을 아는 중국 변방대에서는 선금을 바라지만 한국에 가족이 없는 탈북자들은 후불제기 때문에 보내기 어렵다고 했다.

개인 조직들은 한국 여권으로 일명 '대가리 까기(여권 사진 바꾸기)'로 북경 주재 한국 영사관에 들어간다고 했다. 3만 위안이면 5일 안에 가능하다고 했다.

최 씨는 북경 주재 캐나다 대사관 기획망명 내막에 대해서도 밝혔다. 원래 중국 국경절을 기회로 기획망명을 진행하려다 미국에서 북한인권법을 통과시켜 호기를 맞았다고 했다. 일본인학교 진입에 성공한 뒤, 한국 영사관 진입을 시도하기 위해 최 씨가 직접 영사관 철조망을 끊으려고 했다. 새벽에 톱질을 하는데 잘 끊기지 않아 캐나다 대사관으로 장소를 이동했던 거라고 말했다.

캐나다 대사관 진입 촬영 테이프는 팀에서 찍어서 직접 똥파리(기자)들에게 팔았다고 했다. 좋은 화면을 가지고 있으면 기자들이 몰려든다. 최근에는 이처럼 기자들을 동행하지 않고 직접 카메라로 찍어서 이를 판매한다. 판매 효과는 높다. 판매 수익금도 있지만 보다 중요한 것은 '선불금'을 받을 가족들에게 보여 줄 '확인용 그림'이 된다는 것이다. 기획망명 성공 뒤 한국에 있는 모집책들은 한국 가족들에게 몇 시 뉴스나 몇 일자 신문을 보라고 알려 준다. 선불금을 받기 위해서다.

나는 일본인학교에 진입한 탈북자 스물아홉 명 가운데서 '어린 남매'를 취재한 적이 있다. 그들이 일본인학교에 진입하기 20일쯤 전이었다. 부산에 있는 그 부모로부터 제보를 받고 중국 연길에서 취재했던 것이다.

그런데 그 뒤로 그 일을 까마득히 잊고 있던 차에 부산에 있는 부모한테서 전화가 왔다. "남매가 오늘 일본인학교에 진입했다"면서 나에게 "중국에서 찍은 남매 사진과 일본인학교 진입 장면 필름 속 아이들을 비교해 확인을 좀 해 달라"고 했다. "내일은 〈조선일보〉에도 실린다"고도 말했다.

다음 날 늦게 부산에 내려가 남매 부모를 만났다. 〈조선일보〉에 실린 남매의 기사와 사진을 가져온 모집책은 선불금 300만 원을 받아 갔다고 했다. 부모는 "후불제는 500만 원이라고 해서 선불금을 주었다"고 했다.

2004년 9월 1일 〈조선일보〉에 실린 남매에 대한 기사 내용은 "지난해 7월, 어머니만 먼저 한국에 들어가고 남매는 산속에서 움막을 치고 생활했다"는 것이었다.

내가 취재한 남매는 일본인학교에 진입하기 일주일 전까지 어머니가 마련해 준 안가에서 조선족의 보살핌을 받고 날마다 한국 위성 티브이를 시청하고 한국에 있는 어머니와 통화하며 살았다. 남매의 어머니 이춘자(가명, 37세) 씨는 자식들이 일본인학교에 진입했다는 소식을 듣고 잠을 이루지 못했다며 속내를 털어놓았다.

"스물아홉 명이나 되는 조직인 줄 알았으면 맡기지 않았을 겁니다. 우리 아이들을 안전하게 데리고 온다고 해서 맡겼단 말입니다. 문을 깨고 담장을 넘어 들어가는 것은 죽으면 죽고, 살면 산다는 것인데 만약 담장을 넘지 못하고 아이들이 서 있다가 중국 공안에 잡혔을 경우를 생각하면 끔찍합니다."

일본인학교에 진입한 사람들은 대부분 선불금을 낸 사람들이었다고 한다. 모두 스물아홉 명이니, 선불금액을 1인당 300만 원씩만 계산해도 1억 1,700만 원이다. 마흔네 명이 감행한 캐나다 대사관 진입 사건 같은 경우도 선불금과 후불금을 합해 1억 7,600만 원에 달한다.

그런데 일본인학교와 캐나다 대사관 진입을 성공시킨 이 조직이 또 100여 명의 기획망명을 계획하다가 체포된 것이다. 이 조직은 주모자 한 사람과 모집책 두 명을 통해 이 어마어마한 거사를 진행했다고 알려졌다.

한국 놈들은 인권운동가 행세하면 그만

한국에 온 탈북자들을 중심으로 기획망명을 추진하는 조직이 여러 개 있다. 규모가 작은 조직에서부터 큰 조직에 이르기까지 네 개가 존재한다. 몽골 조직, 베트남 조직, 북경 조직, 김 사장 조직이 그것이다.

　그들 목적은 돈이다. 남북 이데올로기의 산물을 먹고 산다. 후불제로 한국에 입국한 탈북자들이 돈을 내지 않은 사례가 있다. 그래서 한국인과 조선족이 중심이 된 브로커 조직은 '현금'이 아니면 일을 진행하지 않는다. 탈북자만이 탈북자들에게 돈을 받을 수 있기 때문이다. 우리 사회에 해결사들이 존재하는 이유와 같은 이치다.

　한국에 탈북자 100여 명을 보냈다는 조선족 출신 브로커 이 모 씨는 제 나름의 고충을 털어놓았다.

　"이제 조선족들은 다 기권했습니다. 한국에 간 탈북자들이 전화를 해서 리모컨 누르듯 조정하고, 여기 있는 조직은 공안에게 공습을 받아 전멸하다시피 했어요. 걸리면 벌금이고 감옥입니다. 한국에 보내 줄 때는 정착금 받다 주겠다고 울던 사람들이 한국에 들어가면 떼먹습니다. 정착금 3,700만 원 공돈 받아 500만 원도 안 주는 사람들과는 일할 수 없단 말입니다."

　무엇보다 이 씨는 한국에서 자신들을 바라보는 곱지 않은 시선이 존재하는 것에 대해 매우 불편한 심기를 드러냈다.

　"똑같이 돈벌이하다 붙잡히면 한국 놈들은 인권운동가가 되고 우리는 왜 브로커라고 부릅니까. 어려운 탈북자들을 위해서 우리가 더 많은 일을 하는데, 돈은 한국 사람들이 더 챙깁니다. 어떤 놈은 한국에 앉아서 전화로 리모컨처럼 조정만 하고 돈벌이해요. 붙잡히면 어떤 미친놈이 돈벌이하다 붙잡혔다고 하겠어요? 탈북자나 우리나 서로 손해 볼 것 없잖아요. 같이 돈 벌어 서로 좋은 일 아닙니까. 우리는 돈 벌어서 좋고, 탈북자는 빈손으로 한국 보내 주면 집 주고 돈 주는데 뭐가 문젭니까. 한국 정부도 어차피 지들 돈이에요? 국민들 세금 아니에요? 잘산다는 나라에서 그 정도 못 해요?"

나는 이귀옥 씨를 다시 찾아갔다. 이날은 이 씨를 다섯 번째 만나는 날이었다.

이 씨는 나에 대한 의심의 장벽을 허물고 자신이 살고 있는 집으로 안내했다. 작고 허름한 집이었다. 불을 때지 않아 집은 바깥처럼 썰렁하고 추웠다. 젖을 달라고 칭얼대는 두 살배기 아이에게 젖꼭지를 물리면서 이 씨는 한국으로 가고는 싶지만 또다시 대사관 진입을 하라고 한다면 아예 북조선으로 건너가서 자수하겠다고 했다. 이 씨한테는 탈북 기획망명이 악몽과 같은 경험이었던 것이다. 북경 아지트에서 지낸 시간이 악몽 같았던 이 씨. 예순두 명 강제송환 사건이 터지고 난 지금은 자신이 밀고자로 지목돼 복수를 당할까 봐 불안에 떨고 있었다.

대화는 밤늦도록 계속됐다. 국군포로 2세인 이 씨는 자기 일이 기사화되면 생길지 모르는 또 다른 공포를 감수하면서, 다시는 이런 일이 생기지 않도록 실상을 알려 줄 것을 부탁했다.

젖을 물고 자던 아이가 울음을 터뜨렸다. 나는 자리에서 일어나 밖으로 나왔다. 가로등 불빛이 하나 없는 연길 골목길 허름한 주택가 사이를 걸어 나오는 동안에도 아이 울음소리가 귓가에 맴돌아 발길이 무거웠다.

영상 촬영은 탈북자 보호가 아니라 돈벌이

'북 때리기' 위해 거래되는 북 영상과 자료들

북한 인권의 '열악함'을 뒷받침하는 근거로 사용되는 북한 영상물은 어떻게 만들어지고 또 재생산될까?

"이제는 뉴스도 보편화됐잖아. 사람들 호기심이 떨어지니까 탈북자나 재포들(재일교포 조선인)은 값이 떨어진다고. 순수한 일본인 현지처가 돈이 된다고. 단계별로 임무가 다르지. 일본인 현지처들이 살고 있는 집을 비디오로 찍거나 중국으로 데리고 나오는 거 있지. 그리고 중요한 문건 같은 거 있잖아. 군사훈련 같은 거 말이야."

중국 길림성 연길시 하남가에 위치한 한 다방에서 만난 조선족 임홍문(가명) 씨가 하는 말이다. 임 씨는 조선과 한국, 일본을 오가며 중국을 거점으로 사업을 하고 있다. 임 씨가 한국에 보낸 탈북자는 쉰 명이다. 일본에 보낸 탈북자도 다섯 명쯤 된다고 힘주어 말했다.

임 씨는 한국 반북 선교단체나 NGO들을 꿰뚫고 있었다. 한때 한국 선교단체와 함께 몽골행과 베트남 기획탈북 루트를 개척해 주는 일을 함께 하기도 했다. 그 뒤로 한국인들이 데려온 일본, 미국 NGO 관계자와 기자들의 코디네이터 일도 했다.

이 과정에서 탈북자들을 데리고 동행 취재하다 어려운 고비도 있었다고 했다. 어려운 고비 때마다 한국인들은 꼭 빠진다는 것이다. 임 씨가 개척한 루트를 자기 몰래 진행하다 일이 터진다고 임 씨는 서운해했다. 처음에는 임 씨에게 길을 트게 하고 길이 트이면 한국인들이 이용하는 것이다. 임 씨는 다섯 번 정도 일을 하다 손을 뗐다. 고생은 자기가 하고 돈은 한국인들이 더 챙기기 때문이란다.

"내 참, 보니까 세상이 그래. 한번 잡히면 팍 튀고 일본이나 미국까지 날아갔다 오고. 그런 사람들은 잡힐수록 유명해지는 거고, 사고 안 나면 무명인데 사고 나면 더 유명해지는 거지. 신도들도 '아멘' 해 주고. 조선족들은 그러니까 희생양이지. 나보고 계속 일하자고 하는데 미쳤다고. 남 좋은 일 시켜 주게. 이제까지 나는 사고 한 번 안 나고 다 성공했어."

임 씨는 기획탈북 과정에서 돈을 이중으로 버는 방법을 알게 되었다. 그 전까지 그는 북조선에서 사람을 빼내 와 제3국 국경선을 통해 한국에 보내면 그에 따른 대가만 받는 것으로 알고 있었다. 또, 탈북자들이 국경선을 넘을 때나 대사관 진입할 때 비디오를 찍는 것은 만약 실패를 대비해 그들을 구출하기 위해 기록하는 줄로만 알고 있었다.

"선교단체 사람들이 안전을 담보한다고 하기에 그런갑다 했지. 올 때마다 녹상(비디오) 찍고 해서 이상하더라고. 나중에 알고 보니까 그걸 찍어다가 교회 돌아다니며 보여 주면서 설교하고 헌금 걷고, 일본 방송에다 팔아먹더라고"라며 떨떠름한 표정을 지었다.

기획탈북 과정이 일본과 한국 텔레비전에 자주 등장하는 모습을 보면서 임 씨 자신도 위험하다는 생각을 하게 되었다. 한국인들과는 거리를 둘 수밖에 없었다.

그 뒤 일본 NGO 관계자들과 연계를 갖게 된 임 씨는 한국인들과는 선을 끊었다. 일본 NGO 관계자들 또한 중간에 낀 한국 NGO 관계자들이 부담되기 때문이다. 임 씨는 2년 전부터 일본 대북 NGO나 방송 관계자들과 긴밀한 관계를 맺고 일을 한다. 모두 일본인이다. 일본 사람들은 일을 부탁하면 조용히 처리하고 사라진다. 돈도 한국인들보다 많이 준다.

임 씨는 "일본 NGO들은 연길에서 나만 만나는 게 아니다. 여러 선을 깔아 놓는다. 연길도 이리저리 정신없이 바쁘다"라고 말했다. 임 씨는 비디오 영상물이나 문건, 일본인 현지처들에 대한 정보를 조선에서 빼 오면 중간 유통업자를 통해 일본에서 방송될 경우 얼마쯤 받을 수 있다는 가격까지 훤히 알고 있었다.

또, 재일조선인을 중국에 데려와 일본 대사관에 연락하면 조용히 데려간다. 일본 현지처 같은 경우, 중국에 데려와 일본 외무성에 이메일로 연락하면 확인 뒤 활동비도 받는다. 이런 일은 반드시 일본에 거주하는 내부인과 공모해야 가능하다고 했다.

대가는?

1인당(일본인 현지처) 100만 엔 받고, 가족들에게 받고, 방송해서 벌지. 녹상물은 중요 정도에 따라 가격이 다르다고. 원래 값도 100만 엔 하다가 50만 엔 하고 이렇게 떨어진단 말이야. 사업이라는 게 다 그렇잖아.

왜 하는가?

지금 내가 운영하는 공장에 자금이 달려요. 한꺼번에 큰돈을 중국에서 빌리는 것도 부담스러워. 내가 조선에다 깔아 놓은 선도 일곱 개나 되는데, 그것을 유지하기 위해 돈도 많이 뿌렸다고. '사람 관리는 곧 돈'이란 말도 있잖아! 돈을 많이 벌 것 같아 보이지만 그만큼 또 쓰게 되는 거예요. 골동품(국군포로) 3,000만 원짜리 두 개(두 명)만 해도 괜찮은데…….

사람 죽이는 것 빼고 돈 되는 일은 다 할 수 있어.

임 씨는 곧 일본에 들어갈 일이 있다고 했다. 임 씨와 거래를 하는 일본인 방송 관계자가 초청을 해 준 것이다. 명목은 관광이다. 임 씨는 일본에 갈 때 조선에서 가져온 문건을 가져갈 예정이다. 일본에서 원본을 처리하고 복사본은 한국에 가지고 들어갈 거라고 한다.

임 씨는 한국에 있는 이산가족을 찾아 달라며 자기 집으로 가자고 했다. 연길 시내 중심가에 위치한 아파트였다. 여기처럼 잘사는 사람들이 거주하는 곳은 단속에 걸릴 위험이 적다고 했다. 임 씨가 얻어 놓은 아파트에는 북한을 넘나들며 심부름을 하는 사람들이 있었다.

30대 중반 남자 한 명과 40대 초반 여자 한 명이었다. 여자는 말이 없었다. 남자는 나를 의식하지 않았다. 내가 담배를 하나 건네자 받아 피웠다.

중국을 넘나들며 많은 사람을 대한 탓일까. 자기들을 찾아오는 손님으로 알았던지 "저쪽에서 요구되는 것 없느냐?"며 넌지시 말을 먼저 건네 왔다. 나는 어떤 심부름들을 하는지 물었다.

할 수 있는 일이 뭐가 있나?

사람 죽이는 것 빼고 돈 되는 일은 다 할 수 있다. 이산가족 찾아서 여기까지 안전하게 데리고 나올 수 있고, 아니면 선생이 요구하는 것, 문건도 좋고 필요한 사진도 찍어 내올 수 있다.

그러다 일 나면 어떻게 하나?

일없다. 안전하게 할 수 있다. 문제가 생기면 한국으로 튀면 되지 않나?

비용이 어느 정도 드나?

지역에 따라 다르다. 선금으로 500에서 1,000달러면 된다. 그다음은 그쪽에서 알아서 주면 된다. 사실 우리가 일을 해도 한국 사람들한테 직접 돈을 받지 못해 어간에 중국 사람들이 낀다. 그래서 우리한테 오는 몫이 줄어든다. 그래서 그쪽 선하고 직접 연결하고 싶다.

남자는 나더러 자신과 직접 거래를 하자고 제안했다. 임 씨가 보이지 않는 사이 내게 한국 전화번호와 중국 핸드폰 번호를 알려 달라고 했다. 나는 전화번호를 가르쳐 주지 않았다. 조선족 임 씨가 건네준 쪽지만 받았다. 이들이 가져온 쪽지의 주소지를 확인해 달라는 부탁이었다.

임 씨는 "북한 가족들이 국군포로라고 하는데 진짜가 맞는지 확인해 달라"고 부탁했다. 나에게 건네준 쪽지에는 북한에 있는 가족들 근황과 한국에서 살 때의 주소가 또박또박 적혀 있었다.

한국에 있는 가족을 찾으면 국군포로인지 아닌지 확인이 가능해서일까. 한국에 가면 꼭 확인해 연락해 달라고 부탁했다. 나는 임 씨가 준 쪽지를 들고 아파트를 나왔다. 나중에 국방부에 확인했더니 국군포로 명단에 끼어 있지 않았다.

일본 미디어, 탈북자 통해 북 군사정보까지 원해

연길에서 또 다른 조선족 김창호(가명) 씨를 만났다. 나와 안면이 있는 연변 지역 문화예술인이다. 자연스럽게 대화를 나눌 수 있었다.

김 씨가 하는 일은 탈북자를 시켜 조선에서 일본인과 관련된 현지처나 군사 관련 정보를 수집해 주는 일이다. 이날도 조선에서 가져온 사진 수십 장을 가지고 있다고 했다. 북에서 사진을 가져온 조선 사람들이 북으로 돌아가지 않고 기다리고 있다는 것이다.

한국에서 와 돈을 지불하고 가져갈 손님을 기다리고 있다고 했다. 김 씨가 만날 손님은 일본 모 민영방송 서울지국 한국인 기자다. 그 기자는 두 달에 한 번씩 연길에 와서 김 씨에게 돈을 주고 정보를 수집해 간다.

브로커들을 통해 일본에 건너간 동영상이나 문건은 일본을 거쳐 다시 한국으로 들어오게 된다. 그 과정에서 왜곡되거나 과장된 부분을 검증할 수 없다. 일본을 거쳐 오면 사실인 양 한국 언론이 그대로 인용 보도해 문제가 되기도 했다. 반북단체와 보수언론들은 일본 미디어 자료를 이용하기에 바쁘다. 미국, 일본, 유럽연합은 '북한인권법'을 상정하는 데 근거자료로 활용한다.

일본 미디어는 왜 탈북자의 인권을 빌미로 '조선 때리기'를 할까? 이에 대해 일본인 저널리스트 기시 토시로(전 엔에이치케이 서울지국장) 씨는 "탈북자란 결국 북조선에서 도망 나온 사람들로 인식된다. '북조선이 싫어서 나왔구나. 역시 북조선은 나쁜 나라구나. 생활하기 어려운 나라다. 이젠 붕괴할 수밖에 없는 나라구나'라는 인식을 심어 주는 효과가 있다. 대북 비즈니스맨들을 시켜서 쉽게 취재할 수 있고 기획탈북 같은 연출도 가능하니까 일본 민영방송들이 달려드는 것 같다"고 설명했다.

일반적으로 일본 언론은 취재가 허락되지 않는 위험한 지역에 본사 소속 직원들을 보내지 않는다. 그래서 프리랜서나 브로커들에게 영상을 공급받는 것이 일반적이지만 경쟁이 심해지자 다양한 채널을 통해 영상물을 공급받는다. 이것 역시 비밀이다. 계약서를 쓰지 않는 것이 일반적인 관행이고 쓴다 해도 비밀 조항을 단다. 일이 터져 문제가 생기면 빠져나가기 위한 수단이다.

중국에서 발생한 탈북자 사고의 대부분은 일본 미디어와 연계되어 있다. 일본 미디어와 10년째 일하는 방송 코디네이터 이미진(가명) 씨가 그 이유를 설명했다.

"돈을 주고 북한 영상을 사는 일본 미디어들이 많습니다. 한국, 중국에 있는 일본 미디어 지국들이 몇 개나 되는지 아십니까. 여기에 방송 프로

덕션까지 가세해 같은 소속사끼리도 경쟁이 치열할 정도입니다. 일본에 있는 본사 직원들은 중국에 가는 것을 꺼립니다. 한국에 와서 탈북자들을 대상으로 취재하지만 한계가 있지 않겠습니까. 그림(영상)이 똑같으면 시청률이 떨어지지요. 새로운 그림을 원할 거고, 그걸 하겠다는 사람들이 많습니다. 사고 나면 묻지 않은 게 이쪽 룰이이지요."

2004년 7월, 한국인 오영필 씨는 중국 광저우에 있는 일본 영사관에 탈북자들을 안내해 비디오를 찍으려다 붙잡혀 18개월 동안 옥살이를 했다. 오 씨는 두리하나선교회에서 주선해 일본 민영방송 티비에스(TBS) 구보 유이치 기자에게 교육을 받고 중국으로 떠났다. 그와 티비에스 측은 계약서를 썼다. 만약 사고가 나면 한국 NGO와 티비에스 측에서 구명운동을 하기로 서약했다.

그러나 약속은 지켜지지 않았다. 오 씨는 한국에 돌아와 양심선언을 했다. "기획탈북은 탈북자들에게 더 고통을 준다"며 "이벤트식 기획망명은 정의로 포장된 악이다"고 밝혔다. 일본 NGO 활동을 도와주는 조선족 한 모 씨는 자기 집에서 일본인들이 부탁한 탈북자들을 관리해 준다. 주로 물건이 될 수 있는 탈북자들만 보호해 준다.

군 출신 탈북자나 꽃제비들 가운데에는 슬픈 기억이 있는 아이들이 많다. 이들은 조선에서 겪은 참상을 수기로 쓰게 한다. 젊은 청년들에게는 몰래카메라 작동법을 교육시킨다. 조선에 들어가 영상을 찍어 나오게 하기 위한 것이다. 이런 일들을 한국에 보내 준다는 조건으로 진행한다고 한 씨는 증언했다.

한 씨 집에는 일본인 NGO 관계자가 주기적으로 찾아온다. 일본인

NGO는 어학연수생인 유학생 신분으로 연변대학교에 다니며 탈북자들을 관리한다. 일본인 프리랜서 기자도 찾아온다. 취재 뒤 NGO에게 연결해 주고 상품이 될 만한 탈북자는 정기적으로 관리한다.

탈북자 재외공관 진입은 일본의 정치 흐름과 연계

한국인 브로커 박종서(가명) 씨는 "한국인, 조선인, 중국인이 합작을 해야 안전하게 일을 진행할 수 있다"고 말한다. 박 씨는 사회 상황을 스스로 파악하고 판단해서 조선족이나 탈북자들에게 일을 부탁한다. 조선족에게 주문을 주고 영상을 가져오면 주로 일본 미디어에 판매한다.

일본에는 한 건 당 얼마나 팔리나

그림(영상)에 따라 다르다. 장마당, 노동단련대는 1,000만 원은 받을 수 있고 그 이상 되는 것도 상당히 있다. 원산항이나 이런 건 상당히 받을 거다.

일본에서는 주로 어떤 영상을 원하나?

일본에서는 주로 북한의 열악한 환경, 못사는 것에 관심이 있고, 일본인 납치자 문제가 중요하다.

박 씨는 영상을 부탁해 찍어 오는 사람을 한국으로 데려온다고 했다. 찍어 온 사람을 안전하게 해 준다는 설명이다.

주로 어떤 사람들을 빼 오는가?

주로 빼 오는 사람은 군대에 있는 사람들이고, 계급이 높은 사람은 작업 중이다. 일반적인 하급 군인은 몇 가지 일을 시킨 다음 빼 온다.

자기 생각에 한국에 오면 괜찮겠다 싶으면 박 씨는 곧바로 작업을 시작한다. 한두 번씩 일을 시키고 돈을 주고 나면 탈북자들이 돈을 벌기 위해 접근해 온다. 그렇게 몇 번 하다 보면 노출이 된다. 그 과정에서 한국에 갈 의사를 묻는다. 그러면 한국에 데려올 작업이 시작되는 것이다.

반북단체와 연계설에 대해 박 씨는 "뜻이 맞다기보다 그때그때 서로 필요에 따라 정보를 주고받는다"며 "만약 사고 나면 그들이 펌프질(기자회견을 통해 정부에 항의하는 일)을 해 준다. 브로커라는 것보다 활동가라는 이미지가 좋다. 간혹 그쪽(대북단체)에서 원하는 북 사람들을 부탁받아 빼 오기도 한다"고 덧붙였다.

재외공관이나 일본인학교에 탈북자를 진입시키는 것은 일본 사회가 일본인 납북자 문제로 떠들썩할 때마다 진행한다. 재외공관 진입 시기도 일본의 정치적인 흐름과 시기에 맞춰야 좋다고 한다. 조선과 일본 간의 감정이 불편한 시기에 해야만 일본 미디어들이 관심을 많이 보이고 상품이 될 수 있다는 것이다.

한국 NGO 관계자 정일용(가명) 씨는 탈북자와 일본인 저널리스트를 연결해 주고 조선의 영상물을 찍어 내는 중개인 역할을 했다. 정 씨는 미국에서 탈북자 문제를 여론화하는 작업을 하고 있는 한인 목사 소개로 일본 저널리스트 한 사람을 만났다.

정 씨는 일본 저널리스트와 함께 조·중 국경선에 위치한 길림성 장백현에 들어갔다. 북에 있는 내부거래자를 연결시켜 준 것이다. 조선 량강도 혜산 장마당을 찍어 내오기 위한 작업이었다. 장마당에 돌아다니는 꽃제비나 적십자 구호물품이 거래되는 장면을 촬영하는 게 목적이다. 정 씨는 영상물을 찍어 오는 사람을 선정할 때 테스트를 한다고 했다.

"새로운 카메라를 사 주면 팔아먹는 사람도 있고 그래서 꼭 테스트를 한다. 틀림없다고 판단되면 중국으로 나오라고 해 중고 카메라를 준다. 돈은 먼저 주면 안 된다"고 말했다. 돈과 카메라를 먼저 주면 돌아오지 않는다는 것이다. 정 씨가 연결해 일을 성공했다. 량강도 혜산 농민시장을 찍어 와 일본에 방송했다.

"우리가 하는 일이 위험스럽기도 하다. 해석하기에 따라 달리 볼 수도 있겠지만 정보기관과 연계를 가져야 우리도 보호를 받을 수 있다. 정보기관은 빠른 정보만 요구할 뿐 영상물을 파는 것은 신경 쓰지 않는다. 자신들도 돈 들이지 않고 정보를 얻는다. 일본에 가는 영상물 반은 정보기관에서도 비슷한 시기에 입수할 것이다."

일본 NGO에서 활동하고 있는 최승진(가명) 씨는 "정보 당국에서 먼저 입수했다 할지언정 가지고 있는 것이 터져야 주가가 올라가지 않느냐. 긴박한 상황에서 리얼한 영상이 나오면 일하는 사람으로서는 당연히 공급하는 곳이 생기는 거고 서로가 수요와 공급이 생기는 것"이라고 말했다.

NGO에서 탈북 지원사업을 하면서 조선 군복이나 군사기밀 문건이 왜 필요한가 물었다. 최 씨는 "그건 정보기관에서 갖다 달라고 해서 한 번 갖다 준 적도 있었는데, 일본 미디어들이 필요한 건 군사기밀 같은 거, 군사지도부 지침 같은 것을 부탁해 구해 본 적이 있다"며 말하기를 꺼렸다.

최 씨는 한국 NGO 관계자들이 영상물에 관여하는 것은 단체 운영 경비에 보태 쓰기 위한 것으로 알고 있다고 했다. 자신 또한 NGO 관계자인지, 방송 코디네이터인지, 브로커인지, 정보원인지, 인권운동가인지 혼란스러운 때도 있다면서 보는 사람 견해에 따라 다를 것이라고 했다.

북 영상물 거래는 곧 반북 NGO 경비

취재하면서 일본 도쿄에서 재일동포 방송 통역원 세 명을 만나 이야기한 적이 있었다. 그들 모두 일본 방송 관계자들이 조선 관련 영상물을 번역할 때 자의적인 해석을 강요받는다고 했다.

8년째 통역을 맡고 있는 재일동포 임병우 씨는 조선방송을 청취하고 번역한다. 임 씨가 맡은 일은 김정일 국방위원장이 나오는 장면만 모니터하고 번역하는 것이다. "나에게 요구하는 것은 김정일의 바보스러운 것, 우스운 것, 이상한 행동이다. 나도 먹고살아야 하기 때문에 하는 일이지만 솔직히 너무 심하다"고 토로했다.

2003년 5월 중국 심양에 있는 일본 영사관에 진입한 '한미 일가족 사건'이 일어났다. 일본 NGO와 미디어가 함께 기획한, 재외공관 진입 사건이라 일본 방송 내에서도 크게 다루어졌다. 그런데 이 사건을 가지고, 일본 버라이어티 쇼에서 유명 가수 그룹 스마프가 중국 복장을 하고 일본 영사관에 들어가는 장면을 패러디해 방송했다.

임 씨는, '한미 가족'이 일본 영사관에 진입할 때 한미 엄마는 아이를 붙잡는 중국 군인과 뒤엉켜 울부짖는데, 남자들은 앞만 보고 영사관 안으로 뛰어 들어갔다며 그게 조선 남자들 본질인가 비웃으며 일본에서 흥미를 끌게 했다고 전했다.

일본 사회가 '요코다 메구미 가짜 유골' 파문으로 떠들썩했던 2005년 1월, 일본 상업방송 티비에스에서 탈북자를 통해 입수한 사진을 특종이라고 방송한 적이 있다. 사진 속 인물이 납치된 일본인 가운데 한 명이라는 것이다. 다음 날, 이 일은 해프닝으로 끝났다. 한국에 살고 있는 탈북자가 중국에 살고 있는 탈북자 사진을 전해 주었으면 속일 수 있었을 텐데, 자신이 거주하는 아파트 단지에 살고 있는 한국 탈북자 사진을 찍어 건네준 것이었다.

한국에 온 탈북자 김철(가명) 씨는 일본 민영방송 서울지국에서 일하는 한국인 코디네이터로부터 연락을 받았다. 김 씨는 놀랄 뿐이었다.

"내가 어떻게 군 관련 정보를 알고 있다는 것을 파악했는지, 내 연락처를 알려 주지 않았는데 어떻게 알았는지 모르겠다"며 "하나원 내부관계자와 내통하지 않으면 알 수 없는데, 하나원에서 알려 주었을 것"이라고 추측했다.

하나원을 퇴소하고 나서 김 씨는 일본 방송 코디네이터에게 조선 관련 영상물을 찍어 달라는 제안을 받았다. 신변 보장과 선수금을 요구한 것이 받아들여지지 않아 한동안 잠잠했다. 여섯 달이 지난 뒤 또다시 연락이 왔다. 탈북자들은 한국에 들어와 여섯 달이 지나면 여권을 발급받아 중국에 들어갈 수 있기 때문이다. 김 씨는 똑같은 제의를 받고 망설이고 있다.

김 씨는 미국 정보 당국자도 만났다. 용산 모처에서였다. 북한 관련 군사정보를 물었다. 얼마간 사례비도 받았다. 미 정보 당국자는 위조화폐 공장이나 마약 공장 건물을 찍어 달라고 간접적으로 부탁했다. 물론 직접 부탁은 하지 않는다. 사진만 있으면 얼마를 줄 수 있다는 식으로 하는 간접 부탁이다.

김 씨에 따르면 한 건 당 1,000만 원이고 북에 있는 동료에게 부탁해 한국에 가져와 그 이상으로도 팔 수 있을 것이라고 했다. 이런 상황에서 일본 방송국에서도 부탁이 온다. 하나로 두 가지 장사를 할 수 있다며 탈북자들에게 돈을 벌 수 있는 호기라고 했다.

"탈북자들이 돈 벌 수 있는 기회는 지금이다. 남북이 잘되면 끝이다. 나는 통일되면 미국으로 이민 가 살겠다"고 말했다.

5년째 한국에 와 탈북자 문제를 취재하는 티브이 아사히의 이데 야스유키 피디는 "일본 미디어는 무조건 만들기만 하면 된다는 생각으로 소재만 사서는 다른 사람들을 시켜 현장도 보지 않고 프로그램을 만드는 경우도 많다"면서 "어려운 문제"라고 말했다. 한국에 와 취재를 하면서 말도 안 되는 금액을 부르는 사람들도 있다고 했다.

"100만 엔이나 200만 엔을 부르기도 하고 또 수천만 엔을 부르는 사람도 있다. 사람들에 관해서는 이러한 사람을 데려오면 얼마 줄 건지 물어보는 사람도 있고. 이건 일본 미디어 문제이기도 하지만 동시에 한국 사회가 가진 문제이기도 하다."

탈북자들은 어떠한 영상을 찍을 수 있다고 하는지, 그리고 본인한테는 어떠한 영

상을 요구하는가?

조선 내의 영상, 꽃제비, 장마당 같은, 일본인이 생각하는 조선 내의 이미지를 갖고 오라고 한다. 일본과 관련된 탈북자들을 인터뷰하거나, 그런 사람들을 데려오는 경우도 많다. 한국에 입국한 탈북자들이 일본 미디어가 어떤 영상을 원하는지 계산을 하고 움직인다는 느낌을 받았다.

일본 미디어는 왜 그렇게 탈북자에게 관심이 많은가?

조선은 확인하고 증명하기가 어렵다. 일본인 납치 문제라는 뿌리 깊은 베이스 때문에 가지게 되는 흥미 때문이 아닐까 한다. 그런 정보를 입수하기 위해서는 탈북자 이외에는 실마리가 없다. 슬프긴 하지만 그것밖에 없다. 거기에 신빙성이 얼마나 되느냐 하는 것은 또 다른 문제이며 일본 미디어로서는 구미가 당기는 부분이다.

시청률 위한 오락 프로로 전락한 '탈북자 문제'

기시 토시로 씨는(전 엔에이치 서울지국장) 일본 민영방송에서 탈북자 문제나 조선 문제를 다룰 때 "연예인들이 나와서 선정적이고 감상적인 코멘트를 한다. 그게 민영방송의 생명인 시청률을 높인다. 시청률을 높이기 위한 프로그램 연출을 추구하는 게 방송국이다. 탈북자 문제가 오락 프로그램이 돼 버렸다. 조선은 왕따 대상이 되고 일본 사람들은 그것을 즐기는 상태가 된 것 같다"며 안타까워했다.

시청률이라는 절대적인 기준을 적용하기 위해서는 오락 프로그램이 될 만한 조선을 잡는 게 위험부담을 최소화할 수 있다는 것이다. "때리기의 대상이 어딘가? 중국은 안 된다. 대국이기에 중국을 존경하고 무서워하는 일본 사람들이 많다. 그래서 중국은 때리기가 힘들다. 중국을 때리면 반대파가 나와서 항의하는 여론이 나올 수 있는데, 조선은 뒷받침해 주는 여론이 전혀 없다. 그래서 조선 때리기가 쉬운 것이다"고 해석했다.

기시 토시로 씨는 이것이 저널리즘이라는 차원과는 전혀 다른 보도라고 꼬집었다.

"납치 사건 자체가 너무 감정적인 접근방법이라고 생각한다"면서 "국가 위기를 가지고 외교를 진행할 때 국교정상화 문제와 납치 사건이 비교될 수 있는 문제인지 의심스럽다"고 지적했다.

또한 일본과 미국에서 조선 인권 문제를 거론하지만 그 나라들이 탈북자를 난민으로 받아들이지 않는 이유에 대해 기시 토시로 씨는 "의심스럽다. 직접적으로 그 문제를 해결할 수 없다면 조선의 인권 문제도 거론하면 안 된다. 전략적인 차원에서 공격하기 위한 재료로 쓰고 있을 뿐"이라고 평가했다.

"일본은 가장 다루기 쉬운 '탈북자 인권 문제'를 부각시켜 일본인 납치문제를 키웠다. 결국 '납치 문제'로 대중화에 성공한 것이다. 국제정치나 역사에 관심이 없는 일본 주부나 노인들까지도 북조선 문제에 관심과 흥미를 끌게 만들었다"는 분석이다.

조선에 대해 일본 미디어는 '새롭게 만드는 일'을 한다. 서로가 다른 영화를 만들고 진실이라고 믿고 또 믿게 만든다. 누구도 견제하지 않는 속성을 가지고 있기 때문에 '조선 때리기'는 계속될 수밖에 없는 것이다.

부록

- 탈북여성 100인 대상 설문조사
- 탈북여성 100인 대상 설문조사 결과 모아 보기

탈북여성 100인 대상 설문조사

기아나 전쟁 상황이 생기면 우선 보호되어야 할 대상은 여성과 어린이, 노인들이다. 탈북여성들도 마찬가지다.

탈북한 뒤 이들은 중국 내에서 인신매매를 당하기도 하고, 결혼을 해서 자녀를 출산하지만 법적인 보호를 받지 못하고, 강제송환되면서 또 다른 이산의 피해를 입고 있다. 탈북여성들은 북으로 가든 한국으로 오든 감당해야 할 아픔이 많다.

북한 여성들이 탈북하게 되는 데는 여러 요인이 작동한다.

가부장적 사회인 북한에서 가족들을 부양하는 일은 주로 여성들 몫이었다. 1990년대 중반 '고난의행군' 시기 이후로 북한 여성들은 장마당에서 되거리(물물교환)를 하면서 중국을 드나드는 사람들을 통해 중국 사정에 대한 정보들을 쉽게 얻을 수 있었다. 중국에 가면 돈을 벌 수 있다거나 시집을 가면 경제적인 도움이 된다는 이야기들을 들으면서 탈북을 생각하게 되는 것이다.

또, 지리적 요인도 작용한다. 함
경북도와 맞닿아 있는 연변조선족
자치주는 언어와 생활방식이 비슷
하고 예전부터 친인척들 간 방문
이 잦은 곳이다. 연변지역에 사는
조선족 80퍼센트 이상이 함경도

<표 1> 연령

항목	빈도
20세 미만	3
20세 이상 ~ 30세 미만	17
30세 이상 ~ 40세 미만	40
40세 이상 ~ 50세 미만	14
50세 이상 ~ 60세 미만	7
60세 이상	19
전체	100

* 평균 41.3세

출신이다. 초기에는 경제적인 도움을 받기 위해 일시적으로 두만강을 건너
오는 일이 빈번했다.

　나는 2001년 8월부터 2003년 10월까지 북한 이탈 이후 중국 내에서 생
활하고 있는 탈북여성 100명을 대상으로 심층 질문과 개별 면담을 통해
그 실태를 파악해 보았다.

　조사 대상 탈북여성들 연령은 30대가 전체 조사 대상자의 40퍼센트로
가장 많았다. 다음으로 60대 이상(19%), 20대(17%), 40대(14%) 순이었다
(표 1 참조). 60대 이상 탈북여성 비율이 높은 것은, 이들이 중국에서 태어
났거나 중국에 친인척이 많기 때문이다. 1960년대 초반 중국의 '3년 재
해'와, 1960년대 중반 문화대혁명 때 북한으로 들어간 사람들이나 그 2세
들이 다시 돌아온 것도 영향을 미쳤을 것이다.

<표 3> 학력

항목	빈도
무학	4
인민학교	12
고등중학교	66
대학교	16
전문학교	2
전체	100

　북한에서 받은 교육 수준은, 고
등중학교까지의 학력을 가진 여성
들이 총 78퍼센트였다. 대학을 졸
업한 여성들도 16퍼센트로 높은
비율을 차지하고 있다(표 3 참조).

북한에서 자신이 살았던 인민반을 중심으로 생활 수준을 상이라고 응답한 12퍼센트와 함께 볼 때, 단순히 먹고살기 힘들어서 탈북하는 것만은 아니라는 것을 알 수 있었다. 보다 나은 생활을 누리기 위해서, 좀 더 잘살기 위해서 탈북한 경우들인 것이다(표6 참조).

중국에서의 평균 생활비에 관해서는, 200위안에도 미치지 못하는 돈으로 생활을 하는 여성들도 있었지만(11%), 400위안 이상 600위안 미만의 생활비를 쓰는 여성들(31%)과 600위안 이상을 쓰는 여성들(18%)이 절반 정도 되었다. 북에서 어떤 수준으로 살았든 관계없이 탈북자들 가운데 경제적인 이주민이 적지 않음을 확인할 수 있다(표6-1 참조).

〈표 6〉 북한 인민반에서의 생활 수준

항목	빈도
상	12
중	49
하	33
무응답	6
전체	100

〈표 6-1〉 중국에서의 평균생활비

항목	빈도
200위안 미만	11
200위안 이상 ～ 400위안 미만	38
400위안 이상 ～ 600위안 미만	31
600위안 이상 ～ 1,000위안 미만	7
1,000위안 이상	11
무응답	2
전체	100

소비 수준이 높은 여성들 가운데는 유흥업소에 취직한 미혼여성들과 한국행을 희망하는 사람들이 많았다. 한국으로 오고자 하는 사람들은 일을 하기보다는 한국에 가는 방법을 알아보러 다니면서 돈을 빌려 썼기 때문에 빚을 갚기 위해서라도 한국으로 올 수밖에 없는 사람들이었다.

결혼 상태에 대해 알아본 결과, 미혼여성은 10퍼센트였다. 기혼여성들 가운데서는 초혼으로 남편과 함께 사는 여성이 24퍼센트였다. 여기에는 북한에서 한 결혼뿐만 아니라 미혼 상태에서 중국으로 와 조선족이나 한족과 한 초혼, 재혼이 모두 포함되어 있다. 조선족이나 한족과의 결혼은 말이 결혼이지 법적인 효력이 전혀 없는 사실혼이며 그냥 동거라고 할 수 있다.

반면 중국으로 혼자 탈북한 기혼여성, 남편과 함께 탈북하였어도 중국에서 서로 떨어져 별거를 하고 있는 여성, 이혼이나 배우자 사망으로 인해 혼자 사는 여성은 63퍼센트였다. 배우자가 사망한 여성들 비율이 높은 이유는 60대 이상 노인들이 많기 때문이다. 그러나 60대 이전 여성들 가운데 남편이 사망했다고 하는 경우에는 실제로 남편이 사망하지 않았어도 사망하였다고 거짓말을 하는 경우가 종종 있었다.

이혼한 경우는, 북한 내에서 이미 이혼을 했고, 이혼 사유는 남편의 폭력이 대부분이었다. 단신으로 탈북해 중국체류가 장기화되면서 자연스럽게 북한에 남아 있던 배우자와 이혼이 된 경우도 있었다.

하지만 이 경우도 거짓말을 하는 경우가 있는데, 사망이나 이혼이라고 할 경우 상대방한테 동정심을 불러일으킬 수 있기 때문이다. 별거의 경우 그 뒤 남편을 다시 만나기도 하지만 극히 드물며, 많은 경우 조선족이나 한족 또는 다른 탈북남성과 동거를 하는 양상으로 변화되는 경향을 보이고 있었다.

또한 북한에도 남편이 있고 중국에도 남편이 있는, 이중결혼을 한 여성도 3퍼센트였다. 이러한 결혼 및 동거와 이중결혼은 인신매매와 관련해 탈북여성들의 인권 문제와도 밀접하게 결부되어 있으

〈표 4〉 결혼 상태

항목	빈도
미혼	10
기혼(함께 삶)	24
기혼(별거)	12
기혼(이혼)	5
기혼(배우자 사망)	28
기혼(재혼)	10
기혼(재혼 후 별거, 이혼, 배우자 사망)	8
이중결혼	3
전체	100

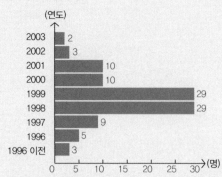

〈표 7〉 최초 탈북 연도

(연도)

연도	명
2003	2
2002	3
2001	10
2000	10
1999	29
1998	29
1997	9
1996	5
1996 이전	3

며 이는 이후 한국으로 입국한 탈북여성이 갖는 문제이기도 하다(표 4 참조).

처음 탈북한 시기가 언제였냐는 물음에는 1998년과 1999년이라는 대답이 각각 29퍼센트씩으로 가장 많았다(표 7 참조). 조사에 따르면 2000년 이후에는 탈북자 수가 줄어들고 있다. 어쩔 수 없이 강을 넘어야 했던 시기가 지나가고 북한 경제가 다소나마 호전되면서 탈북을 하는 사람들 수가 줄어든 것이다.

이와는 대조적으로 한국으로 들어오는 탈북자들 수는 점차 늘어났다. 이는 북한에서 나오는 탈북자가 늘었다기보다는 1990년대 중반 고난의 행군 때 탈북한 사람들이 오랫동안 중국에 체류하고 있다가 기획탈북 등으로 한국에 대량 입국했기 때문이다. 실제로 내가 만난 탈북여성 100명 가운데서 한국으로 입국한 사람들의 입국 시기를 알아보니 대부분 2002년 말에서 2004년 사이였다.

탈북하게 된 까닭으로는, '먹고살기 곤란해 무작정 탈북했다'가 가장 많았다(31%). 다음으로, 먹고사는 문제는 없었지만 중국에 가면 돈을 벌 수 있다는 말을 듣고(16%), 중국이나 한국에 있는 친척을 찾아 도움을 받기 위해(13%), 북한에서 실수나 범죄를 저질러 그 감시나 처벌을 피하기 위해서(9%), 먼저 탈북한 가족이나 친척이 권해서(8%), 체제불만으로 망명을 하기 위해(5%) 순으로 나타났다.

〈표 9〉 탈북 동기

항목	빈도
먹고살기 곤란해 무작정 탈북	31
중국이나 한국의 친척을 찾아 도움받기 위해	13
먹고사는 문제는 없었지만 중국에 가면 돈을 벌 수 있다는 말을 듣고	16
북한에서의 실수나 범법으로 인해 감시나 처벌을 피하기 위해	9
먼저 탈북한 가족이나 친척의 권유로	8
체제 불만으로 망명을 하기 위해	5
결혼을 하기 위해	2
기타	10
무응답	6
전체	100

* 기타: 손주 따라서/ 귀 고치러/ 국군포로 아버지를 만나게 해 주겠다는 브로커 얘기에/ 장사하다 인신매매범
  에 걸려서/ 남편 수감으로 자식들 성분에 영향 줄까 봐/ 호기심에/ 납치당해서

이 조사에서 눈에 띈 것은, 생존 문제 때문에 탈북하는 것이 가장 큰 이유이긴 하지만, 돈을 벌어 더 나은 삶을 살기 위해서라든가 범죄를 짓고 처벌을 받지 않기 위해서 탈북을 하는 경우도 상당수 있다는 사실이다. 한편으로는 조직적인 체계를 갖춘 브로커들의 꾀임이나 인신매매범들에 의해 강제적으로 탈북을 하게 되는 경우도 있었다(표 9 참조).

탈북 횟수를 알아본 결과, 처음(1회)인 경우가 가장 많았으며(60%), 2회(28%), 3회(7%)의 순이었다. 4회 이상 탈북한 경우도 5퍼센트였다(표 8 참조).

탈북한 뒤 중국 공안에 의해 단속된 적이 있는가에 대해서는 44퍼센트가 그렇다고 답했다. 붙잡힌 뒤에는 북한으로 송환되는 경우가 많았으나 2000년, 6·15남북정상회담 이후 강제송환된 탈북자들에 대한 처벌이 완화되었기 때문에 많은 사람들이 재탈북하는 것으로 나타났다. 북한으로 송환되기 전에 중국 공안에게 돈을 주고 다시 풀려나오는 경우도 있었다.

1998년도에 탈북해 북으로 강제송환된 뒤 재탈북한 최정희(가명, 40세)씨는 다음과 같이 말했다.

"도강쟁이들을 방침에 의해선 안착한 생활을 시켜 주라고 지침이 떨어졌더랍니다. 그러니까 자기 거주지에 정확히 보내서 집을 주고, 직장을 주고 안착한 생활을 시켜 주라 이렇게 했답니다. 규정은 그런데, 사회질서가 그렇지 못하다 보니까 그걸 집행하는 안전원들도 할 수 없이 그냥 내놓는단 말입니다. 그리고 말로는 '중국에 가지 말라' 이러는데, 조선에 나가면 직업이 없지, 장마당 가서 장사하자니 밑천이 없죠. 그러니 이 사람들 다시 어디로 오게 됩니까? 다시 중국땅으로 올 수밖에 없단 말입니다. 그러니 갔다가 다시 오고, 다시 오고……."

〈표 8〉 탈북 횟수

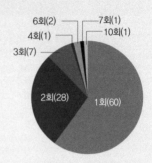

6회(2) 7회(1)
4회(1) 10회(1)
3회(7)
2회(28) 1회(60)

* 평균 1.70 / 표준편차 1.36

가족을 탈북시킬 의향 적어

자기 가족이나 친척을 탈북시킬 의향에 대해서는 54.8퍼센트가 '없다'고 응답했다(표 16 참조). 이들은 탈북생활을 후회하고 있었다. 탈북 뒤에 여성들이 겪는 일들이 너무 고통스럽고 힘들기 때문이다. 자신은 탈북을 했지만, 북한에서 중국으로 탈북하려는 여성들이 있다면 말리고 싶다 한다. 중국에서의 비참한 생활을 모르고 탈북했기 때문에 고생이 심하다는 것, 차라리 아무것도 모르는 상태에서 북한에서 살면 배는

〈표 16〉 북한 가족 및 친척의 중국 탈북 의향

항목	빈도
있다	42
없다	51
전체	93

좀 고프더라도 마음고생, 몸고생은 겪지 않는다는 것이다.

탈북여성들이 겪는 정신적 고통은 후유증이 심각하다. 열여덟 살 때 탈북했다 인신매매로 농촌에 팔려 가 2년을 생활하다 도회지로 탈출해 유흥업소 생활을 하면서 한국행을 준비하는 김미란(가명, 21세) 씨는 탈북하려는 여성들을 말리고 싶다고 했다.

"여자들이 몸이나 버리고 자기 인생에서 타락하게 되고 그럴 것 같으니까, 저는 그런 사람들 있으면 말리고 싶습니다. 그저 어떻게든 살 수만 있다면 중국에 나오지 말라고 말리고 싶은 생각도 있어요. 어쨌든 여자들이 나온다면 이 중국 사회가 사람을 이렇게 만든다고 생각해요. 그러니까 나오게 되면 사람 망가진다고 생각하니까……."

처벌 없이 받아 준다면 귀향할 의사 많아

처벌 없이 관대하게 받아 준다면 다시 북조선으로 돌아갈 의사가 있느냐는 질문에 대해 58퍼센트가 귀향 의사가 있다고 답했다. 이유는 고향이기 때문에(9%), 자식 때문에(9%), 자신이 조선 공민이기 때문에(7%), 가족이 있기 때문에(7%), 복음 전파를 위해(7%) 순서로 나타났다(표 17 참조). 중국에서의 생활이 처음 탈북했을 때 기대했던 것과는 달라 시간이 흐를수

〈표 17〉 처벌 없을 때의 귀향 여부

항목	빈도
있다	58
없다	41
기타	1
전체	93

* 있다: 고향이기 때문에/ 자식 때문에/ 내가 조선 공민이기(내 나라이기) 때문에/ 가족이 있기 때문에/ 복음 전파 때문에/ 타향살이가 힘들기 때문에/ 중국엔 친구가 없기 때문에/ 중국의 단속이 심하기 때문에

* 없다: 살아가기 바쁘다/ 듣지 못해 가 봐야 소용없다/ 변한 게 없다/ 중국에서 일하면 먹고살 수 있다/ 들어가면 살기 힘들다/ 통일될 때까지는 믿지 않는다/ 희망이 없다/ 현재 생활이 너무 좋다

* 기타: 두고 본다

〈표 18〉 북한으로 돌아가지 못하는 이유

항목	빈도
탈북한 지 오래되어 들어가 봐야 집도 없고 처벌이 두려워서	29
중국이 더 자유롭고 자본주의에 대해 알면서부터는 다시 북조선으로 가면 못살 것 같다	31
돈을 벌지 못해서	11
가족이 없다	2
기타	13
무응답	14
전체	100

* 기타: 교회를 믿기 때문에/ 이제 들어가도 먹고살기 힘들기 때문에/ 늙어서 기력이 없기 때문에/ 귀가 안 들려 가도 소용없기 때문에/ 가 봐야 살 수 없기 때문에/ 가족도 없기 때문에/ 중국에 가족과 함께 있기 때문에/ 과거의 삶이 두렵기 때문에/ 다 해당

록 탈북을 후회하는 여성들이 있었다. 주로 30대 후반에서 40대 여성들이 많았다.

다음은 북에 가족을 두고 나왔다는 이기순(가명, 42세) 씨 이야기다.

"여기(중국)는 우리가 살 나라 아니란 말임다. 난 정말 여기 온 거 많이 후회하고 후회하고 또 후회합니다. 지금도 조선에 가고 싶은 생각 많이 납니다. 난 다른 데 가고 싶은 생각 없슴다. 조선에서 나를 용서만 해 준다면 오늘이라도 가겠슴다. 정말임다. 내가 굶으면서도 가겠슴다. 그러나 용서 못 해 주길래……. 내가 갈 곳은 못 되니까 이렇게 못 가는 거고……."

북한으로 돌아가면 처벌받을 것이 두려워서 가지 못한다고 한 여성들이 29퍼센트였다. 그러나 처벌이 없어도 돌아가지 않겠다고 한 사람들은 '중국이 더 자유로우며 자본주의를 경험함으로써 더 이상 북한에서는 살 수 없기 때문'이 돌아가지 못하는 가장 큰 이유였다(31%). 중국생활이 장기화되면서 북한에 남아 있던 남편이 기다리지 못하고 재혼을 해 북한에 가도 희망이 없다는 점에서, 북한에서 관대하게 처벌없이 받아 준다고 해

도 믿을 수 없다는 불신감이 강했다(표18 참조).

탈북여성들은 한국의 종교 단체나 민간단체의 도움(30%), 가족이나 친척, 조선족의 도움(17%), 결혼을 통해(14%) 현재의 거주지를 마련하거나 결혼이나

<표 19> 현재 사는 곳의 마련 경위

항목	빈도
민간 및 종교단체 도움	30
조선족의 도움	10
가족이나 친척의 도움	7
혼자 마련	15
좋은 사람을 만나서 도움	19
결혼	14
기타	5
전체	100

* 기타: 여기저기 떠돈다/ 같은 탈북자 집/ 보모하는 집/ 일하는 집/ 중국인과 동거

'좋은 사람'의 도움(33%)으로 마련하는 경우도 많았다. 혼자서 마련했다는 여성들은 15퍼센트였다(표19 참조).

인신매매를 통한 결혼

탈북여성들이 말하는 '좋은 사람'이란 자신을 도와주는 사람들이다. 탈북여성들의 결혼은 법적인 인정을 받지 못하는 사실혼이며, 경제적 돌파구를 마련하기 위한 수단과 신변의 안전을 보호받기 위해서 결혼을 하는 경우가 대부분이다. 결혼은 결혼하지 못한 노총각이나 이혼한 중국인과의 매매혼인 경우가 많았다. 그리고 매매혼은 대부분 인신매매 과정을 거쳐 이루어졌다.

다음은 1998년도에 탈북한 김은아(가명, 24세) 씨가 하는 말이다.

"두만강 건너 가지고 첨에 고기잡이하는 남자들한테 붙잡혔습니다. 거기서 하룻밤 재워 가지고 조그마한 농촌으로 가서 열사흘 정도 그 집에 있었어요…… 사람들이 와서 그 집에다 돈 5,000원 주고 나를 데려가서 그렇게 돼서 농촌집에 팔려 갔어요. 그때 열아홉 살에 팔려 가지

고…… 시집갔습니다. 그것도 시간이 지나서야 알게 되었습니다."

처음 탈북을 한 여성들은 자신이 팔려 가는 것을 알지 못하는 경우가 많다. 탈북여성 강인자(가명, 35세) 씨는 자신을 숨겨 주고 신변 보호를 해 준다고 생각하기 때문에 오히려 고마워했다고 한다.

"……세상 고마운 사람들이라고 생각했단 말이지. 조선에서 우리는 사람 팔고 사고 하는 걸 모르거니와 들어도 못 봤지……. 난 그때 내가 하나의 상품 가치가 됐다는 것도 인식도 못 했지. 그때는 내가 죽을까 봐, 잡힐까 봐, 또 나가서 고생할까 봐 오직 이 생각이……. 근데 중국에 들어와서 그 사람들이 너 어느 집에다 시집가라, 시집을 가면 좋다고. 이렇게 앉아서 말할 때도 세상 고마운 사람들이다……."

여성이 남성보다 중국에서 체류할 수 있는 기반이 많은 이유 중 하나가 바로 이 결혼 형태를 통해서이다. 이는 미혼여성들뿐만 아니라 북한에 남편과 자식이 있는 기혼여성들 같은 경우도 마찬가지다. 특히 탈북 초창기에는 중국 당국에서도 농촌으로 시집간 탈북여성들은 특별히 단속하지 않았다. 그래서 자신을 보호하기 위해 많은 미혼, 기혼여성들이 결혼을 했다.

탈북여성들이 쉽게 결혼을 할 수 있는 이유는 생존을 위해 어쩔 수 없는 부분도 있지만, 가부장적 사회인 북한보다 좀 더 자유로운 중국의 환경 때문인 이유도 있다. 실제로 조사 대상 탈북여성 가운데는 돈을 벌기 위해 남편 동의하에 한국 남자에게 시집가려고 계획하고 있는 여성도 있었다.

기혼여성이 다시 결혼을 하는 경우에, 중국 남편과의 사이에서 자녀가 태어나게 되면서 북한에 남편과 자녀, 중국에 남편과 자녀를 모두 갖게 된다. 이렇게 되면 탈북여성은 북한의 자녀와 중국의 자녀 사이에서 갈등을 겪게 된다. 중국에 있자니 북한의 자녀가 보고 싶고 북한으로 돌아가자니 중국의 자녀가 마음에 걸리는 것이다.

한국으로 들어온 탈북여성들 가운데서도 이런 갈등을 겪는 여성들이 있다. 이들은 북한, 중국, 한국에 남편과 자녀가 있다.

〈표 21〉 현재 경제 문제 해결 경로

항목	빈도
민간 및 종교단체의 도움	27
조선족의 도움	7
가족이나 친척의 도움	12
혼자 마련	13
좋은 사람을 만나서 도움	23
결혼	14
기타	4
전체	100

* 기타: 먼저 온 탈북자의 도움/ 교회에서 구걸/ 중국인과 동거

〈표 22〉 중국에서의 직업

항목	빈도
직업이 없다	51
직업이 있다	49
전체	100

* 직업이 있는 경우 그 종류: 농사/ 식당 복무원/ 보모/ 남의 집 일/ 산나물 약초 캐기/ 수예/ 일일 노동자/ 장사/ 김치 장사/ 채소 장사/ 감주 장사/ 미술 작품 만들기/ 밀수(송이 장사)/ 안마원/ 주방일

경제적인 부분을 해결하는 방법 역시 결혼이나 '좋은 사람'의 도움을 통해서 이루어지며(37%), 민간 및 종교단체에서 도움을 받는 경우도 많았다(27%). 눈에 띄는 점은 젊은 여성들이 주로 결혼이나 좋은 사람의 도움을 받는 비율이 높고, 노령층일수록 인근 교회에서 도움을 받는 비율이 높다는 점이다(표 21 참조).

자기가 일을 하여 돈을 벌면서 동시에 주변 도움을 받는 경우도 많다. 그러나 탈북여성들이 중국에서 하는 일들은 농사, 식당 복무원, 보모, 남의 집 일, 약초 캐기, 수예, 일일 노동, 장사꾼 들이 대부분이었으며, 밀수를 하는 탈북여성도 있었다(표 22 참조).

북한에서 노동자, 농민인 여성들이 많았지만 교원이나 의사, 약사, 예술

단 같은 전문직에 종사한 여성들도 있었다. 설문지에서는 나타나지 않았지만 이후의 면담에서 40대 미만 여성들 가운데는 노래방 같은 데서 일하는 여성들도 있는 것으로 드러났다.

탈북여성들이 자발적으로 유흥업소에서 일을 하는 것은 우선 돈 벌기가 상대적으로 쉬우며 정보수집이 용이하다는 이유가 있다. 게다가 발각이 되면 고용을 한 주인이 벌금을 내야 하기 때문에 주인이 탈북여성을 숨겨 주어 안전이 보장된다. 인신매매범에게 팔려 왔다거나 한국에서처럼 고용주에게 빚이 있어 어쩔 수 없이 유흥업소에 머물러 있다는 여성은 찾아보기 어려웠다.

노래방에서 도우미로 3년째 일한다는 조정미(가명, 30세) 씨는 해마다 북한에 있는 가족에게 1만 위안을 보낸다면서 유흥업소에서 일하는 이유를 이렇게 말했다.

"유흥업소가 아닌 다른 일 할 수 있다고들 하지만 그 일을 하고 싶어도 못 하는 이유가 신분증이 없으니까. 그런 일을 하려면 신분증이 필요하거든요. 신분증이라든가, 호구라든가, 그런 게 필요하니까 정상적인 일은 하고 싶어도 할 수 없는 처지예요. 그런데 유흥업소는 신분이 필요 없거든요. 그러니까 그런 쪽으로 많이 갈 수밖에 없고……. 또 중국 사회가 지금 그쪽으로도 돈 많이 버는 것 같고……."

북한 소식을 접하는 경로를 보면, 티브이나 라디오, 신문, 인터넷 등 대중매체를 통해서는 북한의 전반적인 정보를 얻고 있으며(45%), 가족이나 친척에 대한 개인적인 정보는 인편을 통해 주로 얻고 있었다(41%). 이외에 직접 가 보거나 핸드폰을 사용하는 탈북여성도 있었다. 노인 탈북여성을 제외하고 탈북자들 대부분은 핸드폰을 소유하고 있으며, 인터넷 사용도 빈번하게 하고 있었다. 반면 소식을 전혀 듣지 않고 생활하는 사람들은 극소수였다(표 23 참조).

한국에 대한 소식 역시 대중매체를 이용하여 알고 있었는데 (73%), 티브이를 보는 것이 가장 보편적인 방법이었다. 탈북자들 대부분은 티브이를 소유하고 있었다. 채널이 많은 중국 티브이 방송에서 한국 드라마를 매일 재방

〈표 23〉 북한 소식을 접하는 경로

항목	빈도
대중매체(티브이, 라디오, 신문, 인터넷 등)	45
인편	41
못 듣는다	4
기타	10
전체	100

* 직접 가 봐서/ 기독교 모임을 통해서/ 편지를 통해서/ 탈북자를 통해서/ 핸드폰을 통해서

〈표 24〉 한국 소식을 접하는 경로

항목	빈도
대중매체(티브이, 라디오, 신문, 인터넷 등)	73
인편	17
못 듣는다	6
기타	4
전체	100

〈표 25〉 중국 신분증(호구) 소유 여부

항목	빈도
있다(돈을 주고 구입)	12
없다	88
전체	100

송하고 있다. 위성 안테나를 설치해 한국 티브이를 보는 경우도 10여 가구나 되었고 일하는 곳에서 본다는 여성들도 있었다(표 24 참조).

공안 단속에 대비해 중국 신분증을 갖고 있는 탈북여성은 12퍼센트였는데, 대부분 8,000위안에서 1만 위안 정도 돈을 주고 구입한다. 호구 구입을 위한 돈은 중국 남편이나 '좋은 사람'이 마련해 주는 경우가 많았다(표 25 참조).

탈북여성들이 중국생활에서 가장 걱정하는 부분은 공안에 잡히거나(75%) 북으로 강제송환 당하는 것(70%)이다. 먹고사는 일, 자신과 가족의 건강, 자녀 교육 문제에 대해서도 걱정이 많았다. 이외에도 북한에 있는 가족에

게 경제적 지원을 하지 못하는 것, 탈북했다가 잡혀간 다른 가족, 언어가 서툰 점 들도 걱정거리였다 (표 28 참조).

탈북을 했다는 것 자체가 탈북여성들에게는 큰 스트레스이다. 탈북생활을 하며 겪은 여러 가지 충격적인 사건들 역시 탈북여성

<표 28> 현재의 걱정(복수 응답)

항목	빈도
공안에 잡히는 것	75
먹고사는 일	30
본인의 건강	31
가족의 건강	28
북으로 송환되는 것	70
자녀 교육 문제	26
기타	13
전체	273

* 기타: 돈을 벌어서 자식을 도와야 하는데 그렇지 못한 것/ 북에 있는 가족 걱정/ 본인 학교 문제/ 집으로 돌아갈 걱정/ 잡힌 아들 걱정/ 언어가 서투름/ 한국행 걱정/신앙으로 걱정 없음

들에게 심리적 고통을 주었다. 특히 성폭행이나 인신매매를 당한 경험으로 인해 정신적, 심리적 혼란에 빠지는 경우가 많다. 이와 더불어 늘 잡혀갈까, 송환될까 두려워하고 불안해하는 상태가 수년간 지속되어 오고 있었다.

조사 대상인 100명의 탈북여성들은 대다수가 정신 건강이 심각하게 악화되어 있었다. 여러 증상들 가운데서도 편집증, 불안, 우울, 대인관계 문제, 적대감이 두드러졌는데 전문적인 도움이 필요한 여성들도 있었다. 특히 남성에 대해 혐오감을 가진 여성들도 상당히 많았다.

인신매매범은 탈북자가 많아

탈북여성들은 중국 내에서 인신매매가 되는 경우가 많지만 북한에서부터 인신매매범이나 브로커들의 꾀임에 빠져 중국으로 탈북하게 되는 경우도 많다.

1999년까지 대부분 인신매매범들은 북한 사람들이었다. 대부분은 장

마당이나 역전에서 접근해 중국에 취직을 시켜 주거나 돈벌 수 있는 자리를 알선해 준다고 꾀어 내 탈북시킨 뒤 중국인들에게 넘기는 경우다. 간혹 북한에서 같은 동네에 살던 사람이나 안면이 있는 사람들에게 속아 팔려오는 경우도 있다.

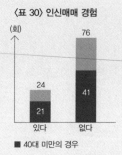

〈표 30〉 인신매매 경험
(회)
76
24
41
21
있다   없다
■ 40대 미만의 경우

단신으로 탈북할 때에는 도강 뒤 조선족들에게 붙잡혀 팔리는 경우도 있었다. 안내인과 함께 탈북할 때에는 이 안내인이 인신매매범인 경우도 많다.

탈북생활 5년째인 이정희(가명, 30세) 씨는 장마당에서 장사를 하면서 중국에서 건너온 밀수품을 판매했다. 물건을 대주는 사람이 중국에 가면 물건을 싼 가격에 사 줄 수 있다는 말을 듣고 나오게 되었다고 한다.

"조선에서 여자들이 나오는 거요? 속아서 넘어온 거 많아요. 일하기 싫어하는 건달이나 깡패들, 이런 사람들이 조선땅에 있으면서 죄도 많이 지었잖아요? 이런 사람들이 두만강을 건너서 중국에 와서 보면 땅은 개방된 상태니까 나쁜 것만 먼저 눈에 띄게 되지. 그런 나쁜 것들을 갖고 도로 조선땅에 가면 '중국 사람들이 돈을 벌어라. 돈을 버는 방법이 있다. 여자를 넘겨 와라. 중국에는 홀애비들이 많다' 이런 나쁜 선전을 듣고 가서는 선돈을 먼저 받아먹고, 여자들을 이런저런 방법으로 홀려서 데려온단 말입니다……. 여기서 이러고 있지 말고 나랑 같이 가면 좋은 데 간다. 여자들이 중국에 나가야 돈을 번다, 이렇게 얼러서……. 이런 꼬임수에 다 걸려서 같이 들어오거든. 들어온 날 저녁에 데리고 자고 다음 날 되면 널 부귀영화 시켜 준다 그렇게 꼬셔서 중국에다 팔아 버리는 거, 많아요."

소수이지만 인신매매를 한 탈북자들은 대부분 한국으로 들어온다. 강제송환된 탈북여성들에게 탄로가 나 북으로 들어가면 처벌이 두렵고 중국에서는 공안 당국에 쫓기기 때문이다.

인신매매를 경험했다고 응답한 탈북여성들은 전체 조사 대상들 중 24퍼센트인 것으로 나타났다. 그러나 40대 미만의 젊은 여성들만을 보면 인신매매의 경험비율이 33.9퍼센트로 높아진다. 그리고 앞서 이야기한 것처럼 자신이 팔리고 있다는 사실을 모른다. 따라서 결혼을 하게 되는 경우는 인신매매라고 생각지 않는 경우가 많기 때문에 실제 인신매매의 경험 비율은 훨씬 높게 나올 수 있다(표30 참조).

1999년부터는 중국 내에 거주하고 있는 탈북여성들을 되파는 형태가 나타났다. 단속꾼을 위장한 인신매매범들은 농촌에서 결혼하여 잘 살고 있는 탈북여성들까지 납치하여 다른 곳에다 판다. 심한 경우 일고여덟 번까지 팔려 다닌 여성들도 있었다.

이런 과정 속에서 범죄가 일어나기도 하는데, 탈북한 가족들이 함께 공모하여 가족 구성원 중 여성을 돈을 받고 판 뒤 어느 정도 시간이 지나면 탈북여성을 도망시켜 다른 곳에 다시 파는 것이다. 인신매매를 당했던 여성들이 나중에 인신매매범이 되는 경우도 있었다.

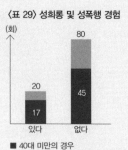

〈표 29〉 성희롱 및 성폭행 경험
(회)
20
80
17
45
있다   없다
■ 40대 미만의 경우

〈표 31〉 매춘을 제안받은 경험
(회)
23
77
19
43
있다   없다
■ 40대 미만의 경우

한편 탈북여성이 성학대를 겪는 경우는 20퍼센트로 나타났으나 40대 미만 여성들 가운데서는 27.4퍼센트였다(표 29 참조). 성학대 경험은 여성들에게 매우 치욕적이고 고통스런 경험이므로 많은 탈북여성들은 이를 숨기려고 한다. 따라서 성학대를 경험한 실제 수치는 더 높을 것으로 보인다.

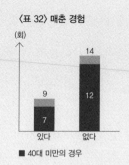

〈표 32〉 매춘 경험

(회)

14

9

12

7

있다　없다

■ 40대 미만의 경우

일반적으로 인신매매와 성학대는 거의 함께 일어난다. 탈북여성을 팔아넘기기 전에 인신매매범들이 성폭행을 하는 경우가 많기 때문이다. 국경 지역에 살면서 친구와 함께 탈북한 조은미(가명, 21세) 씨는 힘든 이야기를 꺼냈다.

"말하고 싶지 않은 일이지만 팔려 가기 전에 처음 건너와 가지고 변경에서 그 애(다른 탈북여성)하고 나를 남자 셋이서 폭행했어요. 셋이서 연달아…… 바꿔 가면서……. 그래서 폭행당했어요. 같이 온 친구도 팔려 갔단 소리 들었어요. 나도 시집가고……."

매춘을 제안받은 탈북여성들은 23퍼센트였으며 실제로 매춘을 경험한 여성은 9퍼센트였다. 40대 미만 여성들로 국한시켜 보면 30.6퍼센트가 매춘을 제안받았으며, 그 가운데 36.8퍼센트 여성이 실제로 매춘을 경험한 것으로 나타났다(표 31, 32 참조).

원하는 최종 정착지, 한국행 41퍼센트

탈북여성들이 최종적으로 정착하고자 하는 곳은 한국이 가장 많았고

(41%), 북한(34%), 중국(21%) 순으로 나타났다. 여기 말고도 미국과 일본이 있었으며 '아직 생각 중'이라고 답한 사람도 있었다(표 33 참조). 한 가지 고려해야 할 점은 북한으로 돌아가고자 하는 사람들은 신변 보호를 위해 모습을 잘 드러내지 않는다는 것이다. 특히 한국인을 만나는 것을 기피해 어렵게 만나더라도 설문조사를 하지 못한 경우가 있다.

〈표 33〉 원하는 최종 정착지

항목	빈도
북한	34
중국	21
한국	41
기타	4
전체	100

* 기타: 미국/ 일본/ 생각 중

〈표 34〉 원하는 곳으로 가기 위한 준비

항목	빈도
중국 신분증을 구입한다	18
중국인이나 조선인과 결혼한다	4
한국인과 결혼한다	1
민간단체나 종교단체의 도움을 받는다	13
제3국 통해 국경을 넘는다	38
돈을 번다	7
아무 준비도 하고 있지 않다	13
기타	6
전체	100

* 기타: 개방(통일)을 기다림/ 친척에게 돈을 빌림

원하는 곳으로 가기 위해서 어떻게 할 것인지에 대한 질문에 대해 제3국을 통해 국경을 넘는다고 답한 사람이 가장 많았다(38%). 다음으로는 중국 신분증을 구입한다(18%), 민간단체나 종교단체의 도움을 받는다(13%), 아무 준비도 하고 있지 않다(13%), 돈을 번다(7%) 순으로 나타났으며 중국인이나 한국인과 결혼을 하겠다는 응답도 있었다.

원하는 정착지가 한국인 경우에는 제3국을 통해 한국으로 오겠다는 답이 대부분이었고, 중국에 계속 머무르거나 북한에 돌아가기 위해서는 돈을 벌고 호구를 만들거나 민간이나 종교단체의 도움을 받겠다고 하는 응답이 많았다. 또한 결혼을 통해 목적을 이루려고 하는 사람들도 있었다(표 34 참조).

기획망명의 여파, 피해 여성 많아져

탈북자들이 처음 중국으로 건너올 때는 단순히 식량을 구하거나 돈을 좀 더 벌어 북한으로 돌아가고자 하는 사람들이 많았다. 하지만 2001년 6월, 장길수 군 일가족의 유엔난민고등판무관실 진입 사건과 2002년 3월, 탈북자 스물다섯 명의 북경 주재 스페인 대사관 진입 사건 이후 탈북자 인권 문제가 국제 이슈가 되었고, 이로 인해 탈북자의 난민 권리를 인정하지 않는 중국은 대대적인 단속을 시작했다.

농촌에서 아이를 낳고 살던 많은 탈북여성들이 단속으로 인해 강제송환되면서 남편과는 물론 자식과도 생이별하고 가정이 파괴되는 경우가 많아졌다. 탈북자 문제의 국제 이슈화와 기획탈북은 중국에 남아 있는 탈북자들에게 더 부정적인 영향을 미치게 되었다.

아이를 낳아 농촌에서 3년간 생활하다 도회지로 나온 이문자(가명, 30세)씨는 남편과 함께 도회지에서 살고 싶지만 남편이 농사밖에 할 줄 몰라 혼자서 식당일을 하고 있어 앞으로 살아갈 길이 막막하다고 말했다.

"여기가 살기 싫은 건 아닌데, 자꾸 잡아가잖아요……. 조용히 빠져나가는 방법을 선택해야 하는데, 한국 대사관에 뛰어들어 간다든가, 뭐 이렇게 해서 세계를 떠들게 만드는 일이 번번이 진행되면, 정말입니다, 남은 탈북자들은 어떻게 돼요? 다른 탈북자들한테는 가려는 희망마저도 찾지 못하는 데다가, 가기는 고사하고 잡혀서 어디로 가야 됩니까? 북조선으로 도로 가면 북조선에서는 어떻게 됩니까? 나라를 반역한 반역자라는 혐의밖에 쓰는 것 없잖아요. 결국은 숱한 탈북자들한테 이들(기획망명을 주선하는 NGO)이 하는 행위는 죽음과 철창 속의 이슬밖에 더 차려지는 거 없잖아요."

이와 함께 기획탈북이 활성화되고 한국에 가면 돈을 많이 벌 수 있다는 한국 바람이 불기 시작하면서 특히 중국에서 정착하고자 하는 사람들의 마음에 변화가 생기기 시작했다. 조사 대상 탈북여성들 가운데서도 처음 면담을 할 때에는 중국에서 살고 싶다고 했지만, 최근 들어 한국행을 원하거나 이미 한국으로 들어온 사람도 있었다. 한국에 온 김정례(가명, 41세)씨는 먼저 한국에 온 탈북자가 권유하면서 '후불제'라는 말에 귀가 솔깃했다고 한다.

"한국에 온 건 피해 다니는 거 싫어 왔죠. 그냥. 붙잡아 간다고 그러기 때문에 너무 어렵잖아요. 숨어 다니면서 돈을 번다는 게 힘들어서 그거 면하고 싶어서 사실은 한국에 왔어요."

남성 탈북자보다는 여성 탈북자들이 더 많이 한국에 입국한다. 그 까닭은 우선 입국 알선 브로커나 NGO가 남성에 비해 여성들을 더 쉽게 관리할 수 있기 때문이다. 남성들은 여성들에 비해 이동성도 많고 통제하기가 쉽지 않다.

그리고 일부 중국 한족이나 조선족들은 탈북여성들을 한국 진출의 발판으로 삼는다. 중국인이 한국으로 들어오기 위해서는 한화 1,000만 원정도 비용이 들지만, 탈북여성 같은 경우에는 300만 원만 있으면 된다. 중국에 있는 남편은 탈북 루트를 제공하고 재정적 지원을 하여 탈북여성을 한국으로 보낸다. 그러면 탈북여성은 한국 국적을 획득하고 나서 국제결혼 형식으로 중국인 남편을 초청하는 것이다.

일부분이지만 남자들에게 강한 증오심을 갖고 있는 탈북여성은 비용을 받아 한국에 온 뒤 중국에 있는 남편과 연락을 끊어 버리는 사례도 있다. 자식에게 연락하지 않고 남편이 마련해 준 돈을 갚지도 않기 때문에 중국 내에 남아 있는 다른 탈북여성들에 대한 시선이 곱지 않다.

물질적인 지원보다 정신적인 지원을

중국에서 면담을 했던 100명의 탈북여성 가운데 한국으로 입국을 한 사람은 확인된 사람만 모두 열아홉 명이었다. 입국 초기 단계에서 탈북여 성들은 한국 사회에 적응하지 못하고 혼란과 갈등을 겪는다. 중국생활을 그리워하면서 다시 중국이나 북한으로 돌아가고 싶다고 말한다.

하지만 많은 경우 중국이나 북한에 남아 있는 가족들을 한국으로 빼내 오는 모순된 현상도 나타나고 있다. 그 이유에 대해 탈북여성들은 외로움 과 가족에 대한 그리움 때문이라고 했다.

한편 한국에 온 탈북여성들은 합법적인 가정을 꾸리기보다는 동거 형 태로 사는 경우가 있다. '북한이탈주민의 보호 및 정착지원에 관한 법률' 에 의하면 입국하는 탈북자들에게 세대당 지원을 하고 있다. 그런데 결혼 을 하게 되면 두 사람이 한 세대가 되어 받는 지원금보다, 혼인신고를 하 지 않고 동거를 하면서 따로따로 한 사람이 한 세대가 되어 받는 지원금 총 금액이 더 크기 때문이다. 이를 이용하여 혼인을 하지 않고 각각 개별 적 지원을 받으면서 함께 사는 경우가 많다. 그래서 탈북자들에게 제공되 는 임대아파트 중에는 각각 아파트를 제공받고 한 곳에서만 살아 비어 있 는 아파트도 있다.

이러한 동거 현상은 중국에서 일어나고 있는 현상과도 유사했다. 중국인과의 결혼이 법적으로 인정이 되지 않기 때문에, 그리고 한국에서는 돈 때문에 탈북여성들은 법적 혼인 관계가 아니라 사실혼 관계를 유지하고 있다.

조사 대상 가운데 남편 없이 혼자 입국하거나 부부가 모두 입국하더라도 따로 입국한 경우, 세 명을 제외하고는 모두 다른 남성과 동거생활을 하고 있다. 한 여성은 북한에서의 남편과 자식, 중국에서의 남편과 자식, 한국에서의 남편과 자식이 다 따로 있는 경우도 있다.

중국 내 탈북여성이든 한국으로 온 탈북여성이든, 탈북여성들은 수년에 걸쳐 고통을 겪어서 마음과 정신이 아픈 사람들이 많다. 환경이 바뀐 것 자체도 스트레스이지만 인신매매나 성폭행처럼, 인간으로서 견디기 힘든 상처까지 많이 받았다. 그래서 피해의식도 많고 우울증 증상도 보인다. 이 부분을 그냥 내버려 두고서는 건강한 적응을 기대하기 어렵다. 치료를 받아야 한다. 정부나 민간단체들은 이 부분에 관심을 기울일 필요가 있다.

또한 국내에 입국한 탈북자들에 대한 지원 내용에 있어서도 물질적인 지원보다는 적응하는 과정 자체에 초점을 맞추어야 한다. 정부는 장기적인 직업교육과 일할 공간을 마련해 주어 탈북자 스스로가 독립적으로 자립할 수 있도록 해 주어야 할 것이다.

실제로 정착금의 상당 부분을 한국으로 온 뒤 후불제로 브로커에게 건네주기 때문에 진정한 의미의 정착금이 되지 못하고 있다. 일상생활에서도 정규직 일자리를 얻게 되면 기초생활비가 나오지 않기 때문에 아르바이트 형식으로 일을 많이 한다. 따라서 안정된 일자리를 가질 수 있도록 제도 개선도 필요하다.

대북경제지원으로 북한의 자생력 길러 줘야

한편 '북한이탈주민의 보호 및 정착지원에 관한 법률'이 국내 및 국외 탈북자들 모두에 대한 지원을 언급하고는 있지만, 실질적으로는 국내에 입국한 탈북자들에 지원이 집중되어 있는 실정이다.

한 해 입국하는 탈북자들 수가 이제는 1,500명을 훨씬 넘고 있으며 앞으로 더 증가할 것이다. 정부의 수용 능력에 한계가 올 수밖에 없다. 탈북자들에게 제공되는 아파트도 하나원 퇴소 뒤 한참을 기다려야 입주를 할 수 있는 상황이다.

한국에 입국한 탈북자들뿐만 아니라 재외탈북자들 역시 우리가 책임을 갖고 지원해야 하는 대상이라는 점을 생각할 필요가 있다.

탈북생활이 장기로 접어든 사람들도 많다. 정부에서는 중국에서의 탈북생활이 10년이 넘는 사람이 한국에 오면 국적만 취득하게 할 뿐 정착지원금이 없다. 올해 국내에 들어온, 중국생활 10년 넘은 탈북자들은 마흔네 명이었다. 이들에 대한 대비책도 마련되어야 할 것이다.

결혼을 해 자녀가 있는 탈북여성들 같은 경우, 중국 정부와 협조하는 것 또한 난민 문제보다 풀기 쉬운 방법이 될 수 있다.

나아가 한국에 입국하는 탈북자들에게 집중적인 지원을 하기보다는 북한 사회의 개선을 유도하는 장기적인 정책을 추진할 필요가 있다.

이는 북한의 자생력을 길러 줌으로써 탈북자들의 귀국을 유도하고 애초에 탈북자가 생기지 않도록 하는 것이 통일의 기반을 다지는 데 도움이 될 것이다.

표 1

연령	빈도
20세 미만	3
20세 이상 ~ 30세 미만	17
30세 이상 ~ 40세 미만	40
40세 이상 ~ 50세 미만	14
50세 이상 ~ 60세 미만	7
60세 이상	19
전체	100

*평균 41.3세

표 2

출신지	빈도
함경북도	71
함경남도	9
황해도	5
평안북도	2
평안남도	5
평양	3
량강도	3
자강도	0
강원도	2
전체	100

표 3

학력	빈도
무학	4
인민학교	12
고등중학교	66
대학교	16
전문학교	2
전체	100

표 4

결혼 상태	빈도
미혼	10
기혼(함께 삶)	24
기혼(별거)	12
기혼(이혼)	5
기혼(배우자 사망)	28
기혼(재혼)	10
기혼(재혼 후 별거, 이혼, 배우자 사망)	8
이중결혼	3
전체	100

표 5

자녀수	빈도
없다	22
1명	33
2명	21
3명	5
4명 이상	8
무응답	1
전체	90

표 6

북한 인민반에서의 생활 수준	빈도
상	12
중	49
하	33
무응답	6
전체	100

표 6-1	
북한에서의 평균 생활비	**빈도**
200위안 미만	11
200위안 이상 ~ 400위안 미만	38
400위안 이상 ~ 600위안 미만	31
600위안 이상 ~ 1,000위안 미만	7
1,000위안 이상	11
무응답	2
전체	100

표 7	
최초 탈북 연도	**빈도**
1996년 이전	3
1996년	5
1997년	9
1998년	29
1999년	29
2000년	10
2001년	10
2002년	3
2003년	2
전체	100

표 8	
탈북 횟수	**빈도**
1회	60
2회	28
3회	7
4회	1
6회	2
7회	1
10회	1
전체	100

* 탈북 횟수 평균 1.70 / 표준편차 1.36

표 9	
탈북 동기	**빈도**
먹고살기 곤란해 무작정 탈북	31
중국이나 한국의 친척을 찾아 도움받기 위해	13
먹고사는 문제는 없었지만 중국에 가면 돈을 벌 수 있다는 말을 듣고	16
북한에서의 실수나 범법으로 인해 감시나 처벌을 피하기 위해	9
먼저 탈북한 가족이나 친척의 권유로	8
체제불만으로 망명을 하기 위해	5
결혼을 하기 위해	2
기타	10
무응답	6
전체	100

* 기타: 손주 따라서/ 귀 고치러/ 국군포로 아버지를 만나게 해 주겠다는 브로커 얘기에/ 장사하다 인신매매범에 걸려서/ 남편 수감으로 자식들 성분에 영향 줄까 봐/ 호기심에/ 납치 당해서

표 10	
중국 공안의 단속 경험	**빈도**
없다	56
있다(1회)	28
있다(2회)	9
있다(3회)	4
있다(4회 이상)	3
전체	100

표 11	
북한 송환 경험	**빈도**
없다	66
있다(1회)	24
있다(2회)	7
있다(3회)	1
있다(4회 이상)	2
전체	100

표 12

해외의 친척 여부	빈도
없다	42
중국에 있다	33
한국에 있다	22
기타	3
전체	100

* 기타: 미국/ 일본

표 13

한국 친척과의 연락 여부	빈도
연락한다	4
연락하지 않는다	13
연락을 했었는데 현재는 하고 있지 않다	5
전체	22

표 14

북한의 가족 및 친척 여부	빈도
없다	7
가족이 있다	87
친척만 있다	6
전체	100

표 15

북한 가족 및 친척과의 연락 여부	빈도
하지 않는다	61
편지로 한다	9
전화로 한다	5
탈북자를 통해서 한다	10
중국인 장사꾼을 통해서 한다	7
기타	1
전체	93

*기타: 오며 가며 본다/ 할 수가 없다/ 북한인 장사꾼을 통한다

표 16

북한 가족 및 친척의 중국 탈북 의향	빈도
있다	42
없다	51
전체	93

표 17

처벌 없을 때의 귀향 여부	빈도
있다	58
없다	41
기타	1
전체	93

* 있다: 고향이기 때문에/ 자식 때문에/ 내가 조선 공민이기 (내 나라이기) 때문에/ 가족이 있기 때문에/ 복음 전파 때문에/ 타향살이가 힘들기 때문에/ 중국엔 친구가 없기 때문에/ 중국의 단속이 심하기 때문에

* 없다: 살아가기 바쁘다/ 듣지 못해 가 봐야 소용없다/ 변한 게 없다/ 중국에서 일하면 먹고살 수 있다/ 들어가면 살기 힘들다/ 통일될 때까지는 믿지 않는다/ 희망이 없다/ 현재 생활이 너무 좋다

* 기타: 두고 본다

표 18

북한으로 돌아가지 못하는 이유	빈도
탈북한 지 오래되어 들어가 봐야 집도 없고 처벌이 두려워서	29
중국이 더 자유롭고 자본주의에 대해 알면서부터는 다시 북조선으로 가면 못살 것 같다	31
돈을 벌지 못해서	11
가족이 없다	2
기타	13
무응답	14
전체	100

* 기타: 교회를 믿기 때문에/ 이제 들어가도 먹고살기 힘들기 때문에/ 늙어서 기력이 없기 때문에/ 귀가 안 들려 가도 소용없기 때문에/ 가 봐야 살 수 없기 때문에/ 가족도 없기 때문에/ 중국에 가족과 함께 있기 때문에/ 과거의 삶이 두렵기 때문에/ 다 해당

표 19

현재 사는 곳의 마련 경위	빈도
민간 및 종교단체 도움	30
조선족의 도움	10
가족이나 친척의 도움	7
혼자 마련	15
좋은 사람을 만나서 도움	19
결혼	14
기타	5
전체	100

* 기타: 여기저기 떠돈다/ 같은 탈북자 집/ 보모하는 집/ 일하
는 집/ 중국인과 동거

표 20

함께 사는 사람	빈도
혼자 산다	27
가족이나 친척과 함께 산다	52
아는 사람과 산다	5
조선족과 산다	7
다른 탈북자와 산다	8
기타	1
전체	100

* 기타 : 북조선으로 왔다 갔다 한다/ 손자와 살고 있다/ 시댁
식구

표 21

현재 경제 문제 해결 경로	빈도
민간 및 종교단체의 도움	27
조선족의 도움	7
가족이나 친척의 도움	12
혼자 마련	13
좋은 사람을 만나서 도움	23
결혼	14
기타	4
전체	100

* 기타: 먼저 온 탈북자의 도움/ 교회에서 구걸/ 중국인과 동거

표 22

중국에서의 직업	빈도
직업이 없다	51
직업이 있다	49
전체	100

* 직업이 있는 경우 그 종류: 농사/ 식당 복무원/ 보모/ 남의
집 일/ 산나물 약초 캐기/ 수예/ 일일 노동자/ 장사/ 김치 장
사/ 채소 장사/ 감주 장사/ 미술 작품 만들기/ 밀수(송이 장
사)/ 안마원/ 주방일

표 23

북한 소식을 접하는 경로	빈도
대중매체(티브이, 라디오, 신문, 인터넷 등)	45
인편	41
못 듣는다	4
기타	10
전체	100

* 직접 가 봐서/ 기독교 모임에서/ 편지를 통해서/ 탈북자 통
해서/ 핸드폰을 통해서

표 24

한국 소식을 접하는 경로	빈도
대중매체(티브이, 라디오, 신문, 인터넷 등)	73
인편	17
못 듣는다	6
기타	4
전체	100

표 25

중국 신분증(호구) 소유 여부	빈도
있다(돈을 주고 구입)	12
없다	88
전체	100

표 26

중국 조선족에 대한 견해	빈도
같은 민족으로서 탈북자를 도와주는 좋은 사람들이다	47
같은 민족으로서 탈북자를 멸시,이용하는 나쁜 사람들이다	42
반반이다	10
기타	1
전체	100

*관심 없다

표 27

한국 선교 및 민간단체에 대해	빈도
탈북자들을 위해 일하는 좋은 단체이다	50
목적달성위해 탈북자를 이용하는 곳이다	17
반반이다	22
기타	11
전체	100

표 28

현재의 걱정(복수 응답)	빈도
공안에 잡히는 것	75
먹고사는 일	30
본인의 건강	31
가족의 건강	28
북으로 송환되는 것	70
자녀 교육 문제	26
기타	13
전체	273

* 기타: 돈을 벌어서 자식을 도와야 하는데 그렇지 못한 것/ 북에 있는 가족 걱정/ 본인 학교 문제/ 집으로 돌아갈 걱정/ 잡힌 아들 걱정/ 언어가 서투름/ 한국행 걱정/ 신앙으로 걱정 없음

표 29   (괄호 속은 40대 미만의 경우)

성희롱 및 성폭행 경험	빈도
있다	20(17)
없다	80(45)
전체	100(62)

표 30   (괄호 속은 40대 미만의 경우)

인신매매 경험	빈도
있다	24(21)
없다	76(41)
전체	100(62)

표 31   (괄호 속은 40대 미만의 경우)

매춘을 제안받은 경험	빈도
있다	23(19)
없다	77(43)
전체	100(62)

표 32

(괄호 속은 40대 미만의 경우)

매춘 경험	빈도
있다	9(7)
없다	14(12)
전체	23(19)

표 33

원하는 최종 정착지	빈도
북한	34
중국	21
한국	41
기타	4
전체	100

* 기타: 미국/ 일본/ 생각 중

표 34

원하는 곳으로 가기 위한 준비	빈도
중국 신분증을 구입한다	18
중국인이나 조선인과 결혼한다	4
한국인과 결혼한다	1
민간단체나 종교단체의 도움을 받는다	13
제3국 통해 국경을 넘는다	38
돈을 번다	7
아무 준비도 하고 있지 않다	13
기타	6
전체	100

* 기타: 개방(통일)을 기다림/ 친척에게 돈을 빌림

평화 발자국 27

탈북자

2021년 1월 25일 1판 1쇄 펴냄 | 2023년 12월 1일 1판 3쇄 펴냄

글 조천현

편집 김로미, 송추향, 오윤주, 이경희, 임헌 | **교정** 김성재
디자인 남철우
제작 심준엽
영업마케팅 김현정, 나길훈, 양병희 | **영업관리** 안명선
새사업부 조서연
경영지원실 노명아, 신종호, 한선희
인쇄와 제본 (주)상지사P&B

펴낸이 유문숙 | **펴낸 곳** (주)도서출판 보리
출판등록 1991년 8월 6일 제9-279호
주소 (10881) 경기도 파주시 직지길 492
전화 031-955-3535 | **전송** 031-950-9501
누리집 www.boribook.com | **전자우편** bori@boribook.com

© 조천현, 2021

보리는 나무 한 그루를 베어 낼 가치가 있는지 생각하며 책을 만듭니다.

ISBN 979-11-6314-170-9   03300